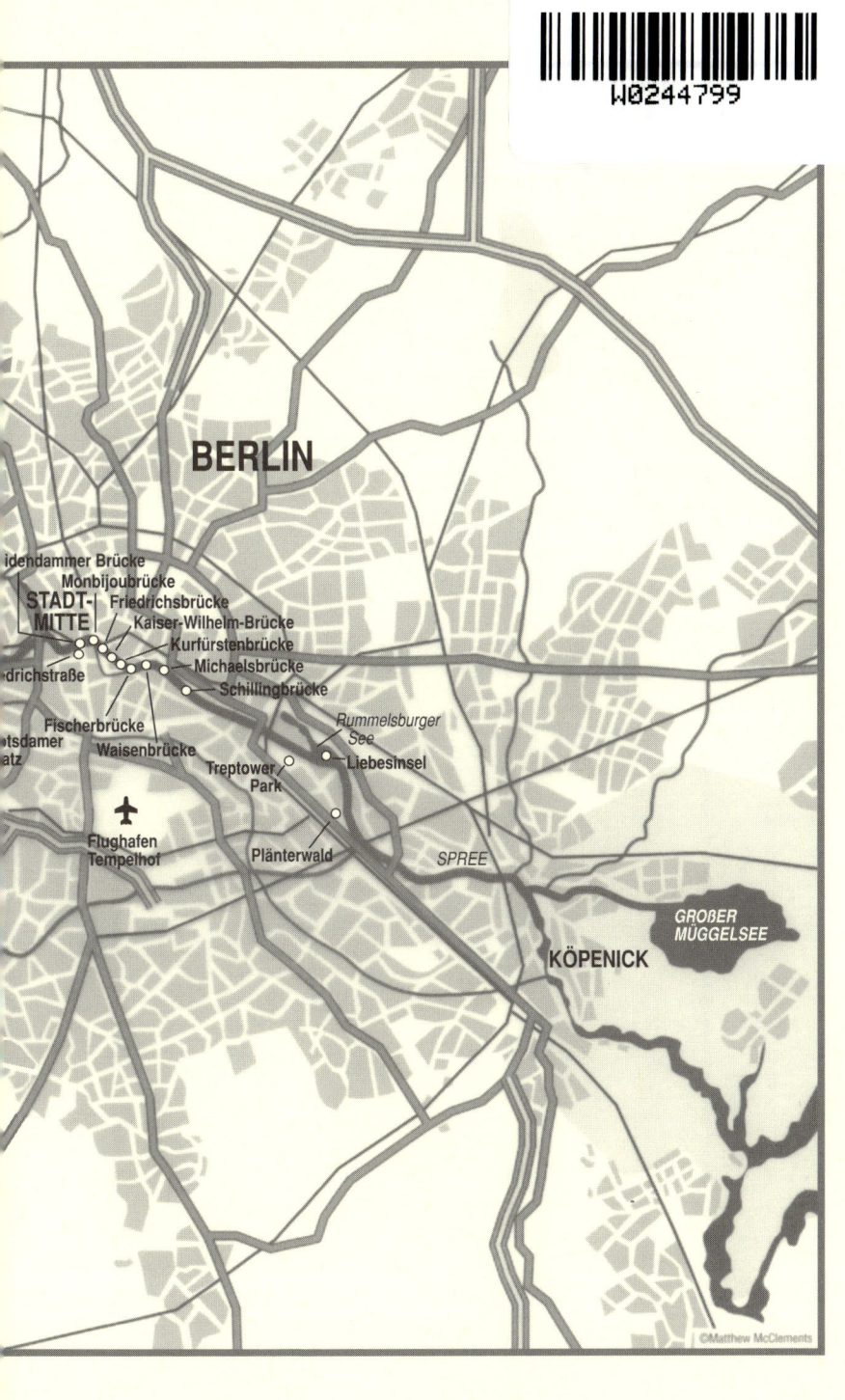

BERLIN

idendammer Brücke
Mönbijoubrücke
STADT-   Friedrichsbrücke
MITTE   Kaiser-Wilhelm-Brücke
Kurfürstenbrücke
drichstraße   Michaelsbrücke
Schillingbrücke

Fischerbrücke
tsdamer   Rummelsburger
atz   Waisenbrücke   See
Treptower   Liebesinsel
Park

Flughafen   Plänterwald   SPREE
Tempelhof

GROßER
MÜGGELSEE

KÖPENICK

©Matthew McClements

Christopher Creighton

OPERATION JAMES BOND

Das letzte große Geheimnis des Zweiten Weltkriegs

Aus dem Englischen von Hermann Kusterer

ECON

Titel der englischen Originalausgabe: »Op. JB. The Last Great Secret of the Second World War«. Originalverlag: Simon & Schuster, London. Übersetzt von Hermann Kusterer. © 1996 by Christopher Creighton. Karten © Matthew McClements.

Die Deutsche Bibliothek – CIP-Einheitsaufnahme
Creighton, Christopher: Operation James Bond : Das letzte große Geheimnis des Zweiten Weltkriegs / Christopher Creighton. Aus dem Engl. von Hermann Kusterer. – 2. Aufl. – Düsseldorf: ECON, 1996. ISBN 3-430-11959-6.

2. Auflage 1996

Meinem Vater

»A-D«

der es nie erfahren durfte

Ebenso widme ich dieses Buch meinen früheren Waffengefähr-
ten, dem verstorbenen Fregattenkapitän Ian Lancaster Fleming
von der Royal Naval Intelligence Division und allen Männern
und Frauen, die an der Operation James Bond beteiligt waren:
den operativen Wrens vom Women's Royal Naval Service; den
Royal Naval und Royal Marine Special Boat Service Commandos; den Männern und Frauen von den Deutschen Freiheitskämpfern (GFF); und einer WAVE, Korvettenkapitänin der
Marine der Vereinigten Staaten und des Office of Strategic Services (OSS), Vorläufer der CIA.

Winston Churchill an Ian Fleming über Op. JB im Juni 1945:

»Dies darf nichts anderes sein als
DIE OPERATION, DIE ES NIE GAB«

und

Winston Churchill an den Autor im Oktober 1942:

»Behalte bloß deinen Ruf
als charakterloser junger Mann,
denn wenn je einer auf dich stolz würde,
wärst du verloren.«

INHALT

»OP. JB«
DIE DECKNAMEN

Christopher Creighton	*Christopher Robin*
Susan Kemp	*Frl. Känga*
Ian Fleming	*Pu [Winnie-der-]*
Winston Churchill	*Tieger*
Desmond Morton	*Eule*
Patricia Falkiner & Barbara Brabenov	*Alice*
Martin Bormann	*Ferkel*
Ribbentrop	*Ruh*
König Georg VI.	*Der Verfasser* [A.A.Milne]
Adolf Hitler	*Kaninchen*
Die SS	*Kaninchens Freunde*
Die Gestapo	*Kaninchens Verwandte*

NB:
Sämtliche Decknamen stammen aus »Pu der Bär«,
ausgenommen:

Admiral Mountbatten	*Karl der Große*

HINWEIS ZU DEN QUELLEN

Da die Operation James Bond absolut geheim war, gibt es nur äußerst wenige Quellen, die die Authentizität belegen. Ich besitze jedoch Briefe und Memoranden von Flottenadmiral Earl Mountbatten of Burma und Ian Fleming, die unwiderlegbar zeigen, daß die Operation stattgefunden hat. Ein Brief von Lord Ismay bestätigt das im Vorwort erwähnte Schreiben von Sir Winston Churchill und ermuntert mich, meine Geschichte jetzt zu veröffentlichen, weil die Zeit dafür reif sei. Ebenso besitze ich noch meinen Ausweis der Royal Navy mit Stempel vom Januar 1945 sowie ein paar Seiten meines eigenen Dienstberichts an die Navy über die Operation unter dem Datum Juni 1945.
Mit Erlaubnis konnte ich in gewisse Dokumente und korroborierende Akten Einblick nehmen, die beim Sicherheitchef der Sektion M in Verwahrung liegen. Gelegentlich wurde mir auch gestattet, das eine oder andere Beweismaterial interessierten Dritten zu zeigen – allerdings nur unter strengster Geheimhaltung, in Sicherheitsbegleitung und mit entsprechenden Vertraulichkeitszusagen der Beteiligten. Außerdem hatte ich den Vorzug, einschlägige Auszüge der Niederschrift zu sehen, die bei der Befragung Martin Bormanns entstand – ein in England zwischen Mai 1945 und Anfang 1946 angefertigtes, achthundertseitiges Dokument, in dem Bormann seine Version der Geschichte der NSDAP von den dreißiger Jahren bis 1945 darlegt; jede Seite trägt die Unterschrift Bormanns und der Befragungsoffiziere. Es ist zweifelsohne eines der bedeutendsten Geschichtsdokuments des Jahrhunderts.

DANK

Meine tiefe Dankbarkeit gilt Bridget Winter und Milton Shulman für ihre nie erlahmende Hilfe und Beratung, das fachliche Können und die Unterstützung, die sie mir beim Schreiben dieses Buches angedeihen ließen. Danken möchte ich auch dem früheren Major Shulman vom Canadian Army Intelligence Corps, der mich ununterbrochen anfeuerte und dank seiner unvergleichlichen Wehrmachtskenntnisse die Rolle des »Advocatus Diaboli« übernahm. Dank auch an Duff Hart-Davis für sein Geschick und seine Geduld beim Glätten der Formulierungen.

VORWORT

Viele Leser werden meiner Geschichte keinen Glauben schenken. Dazu kann ich nur sagen, daß ich alles darangesetzt habe, wahrheitsgemäß ein Unternehmen zu schildern, das vor über fünfzig Jahren stattfand und über das es naturgemäß kaum Unterlagen gibt. Dem sollte ich hinzufügen, daß mir die Gabe künstlerischer und literarischer Erfindung mehr als fremd ist; ich hätte mir die Geschichte unmöglich ausdenken können. Auch wäre ich nicht fähig gewesen, die zahlreichen technischen Details zusammenzutragen, die im folgenden Erwähnung finden. Vielmehr mußte ich mich ganz auf mein Gedächtnis und die amtlichen Berichte verlassen, die von mir selbst oder meinen Kameraden unmittelbar nach dem jeweils geschilderten Ereignis verfaßt wurden.

Während und nach dem Zweiten Weltkrieg verlangte meine Arbeit als Geheimagent äußerste Verschwiegenheit; und obwohl ich sowohl von Sir Winston Churchill als auch von Lord Mountbatten die Erlaubnis erhielt, meine Geschichte zu erzählen, verbanden beide damit die Auflage, dieses Buch erst nach ihrem Tode zu schreiben. Gleichzeitig verlangten sie von mir, alles zu unterlassen, was das Leben früherer Kollegen gefährden könnte.

Später schrieb mir auch Ian Fleming, ich solle eines Tages die Geschichte erzählen. Er ließ mich zudem wissen, daß unser gemeinsames Unternehmen ihn letztlich zu dem Riesenerfolg seiner James-Bond-Romane inspiriert habe.

Nach einem halben Jahrhundert hat sich die Notwendigkeit der Geheimhaltung weitgehend erledigt. Ich beschloß, daß jedermann endlich erfahren soll, was aus Martin Bormann geworden ist. Noch ruhen Teile seines persönlichen Vermögens im Werte von vielen Millionen Pfund irgendwo unentdeckt, und es gibt eine Menge habsüchtiger oder haßerfüllter Leute – vom KGB oder von der Odessa (der Organisation der ehemaligen SS-Angehörigen) zum Beispiel, um nur diese beiden Organisationen zu nennen –, die meinen, das Geld gehöre ihnen. Sie würden vor keinem Mord zurückschrecken, um seiner habhaft zu werden. Für die noch lebenden Mitglieder unserer Truppe habe ich daher Pseudonyme benutzt – auch für mich selbst; bei der letzten Zählung gab es noch dreiunddreißig Überlebende.

Die Geschichte zu erzählen war nicht einfach. Als ich sie in den siebziger Jahren zum ersten Mal veröffentlichen wollte, erklärten meine Vorgesetzten, ich solle mich bloß an ihre Weisungen halten. Andernfalls würden sie dafür sorgen, daß das Buch nie erscheine und ich im Gefängnis lande. Sie verboten mir jede Erwähnung der Sektion M oder Ian Flemings; desgleichen dürfe ich Mortons Namen nicht verwenden, sondern müsse ihn »Onkel John« nennen; ebenso dürfe nirgends stehen, daß ich regulärer Marineoffizier gewesen sei. Diese Bedingungen machten eine realistische, tatsachengetreue Darstellung unmöglich. Deshalb erschienen einige Episoden meines Dienstes im Krieg in Brian Garfields 1980 veröffentlichtem Roman »The Paladin«. Für diesen Roman wurden viele Namen und Details verändert, und vor der Operation James Bond brach die Erzählung auch ab.

Seither sind viele bestätigende Details ans Tageslicht gelangt, darunter auch zeitgenössische Berichte und Briefe eng Beteiligter, wie die von Mountbatten und Ian Fleming. Diese neueren Beweise ergänzten und authentifizierten die Geschichte auf eine Weise, die vorher nicht möglich war. Doch auch jetzt war ich noch gezwungen, gewisse Vorgänge für mich zu behalten, teils, um im Buch auftretende Personen zu schonen, teils, um den Wünschen angesehener europäischer Politiker Rechnung zu tragen.

Ich hoffe, in ein paar Jahren auch noch einige dieser Fakten von mir geben zu können, insbesondere solche mit bedeutender Auswirkung auf die Geschichtsschreibung über den Zweiten Weltkrieg.

Die Frage, ob es moralisch vertretbar war, einen hochrangigen Nazi zu entführen und ihn vor den Nürnberger Prozessen zu verstecken, ging uns nichts an. Das war Sache der Politiker, nicht die unsrige. Unser Auftrag lautete, Martin Bormann aus den Ruinen Berlins herauszuholen. Und das ist uns in einer Mischung aus Glück und Training auch gelungen.

Wenn ich die Geschichte nun erzähle, so will ich vor allem das Andenken an meine ehemaligen Waffenbrüder und -schwestern ehren, an die jungen Männer und Frauen, darunter viele Deutsche, die mich auf dem gefahrvollen Weg über die Berliner Wasserwege begleiteten. Während des Unternehmens fanden vierzehn Mitstreiter den Tod, und alle riskierten mehrmals ihr Leben. Ihr Mut und ihre Entschlossenheit setzten uns in den Stand, einen nachgerade skandalösen Coup zu landen. Was uns vor allem durchbrachte, das war die ungewöhnliche Tapferkeit und der Einfallsreichtum der Mädchen[1] – der britischen Wrens, der deutschen Freiheitskämpferinnen und einer überragenden Amerikanerin. Mitte der neunziger Jahre kündigte das Verteidigungsministerium an, künftig dürften erstmals Frauen im Angesicht des Feindes operativ eingesetzt werden. Genau das taten unsere Mädchen bereits vor fünfzig Jahren, mit triumphalem Erfolg.

Zur Verteidigung meiner selbst muß ich darauf hinweisen, daß ich nicht der geistige Urheber der Operation James Bond war. Ich habe nur an ihr teilgenommen. 1945 war kein Mitspieler international bekannt. Ian Fleming war noch ein der Öffentlichkeit unbekannter Geheimdienstoffizier der Royal Navy, und der Romanagent James Bond hatte in seinen Gedanken noch keine Gestalt angenommen. Von Martin Bormann hatte kaum jemand in England oder Amerika überhaupt eine Ahnung – jedenfalls wußte niemand in der Öffentlichkeit, wie er aussah. Fleming war zwar schon sechsunddreißig, aber alle übrigen von uns standen in ihren Zwanzigern: Wir waren lebhafte junge Marineoffiziere, Unteroffiziere und Mannschaften, die einen gefährlichen, aber

---

1 In diesem Jahr 1996 ist mir klar, daß der Begriff »Mädchen« eine ganz und gar unangemessene Bezeichnung für reife junge Frauen um die Zwanzig ist. Aber wir nannten sie damals nun mal »Mädchen«; das war keineswegs herablassend gemeint, im Gegenteil: wir empfanden höchste Bewunderung für sie.

im Kriege keineswegs ungewöhnlichen Auftrag durchzuführen hatten und ihn nach besten Kräften erledigten.

Ich wiederhole: Mit diesem Buch habe ich meine persönliche Geschichte zu Papier gebracht und nicht etwa ein wissenschaftliches Geschichtsbuch geschrieben. Der Leser muß sie nehmen, wie sie ist, oder beiseite legen – ganz wie er will. Denn wie dem Philosophen Aristoteles liegt mir einzig an der Wahrheit und nicht an dem, was die Leute glauben.

Christopher Creighton
London, im Januar 1996

1

KONTAKTAUFNAHME

Am Sonntag, dem 21. Januar 1945, riefen die geheimen Bemü-
hungen, die wir in Irland angestrengt hatten, endlich ein Echo
hervor. Über Dublin erfuhren wir aus einer verschlüsselten
Meldung, eine höhere Charge des neugegründeten Vereinigten
Deutschen Nachrichtendienstes erwarte mich am 23. Januar,
Punkt 7 Uhr, an einem präzise bezeichneten Treffpunkt an der
Liffey-Mündung in den östlichen Vororten der irischen Haupt-
stadt. Obwohl ich erst zwanzig Jahre alt war, war ich in Sachen
Tarnoperationen schon ein alter Hase. Meine Kameraden in der
Royal Navy kannten mich als Kapitänleutnant Christopher
Creighton, laut Akten »ein gut gebauter, etwa 1,87 Meter großer
junger Mann mit rotbraunem Maushaar und einer für jedes
Gesicht viel zu großen Nase«. Das stimmte. Doch für die Deut-
schen war derselbe Lümmel der Marinehauptgefreite John
Davis, ein Abtrünniger und Verräter mit stark faschistischen Neigungen schon während der Schulzeit, der jetzt die Nazis aktiv
unterstützte und gegen Bargeld jedes Geheimnis verriet. Diese
doppelte Identität hatte mein Chef, Major Desmond Morton,
Initiator und Leiter der ultrageheimen Sektion M, in langjähriger
Arbeit geduldig aufgebaut.
Am Abend des 21. Januar flog ich mit einem Übungszweisitzer
von der Marinefliegerbasis HMS[1] »Daedalus« in Lee-on-Solent
zum Luftwaffenstützpunkt in Liverpool. Am nächsten Abend

---

1 Die Abkürzung HMS bedeutet neben »His/Her Majesty's Ship« auch »His/Her Majesty's Station«. (Anm. d. Übers.)

ging ich auf dem Kanonenboot MGB »316« an Bord, von dem Peter Scott in den ersten Kriegsjahren hingebungsvoll naturalistische Bilder gemalt hatte.

Sofort stach das Boot für die 130 Meilen lange Überfahrt nach Dublin in See. Die Nacht war stürmisch, aber der Nordostwind blies stetig von achtern, so daß das 120-Meter-Boot leicht vorankam und auf den Wellen tanzte. Die zwei Offiziere und die achtköpfige Mannschaft waren viel zu routiniert, als daß sie auf die Idee verfallen wären, mich zu fragen, was ich hier tue; für sie war es ein Einsatz wie jeder andere. Sie gaben mir eine Koje gleich neben der Kajüte, so daß ich mich für etwa zwei Stunden hinlegen konnte. Gegen 3 Uhr näherten wir uns der irischen Küste.

Um 3.30 Uhr kam vor der Mündung des Dubliner Hafens Land in Sicht. Inzwischen hatte der Nordostwind auf steife Siebenerstärke auf der Beaufort-Skala aufgefrischt. Die Böen wirbelten den Gischt der Wellenkämme durch die Luft. Von der warmen Cockpitbrücke aus sahen wir nichts als schwarzen Himmel, tiefdunkles Wasser und gespenstische Nebelschwaden. Hin und wieder tauchte das matte Blinken der roten und weißen Lichter der Hafeneinfahrt vor uns auf.

Der Kapitän befahl seinem Steuermann, das Boot stüttig zu halten, und fragte, ob ich nicht das Unternehmen lieber drangeben wollte.

»Was meinen Sie, Sir?« sagte er besorgt. »Sieht etwas mulmig aus.«

»Stimmt«, sagte ich. »Aber das Ufer liegt leewärts. Wind und Wellen sollten mich reintragen. Und überhaupt: Das sind die Lichter von Dublin. Denen widersteht keiner!«

Um 4 Uhr bat ich den Kapitän, dwars Wind zu gehen. Auf dem Deck konnte man wegen des Sturms fast sein eigenes Wort nicht verstehen. »Sobald ich klar bin, hauen Sie besser ab!« schrie ich. »Hängen Sie nicht hier rum.«

»Aye, aye, Sir.«

Als das Boot breitseits zu den Wellen stand, schlüpfte ich über die Leeseite ins Wasser und schwamm hastig weg, bevor das Boot zu mir herüberrollen konnte. Ich trug einen Siebe-Gormann-Tauchanzug für seichtes Gewässer, darunter U-Boot-Ölunterwäsche.

Zudem war ich mit einem Davis-Sauerstoffgerät ausgerüstet, wie es bei der U-Boot-Rettung benutzt wird; Mundstück und Nasenklammer saßen fest. Zwei Schwimmgürtel, der eine mit Kapok, der andere mit Luft gefüllt, hielten mich an der Oberfläche. Über die Schultern hatte ich eine wasserdichte Provianttasche geschlungen, und an meinem Gürtel hing allerlei Ausrüstung, darunter eine Sten-Maschinenpistole, ein .38er Smith & Wesson Revolver, ein Kampfmesser und eine Handgranate 62B. Alles war verpackt in Riesenkondomen, einer Spezialanfertigung der Durex-Gummifabrik für uns. An meinem linken Handgelenk war ein Unterwasser-Schreibtäfelchen befestigt, am rechten ein Leuchtkompaß. Mein linker Oberschenkel war mit zwei 36er-Handgranaten versehen.[2]

Von früher wußte ich, daß die Einfahrt zum Dubliner Hafen zwischen zwei 150 Meter hohen Leuchttürmen hindurchführt, die sich im Abstand von rund dreihundert Metern gegenüberstehen. Der Leuchtturm am North Bull Wall strahlt weiß, gleichzeitig ertönt eine Glocke; der am Ende des Great South Wall aufragende Pool-Beg-Leuchtturm blinkt jeweils ein paar Sekunden lang dunkelrot und hat ein Hornsignal. Da das Ufer leewärts lag und sich die Wellen sturzbachartig in die plötzliche Enge der Hafeneinfahrt ergossen, türmten sie sich zu eineinhalb bis zwei Meter hohen Brechern. Ich mußte daher sorgfältig zwischen den Leuchttürmen Mitte halten und mich – wie beim Surfen – von den Wellen tragen lassen. Ansonsten lief ich Gefahr, gegen einen Leuchtturm oder eine Mauer geschmettert zu werden.

Unablässig warfen das Nebelhorn backbord und die Glocke steuerbord ihre Töne ins Toben von Wind und Wellen. Im Auf und Nieder, Links und Rechts, Unten und Oben der Wogen hatte ich alle Mühe, zwischen dem roten und dem weißen Licht gleichen Abstand zu halten. Aber indem ich, auf den Wassern taumelnd,

---

2 Die runde 62B-Handgranate bestand aus Plastiksprengstoff und hatte etwa die Größe einer Grapefruit. Diese ziemlich wirksame Waffe konnte die Besatzung eines U-Bootes oder eines Panzers töten. Die kleinere, orangenförmige 36er-Handgranate hingegen ließ sich weiter werfen; ihr Stahlmantel explodierte zu tödlichen Splittern.

mit den Schlägen meiner Schwimmflossen steuerte, gelang es mir, die Hafeneinfahrt sicher zu passieren. Die Leuchttürme und Molen zeichneten sich vor den Straßenlichtern von Dublin wie die schwarze Silhouette unbezwingbarer Todestürme ab. In meinem späteren Bericht bezeichnete ich diese Anlandung als relativ gefahrlose »Routinesache«. In Wirklichkeit war sie hoch gefährlich und furchterregend, und wie immer in solchen Fällen stand ich Todesängste durch.

Erleichtert genoß ich die relative Ruhe des Hafens. Ich schwamm weiter in die Mündung des Liffey-Flusses ein, wobei mir nicht nur der Wind, sondern auch die letzte Flutwelle half, die den Kanal hinaufrollte. Um 5.15 Uhr befand ich mich im Fluß und machte mir die Strudel zunutze, indem ich mich nahe der Felsen des Great South Wall hielt. Nach dem Gezeitenwechsel kam mir die Süßwasserströmung in munteren Miniaturgefällen entgegen. Ich mußte kräftiger anziehen, um voranzukommen.

Gleich hinter der erste Brücke bog ich hart backbord ab und schwamm in den Dodder-Fluß ein, der dort in den Liffey mündet. Nun trug mich das Wasser wieder voran, diesmal dank der Seitenstrudel des größeren Flusses, der auch nach dem Gezeitenwechsel noch eine Zeitlang die Zuflußmündung hinaufflutete. Eine Stunde später gelangte ich sanft an Land und wanderte am Flußufer entlang, bis ich den großen Baumbestand von Herbert Park erreichte. Dort entledigte ich mich des Taucheranzugs, schlüpfte aus der tropfnassen Wärmeunterkleidung, rieb mich kräftig ab und zog meinen unauffälligen Zivilanzug an, der in dem riesigen Gummisack wie durch ein Wunder trocken geblieben war. Die Taucherausrüstung war schnell mit einem eigens dazu mitgebrachten kleinen Spaten vergraben, danach stärkte ich mich mit etwas Schokolade sowie Kaffee und Cognac aus meiner Thermosflasche. Dann machte ich mich auf den Weg zum Treffpunkt im Cruagh Wood.

Am Rand des Wäldchens angelangt, nahm ich drei Kompaßpeilungen vor und notierte sie auf meinem Unterwasser-Schreibtäfelchen. Nach meiner Berechnung befand ich mich genau fünfzig Meter südlich des Punktes, an dem ich die Deutschen treffen sollte. Im Dämmerlicht des anbrechenden Morgens bildeten die kahlen Zweige und Äste ein schemenhaftes Dickicht, so daß die Sicht kaum ein paar Meter betrug – ein Umstand, der mir als dem Zuerstgekommenen zugute kam.

Um 6.40 Uhr ging ich etwa fünfzig Meter weiter in den Wald hinein, so daß mich selbst ein entschlossener Jäger kaum hätte aufspüren können; dort machte ich es mir an einem Baumstamm bequem. Hier, landeinwärts, blies der Sturm weniger heftig, und der Wind war im Schutz der Parklandschaft weniger laut. Dennoch waren leise Geräusche kaum auszumachen, weshalb ich in voller Anspannung abwartete und mir gedanklich sämtliche Lektionen wiederholte, die ich in der Ausbildung und bei früheren Unternehmungen gelernt hatte. Vor allem dachte ich an die Irokesen in Kanada, von denen ich die Kunst des Spurenlesens, der Tarnung, des Anschleichens und lautlosen Tötens erlernt hatte. Wie immer galt es auch jetzt, sich still zu verhalten und sich nicht zu rühren. Ich brachte deshalb meinen Körper in eine Stellung, die mir vollkommene Reglosigkeit erlaubte, ohne daß ein Krampf aufkam. Lautlos bewegte ich meine Muskeln und verfiel ins aufmerksame Lauschen der Irokesen.

Zehn Minuten später, Punkt 7 Uhr, hörte ich einen Zweig knacken, gefolgt von unterdrücktem Fluchen – die unvorsichtigen Geräusche von Leuten, die in das Wäldchen kamen und dabei unentdeckt bleiben wollten. Mit höchster Anspannung lauschend, schätzte ich die Gruppe auf vier Männer, zwei davon ziemlich groß. Sie flüsterten auf deutsch miteinander und versuchten, den genauen Punkt auszumachen, an dem das Treffen stattfinden sollte: die dritte große Esche hinter der Stelle am Waldsaum, die durch die Kartenkoordinaten bestimmt war. Ich befand mich zehn Meter von dem Baum entfernt, schweigend und regungslos.

Dann erblickte ich sie. Sie waren tatsächlich zu viert; zwei große Männer, ein mittelgroßer und ein ziemlich kleiner Mann, alle in Zivilmantel und Hut. Sie stapften herum, spähten nach hierhin und dorthin und warteten auf mein Erscheinen. Ich befand mich in einer sehr starken Position. Mit einer Salve aus meiner MP oder dem Wurf der 62B-Handgranate hätte ich sie alle töten können.

Doch hier war Gewalt unangebracht. Ich hatte keineswegs vor, die Deutschen zu töten, denn sie sollten mich wieder einmal zu Joachim von Ribbentrop führen, dem Reichsaußenminister. Auch sie hatten keinen Anlaß, mir den Garaus zu machen, denn sie brauchten meine Hilfe. Das Beste, was ich tun konnte, war, ihnen die Kraft und das Geschick des Marinehauptgefreiten John Davis, seines Zeichens außerordentlicher Verräter, eindrucksvoll vor Augen zu führen.

Der Kleinste war vermutlich der Diplomat und Anführer. Sein mittelgroßer Begleiter war mit Sicherheit von der Abwehr. Die zwei Hünen waren reine SS-Schläger. Ich blickte mich noch einmal vergewissernd um, verließ lautlos meine Deckung und ging geradewegs, meine MP auf ihre Köpfe gerichtet, auf die Mitte der Lichtung zu.

Zu meiner nicht geringen Befriedigung sah ich die vier zusammenzucken, als ich urplötzlich vor ihnen auftauchte. Sie hatten mich vorher weder bemerkt noch gehört. Sie hatten meine Anwesenheit nicht gespürt. Jetzt aber war ich da, ein Gespenst aus dem Wald.

»Guten Morgen, meine Herren«, sagte ich laut mit den wenigen deutschen Brocken, die ich zusammenbrachte.

»Herr Davis!« keuchte der Kleine, den ich jetzt wiedererkannte. Dann machte sich auf seinem Gesicht ein halb genervtes, halb erleichtertes Lächeln breit, und als Zeichen der Anerkennung für meine lautlose Annäherung klatschte er jovial in die Hände.

»Wie lautlos Sie hier auftauchen!« rief er. »Darin sind Sie Meister!« Seine Kollegen blickten alles andere als glücklich drein, führten mich aber ohne weiteres Aufheben zu einem Auto. Dort legten sie mir eine Binde um die Augen und brachten mich in ein Landhaus. (Aus der Geschwindigkeit und der Zeit schätzte ich die Entfernung auf knapp acht Kilometer.) Im Gebäude nahmen sie mir die Augenbinde wieder ab und stellten mich einem hochgewachsenen, vornehm aussehenden, grauhaarigen Herrn vor. Nach Austausch der verabredeten Parolen stand fest, daß es sich bei diesem Mann tatsächlich um Ribbentrops Abgesandten handelte, der mich nun herzlich begrüßte. Er bat mich zu einem ausgiebigen Frühstück mit Steak und Eiern, die mit Schnaps und

Kaffee hinuntergespült wurden. In ausgezeichnetem Englisch redete er mit mir wie zu seinesgleichen – von, wie er es empfunden haben mag, Aristokrat zu Aristokrat. Dann schickte er alle anderen hinaus und begann mit der Geheimbesprechung.

Während der ganzen Zeit hielt ich meine Rolle als verräterischer Snob durch. Meine Stimme war von der gedehnten Sprechweise des Eton-Schülers verzerrt, mein Auftreten lümmelhaft lässig und unbekümmert. Ich spielte den jugendlichen Gauner, der offenbar nichts anderes im Sinn hatte als Geld, Grausamkeit, Mord – und vor allem sich selbst. Die Rolle kannte ich hervorragend, denn ich spielte sie seit fünf langen Jahren, und nicht zu knapp. Ich hatte alle gemeinen Verbrechen begangen, deren ein Mensch fähig ist, und indem ich meine Rolle weiterspielte, hatte ich auch den Eindruck erweckt, als würde ich sie genießen.

Ribbentrop, so vertraute mir sein Gewährsmann an, sei sich noch nicht sicher, ob ich ein echter Nazisympathisant sei oder lediglich ein Glücksritter, der sich bereichern wolle. Doch im Grunde sei das unwichtig, denn in der Vergangenheit sei auf mich immer Verlaß gewesen, sofern der Preis gestimmt habe. Dann fragte er, wozu ich diesen neuen Kontakt vorgeschlagen hätte, kurzum: was ich im Schilde führe.

Ich erwiderte, was ich zu sagen hätte, sei nur für Ribbentrops Ohren bestimmt. Mein Gesprächspartner überging vornehm meine Ausflüchte und sagte, zufällig verfolge der Herr Reichsminister selbst ein gewisses Projekt, bei dem für mich ein hübsches Sümmchen in Schweizer Franken herausspringen könnte, zahlbar auf meinen Namen auf ein Nummernkonto. Mehr könne er im Augenblick jedoch nicht sagen, außer daß mich Ribbentrop sobald wie möglich in Deutschland sehen wolle.

»Gut«, sagte ich. »Ich kann es kaum erwarten, endlich mal wieder in unser Vaterland zu kommen. Vorher muß ich aber noch ein paar wichtige Dinge in England regeln.«

»Natürlich«, antwortete er. »Ich verstehe.« Wenn ich dann nach Deutschland reiste, fuhr er fort, werde er mich zum Zeichen von Treu und Glauben in die Schweiz begleiten, dort ein Bankkonto auf meinen Namen eröffnen und eine beträchtliche Summe hinterlegen. Meinerseits müßte ich als Deutscher auftreten. Dazu müßte ich mich für die Reisepapiere und eine deutsche Kennkarte fotografieren lassen. Ebenso müsse man Maß nehmen für eine Tarnuniform.

Natürlich war ich einverstanden; aber ich spürte, daß hinter diesen Vorkehrungen eine verborgene Gefahr lauerte. Wenn ich meinen Teil der wie immer gearteten Abmachung nicht einhielte, würden die Alliierten von meinen Bewegungen informiert. Und das wiederum konnte durchaus einen Landesverratsprozeß zur Folge haben. Aber dieses Risiko mußte ich auf mich nehmen. Unser Treffen endete freundschaftlich, und zwei Tage später, am 24. Januar, fuhr ich nach Nordirland. In Londonderry begab ich mich zu HMS »Ferret« und von dort mit demselben Kanonenboot weiter nach Liverpool. Wieder in England, konnte ich meinem Chef berichten, die erste Begegnung sei gut verlaufen. Es sah so aus, als sollten wir mit den Nazis ins Geschäft kommen.

2

DEN DOLCH IM MANTEL

Meine Verwicklung in das geheimdienstliche Geschehen entspringt einer Verkettung von Bekanntschaften und Umständen, deren Ursprung weit vor meine Geburt zurückreicht. 1919 nahm mein Vater, Jack Ainsworth Davis, im Christ's College in Cambridge das Medizinstudium auf. Am selben College befand sich als Stipendiat der Royal Navy auch der neunzehnjährige Kapitänleutnant Lord Louis Mountbatten. Über die Freundschaft mit ihm machte mein Vater die Bekanntschaft von zwei weiteren Studenten von hohem gesellschaftlichem Rang, dem Herzog von York (und späteren König Georg VI.) und dessen jüngerem Bruder Prinz Henry (später Herzog von Gloucester), beide Vettern von Mountbatten. Als mein Vater bei den Olympischen Spielen in Antwerpen 1920 als Mitglied der britischen 4 x 400-Meter-Staffel eine Goldmedaille errang, waren alle drei zugegen, feuerten ihn an und beglückwünschten ihn.

Ein weiterer Bekannter meines Vaters, der in meiner Karriere eine gewaltige Rolle spielen sollte, war der Sekthändler und Diplomat Joachim von Ribbentrop. Vor dem Ersten Weltkrieg hatte mein Vater ein Jahr lang das Lyzeum in Metz besucht, um Deutsch zu lernen. Ribbentrop war dort einer seiner Mitschüler. Vielleicht fühlten sich die beiden Knaben zueinander hingezogen, weil sie beide hervorragend Geige spielten. In seinen Memoiren erinnert sich Ribbentrop, wieviel ihm die Violine damals bedeutete; er ließ sogar durchblicken, daß er eine Zeitlang daran dachte, sein Leben der Musik zu widmen. Auch mein Vater brachte es zur Meisterschaft auf dem Instrument.

Wie dem auch sei: Die Freundschaft der beiden hielt bis ins Erwachsenenalter an, und in den dreißiger Jahren war Ribbentrop häufiger Gast in der Harley Street 69 in London, zunächst als Hitlers außenpolitischer Beauftragter, später als deutscher Botschafter am Hof von St. James. Mein Vater war Chirurg, behandelte ihn auch einmal wegen einer kleineren Sache. 1936 – ich war damals zwölf – ging Ribbentrop mit mir häufiger in den Zoo im Regent's Park, nahm mich auch zu mehreren Rugbyspielen mit. Vor allem ist mir das Finale der Rugbyweltmeisterschaft im Januar 1936 in Twickenham zwischen England und den All Blacks im Gedächtnis geblieben: Prinz Alexander Obolensky holte damals mit einem Lauf quer über das gesamte Feld einen phänomenalen Punkt.

Im Laufe der Zeit übte Mountbatten einen starken Einfluß auf mein Leben aus, aber noch bedeutender war der Einfluß des alten Freundes der Familie, Desmond Morton, eines der hervorragendsten Geheimdienstgenies meines Landes. Morton wurde 1891 geboren, besuchte Eton und danach die Königliche Militärakademie in Woolwich. Im Ersten Weltkrieg diente er bei der Königlichen Bespannten Artillerie, bekam eine Kugel ins Herz, die er als Steckschuß sein Leben lang mit sich trug. Bei seinen zahlreichen Kampfeinsätzen wurde er mit dem Military Cross und dem Croix de Guerre ausgezeichnet und im Kriegsbericht ehrenhaft erwähnt. Nach dem Krieg war er offiziell »zum Foreign Office abkommandiert«; in Wirklichkeit trat er in den Geheimdienst ein, gründete 1930 das Industrie-Nachrichtenzentrum, eine vorgebliche Handelsorganisation, hinter der sich jedoch seine eigentliche Beschäftigung verbarg. Dies war der Anfang der ultrageheimen Spionageorganisation »Sektion M« (M wie Morton); sie unterstand nicht der Regierung, sondern wurde nacheinander von allen Monarchen – Georg V., Edward VIII. und Georg VI. – finanziert und protegiert.

Anfänglich leitete Morton die Sektion von einem Büro in London sowie seinem Haus auf Crockham Hill bei Westerham in Kent aus. Er wurde begeistert von seinem engen Freund und Verbündeten Winston Churchill unterstützt, der gleich unter ihm im Vale of Chartwell wohnte. Als die Sektion M 1932 ihren Dienst aufnahm, hatte Churchill zwar kein Amt inne, erhielt jedoch von

Morton und seinen Kontakten in Europa einen Großteil der Informationen über die deutsche Aufrüstung, die schließlich die Regierung unter Baldwin und Chamberlain davon überzeugte, daß sich England und die anderen westlichen Demokratien in tödlicher Gefahr befanden. Morton war ein großgewachsener, muskulöser, dunkelhaariger Mann mit riesigen Ohren und trug einen dichten, aber stets knapp geschnittenen Schnurrbart zur Schau. Seinen durchdringenden schwarzen Augen entging nichts, hingegen hatte er miserable, unregelmäßige Zähne (vielleicht lächelte er deshalb so selten). Der sich als gestrenger Patrizier gebende Morton kultivierte einen übertrieben englischen Tonfall der feinen Schicht – obwohl er selbst Schotte war. Manchmal steigerte er sich in einen bombastisch-überwältigenden Redefluß hinein, vor allem, wenn er für seine erwählte Religion, die römisch-katholische, auf Proselytenmache ging. Jedenfalls war er es, der meine Eltern Anfang der dreißiger Jahre zum Katholizismus bekehrte, und bei meiner Zweittaufe, bei der sich der Name James zu meinen bisherigen Vornamen John und Christopher gesellte, war er mein Pate. Als sich meine Eltern 1932 scheiden ließen, wurde er auch mein Vormund, und ich redete ihn, wie damals üblich, mit »Onkel« an.

Nachdem sich meine Eltern getrennt hatten, brauchte meine Mutter eine Wohnung. Kein anderer als Morton besorgte ihr Chartwell Cottage, die unmittelbar an Churchills Besitz angrenzte. Wir mieteten das Haus zwar nur für ein paar Monate, aber sie waren für mich eine herrliche Zeit, und die Freundschaft, die ich Achtjähriger mit Winston Churchill schloß, hielt bis zu dessen Tod.

An unseren Spielen beteiligte sich Churchill mit der Begeisterung eines Jungen. Zwischen unserer Cottage und dem Chartwell-Besitz baute ich mit meinen zwei Schwestern ein Räuberlager – eine Art Pfahlbau aus Stöcken, die mit kräftigen Wollfäden um den Stamm eines gewaltigen Baumstamms befestigt waren, und einem alten Seil, das in die Baumäste führte. Eines Tages kam Churchill mit einer Schubkarre voll neuer Seile und Flaschenzugrollen. Er baute uns eine richtige Seilwinde – aber als er sich selbst hochwand, klemmte der Mechanismus, so daß er nicht mehr herunterkonnte. Unser Kindermädchen Dorothy, die er nicht ausstehen konnte, schaute hinauf und rief:»Kinder, Kinder, was habt ihr bloß mit Mr. Churchill gemacht?«, während er immer mehr in Wut geriet, weil ihm niemand zu Hilfe kam.

Ein anderes Mal riß ich aus schierem Ungestüm einen Teil einer Ziegelmauer ein, an der er gerade baute, und er tat so, als sei er ernsthaft verletzt. Daraufhin sah ich zu, wie ihm Mrs. Churchill in der Küche von Chartwell einen Löffel Arznei oder Kräftigungsmittel einflößte. »Aha!« sagte ich in Gedanken an »Pu baut ein Haus«, »Tieger kriegt Ruhs Malzextrakt.«[1] Worauf er zurückgrollte:»Dann bist du wohl Christopher Robin.« Irgendwie blieben diese Übernamen hängen, die wir von da an nicht nur im Familienkreise, sondern auch als Decknamen verwendeten.

Damals führte noch von der Straßenseite gegenüber dem Haupttor von Chartwell ein Weg durch ein Wäldchen zu einer Lichtung. Dort wohnte eine alte Zigeunerin in einem Wohnwagen, und ein Esel war ihr einziger Gesellschafter. Wir Kinder hielten die »Eselsdame« für eine Hexe und quälten sie fast bis aufs Blut, benutzten gelegentlich auch ihren Wohnwagen beim Kricket als Torhintergrund. Einmal bat mich Churchill, ihr ein kleines Päckchen zu bringen. Ich wußte, daß es Geld enthielt, denn er beschwor mich, es keinesfalls zu verlieren. Sechzig Jahre später war Churchills Tochter Mary (mittlerweile Lady Soames) hoch erstaunt, als ein gemeinsamer Freund meine Erinnerung erwähnte. Als wir noch in Chartwell wohnten, war sie knapp zwölf Jahre alt, aber sofort erinnerte sie sich an die Eselsdame und die Tatsache, daß ihr Vater der alten Frau heimlich finanziell unter die Arme griff.[2]

Später sorgte Morton dann für meine Aufnahme in die Benediktinerabtei und -schule Ampleforth in North Yorkshire. Doch 1939, als der Krieg drohte, nahm sein Einfluß auf mein Leben

---

1 Die Schreibweise der Namen aus »Pu der Bär« und »Pu baut ein Haus« ist der deutschen Gesamtausgabe in der Übersetzung von Harry Rowohlt entnommen; Hamburg 1989. (Anm. d. Übers.)
2 Bislang war diese Geschichte nirgends abgedruckt. Hätte ich nicht in Chartwell gewohnt und weder Churchill noch die Eselsdame gekannt, hätte ich auch nie etwas davon erfahren können.

sehr viel unheilvollere Formen an. Seit mindestens drei Jahren wußte er über mein Verhältnis zu Ribbentrop Bescheid, und als Hitler dann im Sommer meinen anderen Ersatzonkel zum Reichsaußenminister machte, spürte Morton sofort, daß ich mich aufgrund dieser Beziehung auf längere Sicht sehr wohl zum Geheimdienstagenten eignen würde.

Als erstes sorgte er dafür – unter unmittelbarer Duldung Mountbattens und des Ersten Seelords, Admiral Sir Dudley Pound –, daß ich unter einem Namen, der künftig zu Tarnzwecken benutzt werden konnte, bei der Royal Navy eingeschrieben wurde. Unter diesem Pseudonym trat ich im September 1939 mit fünfzehneinhalb Jahren ins Royal Naval College in Dartmouth ein. In diesem Buch verwende ich einen zweiten Decknamen, Christopher Creighton, eine Kombination meines Zweitvornamens mit dem meines Vaters, benutze ihn aber aus Sicherheitsgründen und der Einfachheit halber auch für die Bezeichnung meines »Alter ego« im Kriege.

Tarnnamen waren im Marine-Geheimdienst überhaupt nichts Neues. Im Ersten Weltkrieg hatte sich Admiral Sir Reginald »Blinker« Hall eine ebenso einfache wie wirkungsvolle Methode ausgedacht, in die Marineliste Namen von Offizieren eintragen zu lassen, die es überhaupt nicht gab. Sie waren reine Phantome, Gespenster. Die Einträge wurden mit großer Sorgfalt ausgeheckt, gepflanzt, ausgeschmückt und generell auf dem laufenden gehalten. Von Zeit zu Zeit wurden die »Offiziere« befördert, manche sogar mit Orden ausgezeichnet, gelegentlich wurde auch einer als »gefallen« gemeldet. Dank dieses höchst erfolgreichen Geheimdienstspiels hatte man stets einen geeigneten Namen parat, wenn irgendein Notfall eintrat und jemand plötzlich eine Tarnidentität brauchte, die feindliche Informanten oder Agenten auf der Marineliste nachprüfen konnten.

Im Zweiten Weltkrieg haben einige Marineoffiziere der Sektion M aus Gründen der Einsatzsicherheit häufiger derartige Tarnnamen benutzt. Ich selbst besaß deren drei. Seither gehört Tarnung unentwegt zu meinem Leben, wie diese Geschichte noch zeigen wird. Tarnung ist ein Schlüsselinstrument der Geheimdienstarbeit, schon gar in so irregulären Sektionen wie der meinigen, und

Tarnung geht automatisch mit Täuschung, Mord, Verrat, Treue-bruch, Brutalität, Amoralität und völliger Gottesverneinung ein-her, kurzum mit allem, was gegen Anstand und Freundschaft ver-stößt.

Theoretisch hätte ich vorläufig auf der Schule bleiben können. Unter normalen Umständen wäre ich wahrscheinlich auch bis zum achtzehnten Lebensjahr in Ampleforth geblieben. Dann aber hätte meine Ausbildung nie den nötigen Grad an Disziplin und Fachwissen erreicht. Eben dazu nun eigneten sich Dart-mouth und die Navy auf geradezu einmalige Weise. In den hekti-schen ersten Septembertagen 1939 blieb Morton, Churchill und Mountbatten für eine Entscheidung über meine Zukunft herzlich wenig Zeit, aber Mountbatten war der Meinung, daß die Marine-ausbildung für mich reichen mußte, da sie selbst für den König gut genug gewesen sei.

In seiner gewohnt direkten und überrumpelnden Art ließ er mich wissen, ich müsse unausgesetzt den Namen Christopher Creigh-ton benützen – niemals John Davis –, und wies den Kapitän in Dartmouth an, mir jedesmal den Hintern zu versohlen, wenn ich mich vertat und es vergaß.

Bei diesem drastischen Schritt, mit dem er mich in die Geheim-dienstwelt einführte, zogen Mountbatten und Morton meine Mutter teilweise ins Vertrauen. Meinem Vater hingegen sagten sie nichts, weil ihnen das Sicherheitsrisiko zu groß erschien. In Cambridge hatte er als Gelehrter und Musiker geglänzt; seine Quinqua-Jazzband, bei der Mountbatten am Schlagzeug saß, hat-te Stars vom Kaliber eines Noel Gay (R.W. Armitage), Claude Hulbert und dessen Bruder Jack sowie Jacks Frau Cicely Court-neidge angezogen. Später spielte er das Violinkonzert von Grieg unter der Leitung von Sir Adrian Boult; gleichzeitig hatte er sich als glänzender Urologiechirurg einen Namen gemacht. Als Mensch war er herzlich und großzügig. Er neigte aber auch zur Albernheit und wenig gesundem Menschenverstand. Zwar war er ein standfester Patriot, aber wenn er etwas Ungewöhnliches über mich erfuhr, konnte er den Mund nicht halten oder sich auf diskrete Nachforschungen beschränken. Er würde vielmehr alle hochgestellten alten Freunde, einschließlich Mountbatten, ansprechen und fragen, was vorgehe, und damit größte Schwierigkeiten und Ärgernisse bereiten. Aufgrund Mortons besonderer Vorhaben konnte ich das Studium in Dartmouth nie zu Ende bringen. Im März 1940 wurde ich als Vizekapitänleutnant in die Sektion M aufgenommen. Nun lernte ich zum ersten Mal die bestürzende Wirklichkeit der Geheimdiensttätigkeit im Kriege von Angesicht zu Angesicht kennen. Bei meinen ersten Einsätzen war ich immerhin erst sechzehn, und mit kaum sechzehneinhalb leitete ich einen kombinierten Untergrundangriff auf den deutschen U-Boot-Stützpunkt in Donegal – ein Vorfall, bei dem ich erstmals Menschen tötete: vier Mann, davon drei mit bloßen Händen.[3] Im Oktober 1940 ließ mich Morton – als weitere Etappe seines Täuschungsplans – bei der Royal Air Force als in Ausbildung befindlicher Anwärter für das fliegende Personal einschreiben. Als erstes wurde ich beim Zweiten Ausbildungsgeschwader der RAF in Cambridge stationiert, aber das war nur eine andere Form der Tarnung. Meine Ausbildung und die meiner Kameraden hatte mit dem Erlernen des Fliegens recht wenig zu tun. Sie umfaßte unter anderem Kommando- und Fallschirmübungen, den unbewaffneten Kampf, das Anschleichen und lautlose Töten, Karate, Jiu-Jitsu, Waffentraining mit Kampfmessern und Schußwaffen aller Art, Sprengstoffhandhabung, Sabotage, Schwimm- und Tauchunterricht, den Umgang mit Zweimannkajaks sowie den Betrieb und die Reparatur von Diesel- und Benzinmotoren. Auf der Geheimdienstseite lernten wir das Chiffrieren und Entziffern, die drahtlose Telegrafie und die Elektrotechnik. Dieses umfangreiche Programm enthielt zudem »Live«-Operationen

---

3 Damals drängten Jungen und Mädchen zum Militär, die erst fünfzehn, sechzehn oder siebzehn Jahre alt waren. Sie hatten ihr Alter verfälscht, um zugelassen zu werden (ich selbst rangierte in den Akten als Achtzehnjähriger). Wir hatten sechzehnjährige Leutnants zur See als Wachoffiziere oder in anderen verantwortlichen Positionen. In der Schlacht um England saßen am Steuer von Spitfires und Hurricanes viele erstklassige Piloten, die noch nicht einmal sechzehn Jahre alt waren. Die RAF wußte genau, was da ablief, denn auf dem Verpflichtungsformular der Freiwilligen stand deutlich lesbar der Hinweis:»Das im Formular eingetragene Alter gilt als Ihr wahres Alter, gleichgültig, ob es sich künftig als zutreffend oder falsch erweist.«

vor allem im besetzten Frankreich und Belgien. Mein Vater wäre schreckensbleich geworden, wenn er gewußt hätte, was Morton im verborgenen trieb. Mit einem absichtlichen Identitätsmord hatte die »Fälschungsabteilung« der Sektion M den gesamten Lebenslauf des John Davis zersägt und neu zusammengefügt, den Namen mit einer Gaunerkarriere geschwärzt, die ab 1940 diverse Kleinvergehen enthielt. Damit nicht genug, hatte sie noch weiter zurückgegriffen und Berichte aus Ampleforth eingeschmuggelt, aus denen hervorging, daß ich als kaum Fünfzehnjähriger bereits ein glühender Verehrer des Faschistenführers Oswald Mosley und gieriger Anhänger Deutschlands gewesen sei. In diesen und anderen Akten wurde ich als durch und durch skrupelloser Mensch dargestellt, den sein Vater enterbt habe und der für Geld oder persönlichen Vorteil für alles zu haben sei. Schließlich ließ Morton noch die Schulakten so ändern, daß ich ein Jahr länger in Ampleforth geblieben und von dort im Herbst 1940 direkt in die RAF eingetreten sei. Eine Ahnung davon, wie geschickt die Fälscher vorgingen, vermittelt vielleicht die Tatsache, daß mein Name auf der von den Nazis veröffentlichten Liste junger Briten auftauchte, die Mitglieder der Mosley-Bewegung waren – ein Umstand, der mich in deutschen Augen als Verräter glaubhaft machte.

Nach all dem konnte John Davis, der abgelöste Piloten-Azubi, mit dem Offizier der Royal Navy, der den Tarnnamen Christopher Creighton trug, unmöglich identisch sein. Sollte das dennoch je ernstlich in Frage gestellt werden und ich dadurch in Gefahr geraten, ließ sich jederzeit nachweisen, daß ich mich während der ganzen Zeit woanders befunden und in einer anderen Teilstreitkraft gedient hatte. Es war schon brillant, wie es Morton fertigbrachte, mich unter einem künstlichen Namen leben, arbeiten und existieren zu lassen, während ich meinen wirklichen Namen als Tarnung benutzte.

Dieses Täuschungsmanöver ging so weit, daß es selbst Mountbatten einige Betrübnis bereitete. Mein Vater, der mich für das schwarze Schaf der Familie hielt, schrieb ihm und bat ihn inständig, seinen Einfluß geltend zu machen, damit ich ein Offizierspatent erhalte (mit meinem wirklichen Namen war ich erst Hauptgefreiter). Mountbatten antwortete ihm, zweifellos besitze er Einfluß, aber das könne er einfach nicht tun. Später behauptete er mir gegenüber, er habe damit nur die Wahrheit gesagt: Unter einem anderen Namen sei ich ja schon Kapitänleutnant gewesen, wie also hätte ich da gleichzeitig Leutnant beim Freiwilligencorps der Royal Navy werden sollen?[4] In einem versöhnlichen Augenblick zeigte mir mein Vater später den Brief, und ich war noch betrübter als Lord Louis, denn ich konnte immer noch nicht die Wahrheit sagen, nicht einmal meinen nächsten Verwandten. Besonders gerührt war ich, als ich sah, daß Mountbatten den Brief mit »Dickie« unterschrieben hatte. Als Churchill von meinem Kummer erfuhr und mich trösten wollte, sagte er zu mir: »Behalte bloß deinen Ruf als charakterloser junger Mann, denn wenn je einer auf dich stolz würde, wärst du verloren.«

Beim Rückblick nach fünfzig Jahren stelle ich fest, daß ich für Mortons Zwecke alles andere als ideal geeignet war. Ob er nun meine Charakterschwächen erkannt hat oder ob ihn die Chancen, die die Beziehung zu Ribbentrop bot, derart begeisterten, daß er die Schwächen übersah, weiß ich nicht. Jedenfalls war ich für die Aufgabe, die er mir zudachte, viel zu emotional und labil. Auch ließ ich mich allzuleicht von religiösen Gefühlen hinreißen. Die strenge Marinezucht korrigierte diese Mängel zwar etwas und lehrte mich beträchtlich mehr Selbstbeherrschung; dennoch erkenne ich jetzt, wie gefährlich impulsiv, temperamentvoll und anfällig für emotionale Umschwünge ich war.
Die schlimmsten Krisen verursachte gewöhnlich mein schwarzer Engel, wie ich ihn bis heute nenne. Als es zum ersten Mal geschah, war ich gerade fünfzehn Jahre alt. Es war im August, ich

---

4 Das war übrigens keineswegs der einzige Anlaß, bei dem Mountbatten einen falschen Tarnbrief schrieb. Im April 1943 überredete ihn Korvettenkapitän Ewen Montagu, als Teil der klassischen strategischen Täuschung namens »Operation Mincemeat« einen persönlichen Brief zu schreiben, der dem Feind in die Hände fallen und den Eindruck erwecken sollte, das nächste Invasionsziel der Alliierten sei nicht Sizilien, sondern Griechenland oder Sardinien. Der Erfolg des im Namen der Opportunität und des Sieges ausgeheckten Lügengewebes überstieg Montagus utopischste Hoffnungen. Später hat er diesen Vorfall in seinem Buch »The Man Who Never Was« beschrieben. Wie viele andere Täuschungsmanöver hatte auch dieses das Placet von Winston Churchill.

befand mich mit der Ampleforth-Pfadfindergruppe in Moidrey in Nordfrankreich in einem Sommerlager. Eines Abends saß ich allein in der Dorfkapelle an der Orgel. Als es dunkel wurde und ich die Tasten nicht mehr sehen konnte, ging ich zu einem der beiden Ausgänge. Plötzlich erblickte ich in der Vorhalle eine schwarze Gestalt, die meinen Namen rief. Erschrocken machte ich kehrt und rannte zur anderen Tür – aber auch dort stand die schwarze Gestalt. Vor Angst stand ich wie angewurzelt.

Ich merkte, daß die Gestalt draußen auf mich wartete und keine Anstalten machte, in die Kapelle zu kommen. Warum? Instinktiv kannte ich die Antwort. Ich befand mich auf heiligem Boden, in einem Gotteshaus mit der geweihten Hostie im Tabernakel. Die schwarze Gestalt konnte oder wagte sich nicht herein. Im Augenblick genoß ich Asyl. Ich bekreuzigte mich und betete zu den Patronen meiner Schule und religiösen Heimat, der großen Abtei von Ampleforth und ihres College: Benediktus und Laurentius. Ich betete, weil ich ein Feigling war und wollte, daß Gott mich vor dem schwarzen Etwas an der Tür beschützt. Doch nun hörte ich es in meinem Innern zu mir sprechen.

»John«, hörte ich es sagen, »bald bist du mein. Nicht tot, sondern lebendig. Du wirst dem Weltkonflikt, der demnächst ausbricht, meinen Stempel aufdrücken. Du wirst mein sein. Du wirst mir dienen. Im Namen des Krieges wirst du Verbrechen begehen. Im Namen des Sieges und in meinem Namen wirst du verwerfliche Taten verüben. Du wirst mein Todesengel sein.«

Konnte ich der Stimme in meinem Innern glauben? Plötzlich sah ich durch die schwarze Gestalt hindurch eine andere, tröstlich menschliche und greifbare. »John«, sagte sie, »du kommst zu spät zum Abendessen. Was treibst du bloß?«

Pater Jerome Lambert, der Führer unserer Gruppe, sah mich prüfend an. »Was ist los? Du bist ja kreidebleich.«

Ich mochte Pater Jerome und vertraute ihm. Ich wußte, daß er mich nicht auslachen würde, und so erzählte ich ihm, was vorgefallen war. Er hörte mir schweigend und ernsthaft zu, nahm mich dann am Arm, führte mich zur Tür und tunkte im Vorbeigehen die Finger ins Weihwasserbecken. Er fixierte die Stelle, wo die schwarze Gestalt gestanden hatte, und sprengte ein paar Tropfen in die Richtung.»In nomine Patris, Filii et Spiritus Sancti«, intonierte er laut und schlug ein Kreuz. Dann befahl er dem schwarzen Engel, sich wegzuheben.»Mach, daß du wegkommst, und hör auf, meine Jungs zu belästigen«, sagte er barsch,»sonst hetz' ich den Heiligen Geist auf dich.«

Ich war beruhigt, fast schon belustigt, und gemeinsam verließen wir die Kapelle.

»Deine Fantasie ist mit dir durchgegangen«, schalt mich Pater Jerome liebevoll.

Aber mit Fantasie hatte das nichts zu tun. Ich hatte meinen schwarzen Engel gesehen und wußte, daß ich ihn wiedersehen würde. Und siehe da, noch am selben Abend wurde ich unversehens nach Hause gerufen. Als ich tags darauf in Southampton ankam, empfing mich Desmond Morton und fuhr mit mir in das Dorf Longparish in Hampshire, wo ich mit meiner Mutter und meinen Schwestern wohnte. Kaum zu Hause, ließ er die Bombe platzen.»John«, sagte er,»im nächsten Semester gehst du nicht mehr nach Ampleforth. Du gehst zur Marine.«

Der schwarze Engel hatte keine Zeit verloren – und am selben Abend kam er wieder. Mitten in der Nacht fuhr ich schweißgebadet hoch, und da stand er am Fuß meines Bettes. Er war mir von Frankreich her gefolgt, um seine Beute, seinen Ritter, seinen Paladin zu holen, genau wie er es gesagt hatte. Als er langsam auf mich zukam, versuchte ich, ihn abzuwehren, wollte meine Finger zum Kreuz gefaltet erheben und ihm im Namen Jesu von Nazareth befehlen, mich zu verlassen. Aber Arme und Hände waren wie gelähmt. Ich konnte mich nicht rühren. In hoffnungsloser Verlorenheit und Angst erkannte ich, daß ich ihm machtlos ausgeliefert war – wie noch oft in den Wochen, Monaten und Jahren danach.

Rückblickend stelle ich fest, daß mich Morton fast während des ganzen Krieges vollkommen im Griff hatte. Von 1940 bis 1945 war ich seine Marionette, die er manipulierte und die seine Befehle ausführte. Dennoch hatte vieles, was ich auf seine Anweisung tat, so schreckliche Folgen, daß mich beim Gedanken daran noch heute die Schuld übermannt. Auch wenn meine Taten vielleicht für das größere Gute wirkten und möglicherweise halfen, es durchzusetzen, können sie niemals all die Toten und das Leid sühnen, das ich verursacht habe. Dies ist nicht der Ort für eine erschöpfende Beschreibung sämtlicher Aktionen, an denen ich teilgenommen habe. Dennoch halte ich es für wichtig, wenigstens diejenigen kurz aufzuzählen, die zum Bild von John Davis dem Verräter beitrugen und mich Anfang 1945 in den Augen der Nazis als glaubhaften Kandidaten für die Rettung von Ribbentrop und Bormann erscheinen ließen. Mit anderen Worten, ich skizziere hier die Aktionen, deren weitreichende Wirkung mich für die Einsatzleitung der Operation James Bond qualifizierte.

Anfang 1942 wollten Morton, Churchill und das Alliierte Oberkommando unbedingt die Durchführbarkeit eines Direktangriffs erproben, der einen von den Deutschen gehaltenen Kanalhafen zum Ziel hatte. Danach wollte man entscheiden, ob ein solcher Angriff Bestandteil der alliierten Großinvasion sein sollte, der bereits für D-Day geplant war. Damit das Ganze auch nützliche Informationen abwarf, mußte der Hafen heftig verteidigt werden; würden die Deutschen überrascht, dann waren keine Erkenntnisse zu gewinnen.

Morton hatte schon seit einiger Zeit versucht, zur deutschen Abwehr und vor allem zu deren Chef, Admiral Wilhelm Canaris, von dem man wußte, daß er innerlich die Nazis ablehnte, einen verläßlichen Kontakt aufzubauen. Nunmehr befahl er mir, über Dublin mit Canaris Kontakt aufzunehmen und der Abwehr das genaue Datum und die Uhrzeit des geplanten britischen Angriffs auf Dieppe zu verraten. Nebenbei verfolgte Morton das Ziel, mich zum Doppelagenten zu machen.

Meine Ankunft in der irischen Hauptstadt gab ich dadurch bekannt, daß ich mit einer speziell konstruierten Very-Leuchtpistole einen kleinen Behälter abschoß, der durch ein Fenster im ersten Stock direkt bei der deutschen Gesandtschaft in Dublin an der Northumberland Road 52 landete. Darin lag eine Notiz mit dem Vorschlag für ein Treffen in den umliegenden Wäldern. Meine Kontaktleute kamen zu dem Treffen, brachten mich in ein Landhaus und hielten mich dort unter strenger Bewachung gefangen. Hätte meine Geschichte über mein kriminelles Vorleben in England der Nachprüfung nicht standgehalten und hätte Ribbentrop nicht von Berlin aus bestätigt, daß mein Vater tatsächlich ein Freund von ihm war und er mich gut kannte, wäre ich hingerichtet worden. So aber führte ich zu meiner ewigen Schande Mortons Befehl bis ins letzte Detail aus. Ich reiste nach Cork, von dort mit einem U-Boot nach Brest und weiter nach Berlin. Dort brachte man mich zum Tirpitzufer 22, Stadtmitte, wo ich zu Canaris geführt wurde. Der Aufzug war kaputt, so daß ich endlose Treppen hinaufsteigen mußte. Canaris erwies sich als sehr klein, hatte ein rotes, tiefdurchfurchtes Gesicht und saß sogar an diesem heißen Sommertag in einem schweren, langen schwarzen Mantel am Schreibtisch. Eine Zeitlang betrachtete er mich schweigend mit prüfendem und leicht verächtlichem Blick, dem ich standhielt. Morton hatte mir gesagt, dieser Mann sei der Liebhaber der Mata Hari gewesen und habe sie als Spionin in den Tod geschickt. Während wir dasaßen und uns gegenseitig taxierten, schnüffelten mehrere Dackel an meinen Knöcheln und schnappten danach.

»Warum?« fragte Canaris unvermittelt.

Völlig perplex, fiel mir keine Antwort ein.

»Warum wollen Sie das tun?« herrschte er mich an. »Warum wollen Sie Ihr Land verraten und uns geheime Informationen liefern?« Ich sagte es ihm: Für Geld. Aus Abscheu vor meinem Vater, der Polizei und dem britischen System. Ich erzählte meine Tarngeschichte, die ich mittlerweile im Schlaf hersagen konnte. Immer noch starrte er mich an. »Ich glaube Ihnen nicht«, sagte er leise. Sein Tonfall war gleichmäßig, enthielt keine Spur von Feindseligkeit. »Aber der Abwehr zuliebe mache ich mal mit. Wieviel war es noch mal, 10 000 Pfund, richtig?«

Ich nickte. Er holte ein Bündel zusammengerollter Fünfpfundnoten aus einer Schreibtischschublade und legte es vor mich hin.

»Nachdem Sie mir alle Details gegeben haben, können Sie sie an sich nehmen«, sagte er. »Das Geld gehört Ihnen. Aber wenn sich Ihre Information als falsch erweist, wird es Ihnen nichts nützen. Man wird Ihnen die Kehle zuschnüren, bis die Klaviersaite die Gurgel durchschneidet – eine B-Saite, vielleicht auch b-Moll, aber den Unterschied werden Sie nicht merken. Das machen übrigens nicht wir. Solche Dinge tun wir nicht. Aber dummerweise weiß die SS von der Sache.«

Ich gab ihm die genauen Details des bevorstehenden Angriffs, schnappte das Geld und kehrte nach England zurück. Nun konnte ich allen im Namen meines Königs und Landes verübten Verbrechen auch das des Judas Ischariot hinzufügen.

Ende Juli kehrte ich nach Deutschland zurück, um die Abwehr zu informieren, daß sich der Deckname des Unternehmens geändert habe, es sollte nicht mehr»Rutter«, sondern»Jubilee« heißen. Gleichzeitig lieferte ich die neuesten Details über die beteiligten Streitkräfte, die Strände und Befehlshaber. Doch Hitler und sein Oberbefehlshaber West, Generalfeldmarschall Gerd von Rundstedt, verlangten weitere Beweise, daß die genannten Streitkräfte tatsächlich eingesetzt würden und an den von mir erwähnten Orten bereitstanden und warteten. Wieder in England, ging ich sogar so weit, daß ich einen deutschen Agenten zu einigen Stützpunkten entlang der Südküste mitnahm.

Am 14. August überquerte ich den Kanal nach Cherbourg, und in der Nacht vom 18. auf den 19. – der Angriff sollte in den frühen Morgenstunden beginnen – brachte man mich in Handschellen auf die Spitze des Kliffs, das den Alliierten als»Rommelbatterie«, den Deutschen als »Bismarck« bekannt war. Gegen 3 Uhr erschien Canaris auf der Bildfläche und teilte mir mit, wenn der Hauptangriff nicht bis 6 Uhr erfolge, sei ich ein toter Mann. Die SS schlang einen Klavierdraht um meinen Hals und befestigte das andere Ende an einen Steinklotz, der gleich neben der Kliffspitze in den Boden eingelassen war. Ein kurzer Tritt, und ich flog hinunter.

Von dieser Anhöhe aus mußte ich jede Phase des folgenden Massakers mitverfolgen. Ich sah, wie beinahe alle kanadischen Panzer auf den Stränden in Flammen aufgingen. Fast unbewußt zählte ich gleich unter mir dreihundert Gefallene. Ich zählte genau siebenunddreißig Menschenleiber, denen die Gedärme aus dem Bauch quollen.

Um 15 Uhr übergab mir Canaris eine Tasche mit weiteren 10 000 Pfund in großen weißen Fünfpfundnoten und pries meine großartige Leistung bei der Vernichtung meiner Landsleute und ihrer

Verbündeten. Aus seiner Stimme klang eiskalte Verachtung. Voller Selbsthaß ging ich über den Strand, vorbei an den Toten und Verwundeten. Viele Männer waren schrecklich zugerichtet, aber niemand kümmerte sich um sie. Instinktiv wollte ich ihnen helfen, aber meine SS-Bewacher ließen es nicht zu. Ich versuchte, für sie zu beten, brachte es aber nicht fertig. Ich wußte, daß Gott einem heuchlerischen Verräter, der an einem der schlimmsten Vertrauensbrüche in der Geschichte mitgewirkt hatte, kein Gehör schenkte. Dafür betete ich inbrünstig darum, daß mich jemand erschieße. Später, in Hafennähe, warf ich, gewissermaßen als Sühne, alle Banknoten ins Wasser – alle bis auf eine, die ich für Morton zurückbehielt. Er hatte überhaupt kein Mitleid. Das Geld war professionell gefälscht.

Im Oktober 1942 traf ich mich auf einer anderen Täuschungsmission zuerst mit Abwehragenten in Lissabon. Dann wurde ich nach Paris geflogen und General Ernst Kaltenbrunner, SS-Chef in Frankreich, übergeben. Er hatte Befehl, mich zu einem Geheimtreff zu bringen. Niemand sagte mir, wohin unsere Reise gehen oder wem ich begegnen sollte. Nachdem wir zwei Tage und Nächte lang per Auto und Zug kreuz und quer gefahren waren, hatte ich völlig die Orientierung verloren. Irgendwann sagte mir jemand, wir führen nach Winniza in der Ukraine; dann wieder hörte ich, wir seien zu Hitlers Hauptquartier in Ostpreußen, der Wolfsschanze, unterwegs. Als wir schließlich ankamen, wurde ich von Ribbentrop erwartet. Er war freundlich, schien aber besorgt. Zwei SS-Wachleute legten mir Handschellen an und führten mich durch einen Korridor in einen Raum, dessen Wände über und über mit Karten bedeckt waren. Als einziger stand der Führer höchstpersönlich in seiner üblichen Uniform, braune Jacke und schwarze Hose, im Raum.
Ribbentrop riß den Arm zum Nazigruß hoch. Ich sagte laut auf englisch, leider könne ich es ihm nicht nachtun. In Handschellen könne ich meinen Führer und Herrn aller britischen Faschisten und Mosleyisten nicht gebührend begrüßen. Kaum war dies übersetzt, gab Hitler einen Befehl: Die SS-Wachen nahmen mir die Ketten ab und verließen den Raum.

»Nach deinen beträchtlichen Verdiensten um das Dritte Reich in Dieppe«, sagte Ribbentrop mit öliger Stimme, »vertraut der Führer darauf, daß du ihm keinen Schaden zufügen willst.«

Wie unrecht er hatte! Noch ehe die Ketten abgenommen waren, rauchte mir der Kopf: Ich rechnete meine Chancen aus, beide Nazigrößen töten und vielleicht sogar noch entkommen zu können. Etwa zwei Meter von mir entfernt schritt Hitler auf und ab. Wenn ich in dem Augenblick ausholte, in dem er mir den Rücken zuwandte, konnte ich binnen einer Sekunde bei ihm sein, ihn binnen zwei Sekunden in den Todesgriff nehmen und ihm in drei Sekunden den Hals brechen. Innerhalb von höchstens fünf Sekunden wäre der Führer des Dritten Reiches erledigt. Ich rechnete damit, daß Ribbentrop so schockiert wäre, daß er während der kurzen Zeitspanne bewegungsunfähig wäre und ich auch ihn erledigen könnte. Innerhalb von zwanzig Sekunden wären beide tot, ohne auch nur einen Ton von sich zu geben, denn unter dem Todesgriff bringt keiner auch nur den leisesten Hauch heraus.

Wilde, lächerliche Gedanken jagten durch mein Gehirn. Auf seltsame Weise ähnelte Hitler meinem Vater; man brauchte nur die Schmachtlocke und ein Stück Schnurrbart wegzunehmen, dann sahen sie sich gleich. Dann wieder fragte ich mich, ob Ribbentrop sehr zornig wäre, wenn ich ihn tatsächlich tötete. Die alte Marinemaxime schoß mir durch den Kopf, daß ein Kapitän kaum etwas falsch machen kann, wenn er auf den Kanonendonner zuläuft und ohne Befehl das Feuer eröffnet. Dafür gab es Hunderte von Beispielen – Nelson, Collingwood und Earl St. Vincent, um nur drei zu nennen. Aber weder feuerte Hitler Schüsse ab noch war ich Kapitän eines Schiffs. Ich besaß auch keine Erlaubnis meiner Vorgesetzten, anzugreifen und zu töten. Ganz im Gegenteil: Ich war in Deutschland, um die Abwehr, Ribbentrop und nun auch den Führer davon zu überzeugen, daß die Alliierten nicht in Nordafrika, sondern in Norwegen zuzuschlagen beabsichtigten. Mit Mühe unterdrückte ich meine Anwandlung.

Hitler sagte etwas auf deutsch, lächelte, kam auf mich zu und legte seine Hand an meine Wange. Noch bevor Ribbentrop übersetzt hatte, wußte ich schon, daß auch er mich zu meiner Leistung bei Dieppe beglückwünschte. Dann verfiel er wieder ins Aufundabgehen, hin und her, hin und her. Ich mußte mir eingestehen, daß er gesund und munter wirkte.

Als ich zur Sache kam und die alliierten Absichten in Norwegen erwähnte, rief er Ribbentrop zu:»Da haben Sie's! Ich sagte es doch. Genau, wie ich sagte.« Seine gute Laune hielt bis zum Ende der Unterhaltung an, zu deren Abschluß er viel von Freundschaft redete. Er sprach von den Aufgaben, die in Deutschland auf mich warteten, wenn der Krieg vorüber und mein Land eine Provinz des Großdeutschen Reiches sei.

Erst sehr viel später erfuhr ich, daß Martin Bormann unsere Begegnung sehr genau mitverfolgt hatte – Hitlers Privatsekretär und Leiter der NS-Parteikanzlei, der sich beim Führer unersetzlich gemacht und damit eine gewaltige Machtposition errungen hatte. Damals wußte ich noch nicht, wer Bormann war, denn bemerkt habe ich ihn nicht. Aber er bemerkte mich.[5] Er sah auch, daß sich Ribbentrop in Hitlers Augen hervortun wollte, indem er die Dinge fälschlicherweise so hinstellte, als sei er es gewesen und nicht Canaris, der auf deutscher Seite die Dieppe-Angelegenheit angeführt habe. Zudem hörte Bormann, wie Ribbentrop behauptete, er habe mich 1936 in England aufgrund seiner Freundschaft mit meinem Vater aufgetan, meine latenten Verrätertendenzen genährt und mich schon als Schüler überredet, der Jugendabteilung von Mosleys Britischer Faschistenpartei beizutreten.

Bormann sah, daß ich Hitler beeindruckte: mit den Informationen, die ich den Nazis geliefert hatte, mit der Goldmedaille meines Vaters bei der Olympiade von 1920, mit dessen Freundschaft zu Mountbatten und seinen Verbindungen zur königlichen Familie. Bormann erkannte, daß ich ihm in Zukunft sehr wohl nützlich sein könnte, ließ aber mit seiner gewohnten Geduld und List im Augenblick kein Zeichen von Interesse erkennen. Damals, 1942, hatte er sich vor allem zum Ziel gesetzt, den prahlerischen Ribbentrop mit seinem billigen Sekt und seinem unechten »von« abzusägen. Bormann verabscheute und verachtete den Außen-

---

5 Die folgenden Einzelheiten entstammen der achthundertseitigen Niederschrift der Befragung, die im Ausbildungslager Birdham der Sektion M bei Portsmouth stattfand, nachdem Bormann im Mai 1945 nach England gebracht worden war. Im weiteren wird sie als Birdham-Niederschrift bezeichnet.

minister, den er als Emporkömmling ansah; trotzdem bedachte er ihn mit einem mitleidigen Lächeln, während er einen lautlosen Furz in die Hose blies, quer durch den Raum hinausging und so dem Reichsaußenminister den zurückbleibenden Gestank anlastete.

Anfang 1943 ließ mich Mountbatten in eine Geheimeinheit namens COPP (Combined Operations Pilotage Party) abkommandieren, die man respektlos »Mountbattens Privatmarine« nannte. Sie umfaßte lediglich fünfunddreißig Offiziere und Mannschaften. Unsere Aufgabe war die Vorerkundung der Invasionsstrände. Darin war die COPP unschlagbar. Die Techniken der geräuschlosen Annäherung vom Wasser her, die der COPP unbekannt waren, waren auch nicht der Rede wert.

Die Monate bei der COPP waren die glücklichsten meiner Kriegszeit. Morton freute sich, daß ich dabei war, denn der Dienst bei einer so geheimen und so zentralen Formation kam meinem Ruf bei den Nazis als Quelle für Informationen von höchster Stelle sehr zugute. Und schon hatte er einen anderen Auftrag für mich, der sich noch traumatischer entwickeln sollte als Dieppe.

Anfang 1944 deuteten wir bei meinen Nazikontakten in Irland an, ich könne bald schon präzise Einzelheiten über die Zweite Front (wie wir es nannten) liefern – »Operation Overlord«, die für D-Day geplante Invasion in Europa. Auf Mortons Anweisung ließ ich sie wissen, daß mein Preis für diese Topinformation 100 000 Pfund betrage.

Mehrere Vorgespräche überzeugten die Deutschen, daß ich sehr wohl wußte, wovon ich redete. Am 5. Mai 1944 sagte mir Morton dann in seiner abhörsicheren Kabine, die alliierten Landungen begännen im Morgengrauen des 5. Juni im Pas-de-Calais. Er erläuterte sämtliche Details der Landungsstrände mit den Codenamen Sword, Juno und Gold für die britischen, Omaha und Utah für die amerikanischen Angriffstruppen. Unentwegt hämmerte er mir »Pas-de-Calais« ein. An einer Wand hing eine riesige Karte dieser Region. Als ich wegging, hegte ich überhaupt keinen Zweifel, daß unser Ziel Pas-de-Calais hieß. Ich konnte unmöglich wissen, daß mich Morton mit voller Berechnung hinterging und die Invasion tatsächlich hundert Meilen südwestlich in der Seinebucht in der Normandie geplant war.

Wieder in Irland, erhielt ich 10 000 Pfund als Anzahlung. Das Geld wurde in einer Dubliner Bank deponiert. Doch noch ehe ich meinen nächsten Großverrat begehen konnte, kam es zu einer unerwarteten Krise.

Am 11. Mai 1944 fand auf Befehl von General Dwight D. Eisenhower, Oberbefehlshaber der Alliierten Expeditionsstreitkräfte, bei Slapton Sands in Dorset eine großangelegte Landungsübung statt, Deckname: »Übung Tiger«. Sie war als Generalprobe für D-Day gedacht, endete aber als Tragödie. Wegen mangelhafter Aufklärung und unzulänglichem Begleitschutz wurden die Landetruppen, als sie sich dem Strand näherten, von drei deutschen Schnellbooten angegriffen.

Zufällig befand ich mich mit einigen COPP-Offizieren und anderen Beobachtern an Bord eines Landebootes. Wie die meisten Teilnehmer konnte ich praktisch nichts sehen und hielt die Schnellbootaktivität für einen Ablenkungsscheinangriff und damit für einen Teil der Übung. Aber der Angriff war nur allzu echt. Da praktisch jeder Begleitschutz fehlte, schlugen die Schnellboote fast ohne Gegenwehr zu und töteten 420 amerikanische Soldaten. Sofort wurde auf höchster Ebene entschieden, die Katastrophe geheimzuhalten. Wenn auch nur das Geringste durchsickerte, wäre das Vertrauen der amerikanischen GIs in die Machbarkeit der D-Day-Landung schwer erschüttert. Eisenhower delegierte die Zuständigkeit für die Verheimlichung an Morton, der sofort die Operation »Tigerjagd« in Gang setzte: Sämtliche Männer und Frauen, die das Fiasko miterlebt hatten, wurden zusammengetrommelt. Die meisten kamen in Schutzhaft, etwa dreißig jedoch erhielten Befehl, bei HMS »Tormentor« am Hamble-Fluß, Southampton, dem Kombinierten Operationsstab Bericht zu erstatten. Man machte ihnen weis, zunächst würden sie nach Slapton Sands gebracht, um festzustellen, ob ihnen beim zweiten Besuch etwas einfiele, das erklären könnte, wie es zu der Tragödie hatte kommen können. Sie bestiegen das an Bugle Inn liegende Landungsboot und fuhren in westlicher Richtung den Solent hinunter nach Dorset. Noch vor der Isle of Wight fuhren sie bei Needles auf eine Mine, und das Boot sank mit Mann und Maus. So jedenfalls las es sich im amtlichen Bericht. Ich selbst wurde am 20. Mai nach Irland zurückbeordert und sagte dem Standartenführer, mit dem ich bisher verhandelt hatte, daß ich mich weigere, weitere Informationen über D-Day zu liefern, bis die Restsumme von 90 000 Pfund ausbezahlt sei. Binnen vierundzwanzig Stunden war das Geld auf derselben irischen Bank zum Weitertransfer auf ein Schweizer Konto deponiert. Sofort fuhren wir nach Cork und setzten per Schnellboot nach Cherbourg über.

Am Montag abend, 22. Mai, fand ich mich im Schloß des Herzogs von Rochefoucauld wieder, das dem Oberbefehlshaber der Heeresgruppe B, Generalfeldmarschall Erwin Rommel, als Hauptquartier diente. In der Schloßbibliothek stand ich Rommel und seinen Stabsoffizieren gegenüber.

Der Feldmarschall war eher klein, aber athletisch. Wie alle hohen Wehrmachtsoffiziere trug er keine Krawatte, sondern nur ein bis zum Hals zugeknöpftes weißes Hemd, und die einzigen Farbtupfer an ihm waren die scharlachroten Kragenspiegel. Sein Benehmen war höflich, nicht offen feindselig. Doch während er, Stab in der Hand, vor einer Karte stand, durchbohrten mich seine Augen, und um seine Lippen spielte ein leises Lächeln. Die Ausstrahlung seiner Persönlichkeit war so stark, daß ich mich an nichts anderes erinnern kann, als daß an den Wänden der Bibliothek herrliche Gobelins hingen. Wie Canaris hatte er mich völlig durchschaut, spielte aber zunächst bei der Maskerade mit.

»Also«, sagte Rommel auf englisch mit starkem Akzent, »was haben Sie uns zu sagen?«

»Die Seinebucht in der Normandie«, sagte ich, gedankenlos Mortons vermeintliche Weisung nachplappernd. »Heute in vierzehn Tagen, in den Morgenstunden des 5. Juni.«

Die Englischkenntnisse des Feldmarschalls waren offenbar begrenzt, weshalb er auf deutsch fortfuhr und seinen Adjutanten dolmetschen ließ. Er verlangte konkretere Angaben: die Decknamen der Strände, die genaue Stärke der alliierten Landegruppen in jedem Abschnitt. Während ich redete, ließen seine Augen nie von meinen ab, und als ich fertig war, sagte er auf englisch:

»Judassohn.« Dann auf deutsch: »Was verlangen Sie für diesen Verrat an Ihrem Land, Ihrer Familie, Ihren Freunden?«

»100 000 Pfund.«

Rommel schüttelte den Kopf und fragte den SS-Offizier neben ihm, wieso man mir glauben solle. Es folgte das übliche Spiel: das Vorleben von John Davis dem Abtrünnigen, dem Erzhasser Englands. Rommel reagierte darauf mit der Bemerkung, das klinge nicht gerade nach einem, auf den Verlaß sei. Der SS-Mann wies respektvoll darauf hin, meine Information zu Dieppe habe sich als hundertprozentig richtig erwiesen und eine schwere Niederlage der Alliierten nach sich gezogen. Außerdem sei ich ein Freund von Reichsminister von Ribbentrop.

Daraufhin pflanzte sich Rommel vor mir auf, schaute mir geradewegs in die Augen und sagte: »Bald werden Sie das mit sich selber abmachen müssen. Tief in Ihrer Seele werden Sie die schwerste Strafe zahlen, vor der es kein Entkommen gibt.« Immer noch durchbohrten mich seine Augen, so daß ich das Gefühl hatte, sie stächen mir mitten ins Herz.

»Sag, Judassohn, warum sollte ich dir glauben? Alle unsere Informationen, die gesamte Logistik – alles deutet aufs Pas-de-Calais.«

»Warum sollte ich falsche Informationen liefern?«

Lange Pause, dann echote er: »Ja . . . warum?«

Plötzlich ertönten laute Schritte im Flur. Die Tür flog auf, und herein kam ein SS-Obergruppenführer (ein ausgewachsener General), der nun vor Rommel strammstand. Ein lautes »Heil Hitler!« zerriß die Luft.

Rommel schien alles andere als beglückt. Er erwiderte den Gruß nicht mit dem Nazi-»Heil!«, sondern mit dem gewöhnlichen Soldatengruß.

»Wir kommen vom Führer«, sagte der SS-General.

Sofort wußte ich, daß etwas nicht stimmte. Hastig riß ich den Arm zum Nazigruß hoch, dann nahm mich der SS-Offizier mit Rommels Erlaubnis erneut ins Verhör. Ich gab ihm dieselben Antworten, sah aber sofort, daß er mir nicht glaubte. Sein Verhalten wurde bald schon fast triumphierend. Rommel spürte die Spannung und beobachtete mich genau mit unverhohlener Faszination.

»Und sind Sie für Ihre Information bezahlt worden?« fragte der General.

»Zum Teil, ja.« Ich konzentrierte mich voll auf meine Rolle als verräterischer Snob.

»Kann ich Ihren Ausweis sehen?«

Ich gab mir alle Mühe, sorglos zu wirken, zog mein Soldbuch der Royal Navy heraus und gab es ihm.

Der General studierte es sorgfältig, wandte mir dann einen Blick zu, der mich erschreckte.

»Ich meine nicht dieses Papier, Hauptgefreiter John Davis. Ich meine das richtige, das Sie als Kapitänleutnant Christopher John James Creighton und Angehörigen des britischen Geheimdienstes ausweist.«

Mir sank das Herz. Ich wußte, daß ich meine Verräterrolle nicht länger aufrechterhalten konnte.

»Herr Kapitänleutnant Creighton«, fuhr der General fort, »ich nehme Ihnen die Angaben über die alliierte Invasion nicht ab. Wir besitzen unwiderlegbare Beweise, daß Sie hergeschickt wurden, um uns irrezuführen. Sie sind verhaftet.«

Zwei SS-Offiziere packten mich grob, aber Rommel trat vor und übernahm das Kommando. »Halt!« rief er aus. »Laßt ihn los!«

Die Männer ließen mich los, während Rommel auf mich zukam. »Sie sind Kapitänleutnant Creighton? Von der Royal Navy?«

Ich wußte, daß ich erwischt war. Leugnen war zwecklos. Unbewußt änderte sich mein Verhalten. Der schlaffe Verrätersnob verschwand, an seine Stelle trat der reguläre, disziplinierte Marineoffizier. Ich nahm vor dem Feldmarschall unaufdringlich Haltung an und sagte: »Jawohl, Sir.«

Rommel nickte. »Ja, Kapitänleutnant. Kein schlechter Versuch. Jetzt sind Sie Kriegsgefangener. Sie kommen in ein ›Oflag‹, ein Offizierslager.«

Der SS-General mischte sich jäh ein: »Herr Generalfeldmarschall! Dieser Mann ist ein Feindagent. Ich habe schriftlichen Befehl, ihn zu übernehmen, im Namen des Führers.«

Der Offizier hielt ein Papier hoch. Rommel las es. Die spannungsgeladene Luft sagte alles. Rommel schien froh, fast erleichtert, daß ich nun doch kein Verräter war. Zum offenkundigen

Ärger der SS-Leute schlug er die Hacken zusammen und nickte kurz – das war vom Feldmarschall als Gruß zu verstehen. Rommel streckte die Hand aus. Ich schüttelte sie dankbar. Sie fühlte sich fest und warm an.

Das SS-Gefängnis im Schloß von Cherbourg war ein scheußlicher Ort, und die vierzehn Tage, die ich dort verbrachte, waren die gräßlichsten meines Lebens. Ich wurde in eine stinkende Steinzelle geworfen, deren Boden zum Teil mit verrottetem Stroh bedeckt war. Es dauerte nicht lange, da flog die Tür auf, und herein kamen vier Männer in Zivil. Einer sprach passabel Englisch und sagte: »Guten Abend, Mr. Creighton von der Royal Navy. Wir sind von der Gestapo. Wir legen immer Wert darauf, höflich und sanft zu sein – jedenfalls anfangs –, damit Sie unsere Fragen als Freund beantworten können.« Er hielt inne, während sie um mich herumgingen, dann fuhr er fort: »Bitte, Mr. Creighton, sagen Sie uns einfach den *wirklichen* Ort und Zeitpunkt der Invasion in Frankreich...«

Ihre Geduld währte nicht lange. Plötzlich packten sie mich, rissen mir Hose und Unterwäsche vom Leib und beugten mich vor.

Der Lauf einer Pistole bohrte sich mir ins Rektum, wurde mehrfach gewendet und ruckartig wieder herausgezogen. Das Fleisch riß, das Blut spritzte auf den schmutzigen Boden.

So fing es an, und so ging es weiter. Solange ich konnte, klammerte ich mich an meine Tarnversion, bis ich befürchten mußte, ich würde nie wieder richtig gehen oder gar Klavier spielen können. Nach einer Woche war mein Gesicht zerschunden, mein Mund ausgerissen, meine Nase gebrochen, und die Ohren hingen in Fetzen. Mehrere Finger- und Fußnägel waren herausgerissen. Aus Fingern, Zehen und Sohlen troff Blut. Ich bekam nichts zu essen, nur gelegentlich einen Schluck Brackwasser zu trinken. In meiner Zelle gab es kein Kotbecken, nicht einmal einen Eimer. Das Stroh verfaulte unter Urin und Kot.

Tag für Tag dröhnten die monotonen Stimmen der Befrager: »Sie wissen, daß es nicht die Seinebucht ist. Das wissen Sie doch, oder? Sie wissen, es ist das Pas-de-Calais. Sie brauchen es bloß zu sagen.«

Zahllose Patrioten, viele unglaublich tapfere Männer und Frauen haben viel Schlimmeres erduldet als ich und doch nie nachgegeben. Meine Leistung blieb Lichtjahre dahinter zurück. Meine Mut- und Schmerzschwelle lag sehr viel niedriger.

Eines Morgens, als sie wieder ihre Elektroden an meinen Hoden befestigt hatten, war der Augenblick gekommen, an dem ich nicht mehr konnte. Mein Kopf war so erschöpft und verwirrt, daß ich in eine Art vorübergehenden Irrsinn verfiel. Überhaupt, wo lag denn der Unterschied zwischen der Seinebucht und dem Pas-de-Calais? War das nicht ein und dasselbe? Und wenn es so war, dann war es auch völlig egal, ob ich zu meinen Folterknechten nun *wirklich* »Pas-de-Calais« sagte. Dann hätte zumindest die Todesqual ein Ende.

Doch ihr war auch auf andere Weise ein Ende zu bereiten. In einem meiner unteren Backenzähne verborgen lag meine T-Pille, eine Zyankalikapsel. Schluckte man sie versehentlich, so wanderte sie unschädlich durch den Körper. Aber wenn man sie durchbiß, trat binnen zehn Sekunden der Tod ein. Während ich mit mir selbst um eine Entscheidung rang, tauchten vor meinen Augen all die Leute auf, die ich getötet oder deren Tod ich verursacht hatte. Ich sah noch einmal alles Verruchte, das ich begangen hatte. Plötzlich war alles glasklar. Das war meine Strafe. Gott wollte, daß ich hier und jetzt als Buße für meine Sünden sterbe.

Ich hatte kaum noch die Kraft, die T-Pille herauszusaugen. Endlich gelang es mir, sie zwischen die Zähne zu bringen. Die Bilder aller Lieben zogen an mir vorbei, mal schemenhaft, dann wieder deutlich – meine Mutter, meine Schwestern, meine geliebte Patricia. Ja, vor allem Patricia. Dann biß ich mit der Disziplin, die mir die Navy beigebracht hatte, die Kapsel durch.

Auf meine ausgetrocknete Zunge und Kehle fielen Tropfen. Ich wartete angespannt auf den stechenden Schmerz, die grausigen Krämpfe, den Mandelgeschmack. Es geschah überhaupt nichts. Ein paar Augenblicke lag ich wie betäubt im stinkenden Stroh. Ich konnte mir einfach nicht vorstellen, was schiefgelaufen war. Die Kapsel hatte mir Morton höchstpersönlich gegeben... Die Ausgabe der Pillen unterlag der strengsten Kontrolle... Ein Irrtum war ausgeschlossen. Dann merkte ich: Er hatte mir ein wassergefülltes Placebo gegeben. Er wollte nicht, daß ich sterbe, selbst wenn meine Qual ins Unerträgliche wuchs. Wenn er das getan hatte, dann mußte es einen Grund geben. Aber welchen? Wollte er, daß ich nachgebe, daß ich der Gestapo erzähle, was sie wissen wollte? Durch die Nebelschwaden in meinem Hirn erinnerte ich mich, wie er unablässig die Worte »Pas-de-Calais, Pas-de-Calais, Pas-de-Calais« wiederholt hatte. War es *das*, was ich sagen sollte?

Ohnehin, ich war mit meiner Widerstandskraft am Ende. Nachdem meine lebenswichtigen Organe zum tausendsten Male verrenkt und elektrisiert, mein Kopf und Hals und Körper zum hundertsten Male mit Schlägen und Tritten traktiert worden waren, konnte ich nicht länger durchhalten. Mein Kampfeswille war verflogen. Durch die Blutklumpen in meinem Mund flüsterte ich: »Ja, es ist das Pas-de-Calais.«

Plötzlich war alles vorüber. Die Schläge hörten auf. Ich brauchte die Worte nur noch ein paarmal zu wiederholen, dann ließ man mich in Ruhe. Eine Woge der Erleichterung erfaßte mich, unmittelbar gefolgt von einem abgrundtiefen Gefühl von Schuld und Schmach. Ich hatte aufs schlimmste versagt. Ich hatte jeden einzelnen meiner Freunde zutiefst enttäuscht. Ich hatte mein Land verraten. Käme ich je nach England zurück, würden sie mich hoffentlich als Verräter aufknüpfen. Besser noch, jemand kommt her und erschießt mich, damit endlich alles vorbei ist. Macht dem physischen und – viel schlimmer noch – psychischen Alptraum ein Ende. »Komm endlich, Tod«, bettelte ich. »Lieber Gott, komm und hol mich.« Eine kurze Zeit lang übernahmen mich die Ärzte. Sie spritzten mir Pentothal und stopften mich mit Medikamenten voll. Aber ich blieb in meiner Zelle eingeschlossen, immer noch ohne Nahrung und Wasser, suhlte mich dem Tode nahe in Schande und Erniedrigung. Eines Morgens kam ein SS-Offizier samt Wachmann an die Tür. Es sei der 5. Juni, 8.15 Uhr morgens, sagte er. Ich hätte gesagt, daß die alliierte Invasion an diesem Morgen um 5.30 Uhr im Pas-de-Calais beginne. Es sei rein nichts geschehen. Niemand sei gelandet. Von einer Invasionsflotte keine Spur. Meine Information sei offenkundig falsch gewesen. Nun würde ich auf dem Marktplatz erschossen.

Sie schleppten mich zum Haupttor, wo der Burgkommandant vom SS-Trupp die Parole verlangte. Der Offizier zog einen Exekutionsbefehl hervor, der die Unterschrift von Walter Schellenberg, SS-Geheimdienst, trug. Offenbar genügte das. Man warf mich in einen Lastwagen. Während ich auf dem Boden lag, verhöhnten mich die dort befindlichen SS-Männer und -Frauen und traten nach mir.

Als wir losfuhren, schwanden mir halb die Sinne, doch nach ein paar Minuten merkte ich, daß der Lastwagen Fahrt verlor und links abbog. Nach dem schlechten Straßenbelag zu schließen, war dies eine kleinere Straße. Plötzlich änderte sich alles. Ich spürte, wie man mich vom Metallboden hochhob. Unter Kopf und Schultern wurde sanft eine Jacke geschoben. Eine Frau kniete sich neben mich und fühlte meinen Puls. Als sich meine Augen soweit geöffnet hatten, daß ich wieder etwas sehen konnte, stellte ich erstaunt fest, daß ich geradewegs auf Dr. Jenny Wright, Oberärztin der Royal Naval Volunteer Reserve, und gleich hinter ihr auf ein paar Kameraden der Sektion M blickte.

Das nächste, woran ich mich erinnerte, war ein großes Bauernhaus auf einer Klippe. Wir kamen dort an und fuhren in eine der Außenscheunen. Man half mir aus dem Lastwagen und nahm mich in einen Tiefbunker, den britische und französische Untereinheiten der Sektion M besetzt hatten. Ich wurde gewaschen und erhielt erste Hilfe, etwas flüssige warme Nahrung wurde mir über ein Röhrchen eingeflößt. Ich riß mich zusammen und sammelte all meine verbliebenen Kräfte, um kurz Bericht zu erstatten. Dann legte ich mich auf ein Feldbett und verfiel in den tiefsten Schlaf meines Lebens. Wenige Minuten später überquerte eine chiffrierte Meldung mit meinem Bericht die 120 Kilometer bis zum hoch über Portsmouth liegenden Southwick Castle, dem Obersten Hauptquartier der Alliierten Expeditionsstreitkräfte.

Erst später erfuhr ich, daß die Operation Overlord wegen schlechten Wetters um vierundzwanzig Stunden verschoben worden war. Vor Morgengrauen des nächsten Tages – am 6. Juni 1944 – hatten unsere Truppen mit der Landung in der Seinebucht begonnen. Am Abend hatten sie bereits den Brückenkopf gesichert und stießen nun langsam landeinwärts vor. Die größte

See- und Landoperation der Kriegsgeschichte war erfolgreich angelaufen.

Eine Woche später besuchte mich Morton im Navy-Lazarett in Haslar. Er war gewohnt derb und ließ kein Anzeichen erkennen, daß ihm die Aktion leid tue. Im Gegenteil, er gestand unumwunden, erlaubt zu haben, daß meine T-Pille mit Wasser gefüllt wurde. Es sei ganz wesentlich darauf angekommen, sagte er, daß ich wirklich den Selbstmord versuche, denn die Deutschen sollten glauben, daß der erste Name, den ich ihnen genannt hatte, falsch sei. Nur mit so extremen Methoden konnte man sie dazu bringen zu glauben, daß der unter Folter erpreßte Name der echte war. Desgleichen gestand er – ohne Gewissensbisse oder Entschuldigung –, er habe den Vereinigten Deutschen Nachrichtendienst heimlich davon in Kenntnis gesetzt, daß ich Kapitänleutnant im Geheimdienst der Navy sei. Dieser Meistercoup, sagte er, habe die Deutschen endgültig davon überzeugt, daß ich zutreffende Angaben machen könne und die Invasion tatsächlich im Pas-de-Calais stattfinde. Später fragte ich ihn nicht ohne Sarkasmus, ob es eine besondere Gunst gewesen sei, daß er mich aus der SS-Haft geholt und mir das Leben gerettet habe.

»Wo denkst du hin!« rief er empört aus. »Das war lediglich, damit dich die Deutschen nun für ziemlich wichtig halten und meinen, wir hätten dich rausgeholt, bevor man dich zur Preisgabe weiterer Topgeheimnisse zwingen konnte.«

Damit, sagte er, würde ich für sie alle nur um so glaubwürdiger. Doch bevor er ging, warnte mich Morton, mir bloß nichts einzubilden. Sicher hätte ich positiv zur großen Vor-D-Day-Täuschung beigetragen, aber mein schreckliches Abenteuer sei nur ein kleiner Nadelstich unter unzähligen anderen Geheimoperationen zur Täuschung der Hunnen gewesen.

»Wollen Sie nicht wenigstens ›sorry‹ sagen?« fragte ich herausfordernd, als er durch die Tür ging.

Er schien echt überrascht.

»Mein Gott, Junge«, erwiderte er. »Im Krieg sagt man niemals ›sorry‹.«

Als sich die Tür hinter Morton schloß, hatte ich das Gefühl, ich würde mich nie mehr erholen. Die körperlichen Schäden waren dabei das wenigste; mein Kummer und meine Scham waren viel, viel größer. Aber mein Verzweiflungszustand hielt nicht lange an. Ein Schatten fiel durch die Türöffnung, und eine Wren[6] schaute verstohlen durch den Spalt. Patricia!

Egal wo, Leutnant Patricia Falkiner sah immer hinreißend aus. Aber hier im Lazarett erschien sie mir noch tausendmal schöner: mittelgroß, schlanke Taille, dunkles Haar, große grüne Augen und ein Gesicht so vollkommen, daß es fast unwirklich war.

»Christopher!« flüsterte sie.

Als ich sie plötzlich so nahe bei mir sah, brach ich in Tränen aus. Während des ganzen Krieges war dieses Mädchen mein Leben gewesen. Durch all die schrecklichen Jahre von Täuschung, Mord und Verrat hatte sie zu mir gestanden und mich geliebt.

Sie kam her, setzte sich auf den Bettrand und nahm mich in die Arme. Auch ihr rannen die Tränen übers Gesicht.

Dann richtete sie sich auf und sah mich an. Ich wußte, daß ich gräßlich aussah, rundum bandagiert. Ich mußte ihr vorkommen wie der Unsichtbare, den man mit Bändern zusammengebunden hatte. Sie strich mir über eine bloße Stelle der Wangen.

»Ist nicht so schlimm, wie es aussieht«, log ich. »In ein, zwei Monaten bin ich wieder in Ordnung.«

Sie schaute mich durchdringend an, ihre Gesichtsmuskeln bewegten sich, dann küßte sie sanft mein Gesicht und die zerschundenen Lippen. Am meisten jedoch erschrak sie wegen meiner stark bandagierten Hände.

»Doch nicht deine Finger, Christopher! Wirst du jemals wieder Klavier spielen können?« Sie nahm eine Hand in die ihre und betrachtete den dicken weißen Verband.

Die Antwort auf ihre Frage kannte ich noch nicht, nickte aber hoffnungsvoll. Eine Zeitlang hielten wir einander umschlungen und küßten uns zärtlich, getragen von einer plötzlichen Welle der Hoffnung und des Glücks. Eines wußte ich mit Bestimmtheit: Ohne Patricia wäre ich jetzt tot. Wie auf ein Stichwort erklang aus dem BBC-Heimat- und Truppenprogramm im Radio der damali-

---

6 Wrens: »Women's Royal Navy Service« – etwa: Marine-Frauencorps. (Anm. d. Übers.)

ge Julie-Styne-Schlager »I don't want to walk without you, Baby«[7]. Es war unser Lieblingslied.

Erneut erkannte Martin Bormann meinen potentiellen Wert als Agent. Bei seiner späteren Befragung in England beschrieb er, wie Hitler sofort nach D-Day einen seiner Wutanfälle bekam und seine ganze Galle über die SS-Offiziere ausspie, die meinen anfänglichen Erzählungen keinen Glauben geschenkt hatten.[8] »Hätten sie auf den Jungen gehört«, brüllte der Führer, »wir hätten die vulgäre Churchillsche Judenbande vom Erdboden getilgt!« Warum hatten seine Offiziere nicht ihn gefragt? Er wäre für den loyalen und treuen Hannes (damit war ich gemeint) gewesen. Der junge Engländer hatte die ganze Zeit über recht. Hitler sagte zu Bormann, er wolle mich wiedersehen und mir für meine Verdienste um die nationalsozialistische Sache danken; er wolle auch feststellen, ob ich für ihn noch weitere wertvolle Informationen hätte.

---

7 »Ohne dich, Baby, geh' ich keinen Schritt.«
8 Diese Schilderung stammt aus der Birdham-Niederschrift.

3
GOLDSUCHE

In London war der Morgen des 4. Januar 1945 stürmisch und bitter kalt. Auf den Bürgersteigen der Hauptstadt lagen noch die Schneewehen des letzten Schneesturms. Jetzt peitschte der Wind eisigen Regen über die Straßen. Durch ihn kämpfte sich ein großgewachsener, schlanker Marineoffizier von seiner Wohnung im Berkeley Square entlang der St. James's Street und Pall Mall quer durch Whitehall zur Admiralty. Am Eingang hielt er dem Sergeant der Royal Marines seinen Ausweis vor die Nase und ging den Flur entlang zu Zimmer 39, wo die Feindaufklärungsabteilung der Royal Navy saß.

In diesem Büro hatte Commander Ian Lancaster Fleming drei Jahre lang als persönlicher Assistent des Direktors der Navy-Feindaufklärung, Vizeadmiral John Godfrey, gearbeitet. Aber an diesem scheußlichen Januarmorgen nahm seine Laufbahn eine jähe Wendung. Bis vor kurzem war er im Fernen Osten als Verbindungsoffizier zur indischen und australischen Feindaufklärung tätig; nun war er »verdeckt zurückbeordert« worden, mit anderen Worten: Obwohl er wieder im Vereinigten Königreich war, befand er sich seiner Personalakte nach immer noch jenseits von Suez auf Posten, genauer: bei seinem Bruder Peter in Ceylon auf Urlaub. Zurückgekehrt war er mit dem Fernost-Sicherheits-Transportdienst FEAST. Dieser Geheim-Shuttle flog von Neuseeland über Australien, Ceylon, Aden, Alexandria, Malta, Marseille, Cherbourg und über den Ärmelkanal zu HMS »Culdrose«, dem Stützpunkt des Marinefliegerkorps im Süden von Cornwall. Da der Dienst die modernsten Maschinen der Royal Air Force und der Royal Australian Air Force benutzte, wurde die Reise in der damaligen Rekordzeit von nur zweiundsiebzig Stunden bewerkstelligt. Fleming, der noch nie auf diese Weise gereist war, stellte hochbefriedigt fest, wieviel Zeit sich damit sparen ließ.

Später erzählte er mir, er habe in Zimmer 39 ein paar Minuten lang »lässig vor Aufregung kochend« an seinem Schreibtisch gesessen und sich gefragt, was seine plötzliche Rückkehr wohl bedeuten mochte. Die Antwort sollte er bald erfahren. Eine Nachrichtenhelferin brachte ihm eine Mitteilung, die er quittierte. Auf dem Außenumschlag stand lediglich »Commander Fleming, RNVR«, aber innen steckte ein zweiter Umschlag mit der Aufschrift »COMMANDER I. L. FLEMING, RNVR, PRIORITY A I IMMEDIATE, MOST SECRET. EYES ADDRESSEE ONLY.«[1] Aus der inliegenden Mitteilung erfuhr er, er sei zum Vizechef einer mit einer Marinechiffre bezeichneten Spezialeinheit ernannt und habe sich am selben Tage um 14.15 Uhr beim Chef dieser Sektion, Major D. Morton, zu melden.

Da er schon mehrfach von der geheimnisumwobenen Sektion M gehört hatte, war Fleming neugierig und erregt zugleich. Auf dem Rückweg zur St. James's Street zum Lunch in seinem White's Club stellte er fest, daß er zum ersten Mal in seinem Leben überhaupt keinen Appetit verspürte. Wie er mir später sagte, empfand er die Aufnahme in die Sektion M als »den besten Geheimdienstjob, den man sich denken kann«. Deren Vizechef zu werden sei für ihn so etwas wie die Erfüllung eines geheimen Wunschtraums gewesen. Kurz nach 14 Uhr befand er sich vor dem Ministerium für Öffentliche Arbeiten, und Punkt 14.15 Uhr saß er Major Desmond Morton gegenüber in Zimmer 60 – einer engen und schäbigen Höhle, die sich der Chef der Sektion M als Arbeitsplatz erkoren hatte. Die Wände waren schmutziggelb und bar allen Zierrats. Abgesehen von einem

---

1 (»Commander I.L. Fleming, RNVR, Priorität A1, sofort lesen. Höchst geheim. Absolut persönlich.«) Einige Historiker behaupten, in dieser Phase des Krieges hätte »Most Secret – Höchst geheim« bereits vollständig das früher übliche »Top Secret – Streng geheim« abgelöst. Tatsächlich benutzte die Sektion M aber weiterhin beide Bezeichnungen.

Buchregal, gab es rein gar nichts, was die Aufmerksamkeit auf sich lenken konnte.

Daß Morton seine Hausaufgaben über seinen neuen Rekruten gemacht und sich sämtliche Einzelheiten seines bisherigen Lebens eingeprägt hatte, bedarf keiner Erwähnung. Er wußte, daß Fleming trotz seines zweiten Vornamens, der die unmittelbare Abstammung von John of Gaunt, dem berühmten Herzog von Lancaster, bezeugte, schottischen Blutes war – eine widerspruchsvolle Kombination, in der sich die Widersprüchlichkeit seines Charakters spiegelte. Viele mochten und bewunderten ihn, andere sahen in ihm einen Playboy-Marineoffizier und nannten ihn den »Schokoladenmatrosen«. Ihr Neid hatte gute Gründe, denn er stammte aus einer begüterten Familie und genoß zweifellos hilfreiche Beziehungen. Sein Vater Valentine Fleming war Unterhausabgeordneter und enger Freund Winston Churchills gewesen; beide hatten als Offiziere in der Oxfordshire-Gardekavallerie gedient, und als Valentine im Ersten Weltkrieg im Schützengraben den Heldentod starb, schrieb Churchill in der »Times« einen bewegenden Nachruf. Dennoch zog nicht dieser Hintergrund, sondern die Eigenbegabung von Commander Fleming die Leute an, für die er arbeitete.

Anfang 1945 war er sechsunddreißig Jahre alt, wirkte aber jünger: Er war groß, sein dunkles Haar wich von der Stirn her zurück, und er sah ungemein gut aus. Mit seinen Patrizierallüren ähnelte er einem römischen Adligen. Der einzige Schönheitsfehler in seinem Gesicht war eine gebrochene Nase, die er sich bei einem Zusammenstoß beim Rugbyspiel in der Schule geholt hatte. Das machte ihn jedoch in den Augen vieler junger Damen nur noch attraktiver. Wenn sie dann auch noch erfuhren, daß er in Eton zwei Jahre lang »victor ludorum« (Sportchampion) gewesen war, war ihr Schicksal für gewöhnlich besiegelt.

Vor dem Krieg hatte er nie so recht zu seinem eigentlichen Metier gefunden. Er verließ vorzeitig die Königliche Militärakademie in Sandhurst, ging nach Österreich, um Deutsch zu lernen, dilettierte eine Zeitlang als Journalist und wurde schließlich ein mäßig erfolgreicher Börsenmakler. Während der ganzen zweiten Hälfte der dreißiger Jahre stand er stets im Schatten seines älteren Bruders Peter, der sich als Autor so hervorragender Reisebücher wie »Brazilian Adventure« und »News from Tartary« einen Namen gemacht hatte. Doch als Ian auf Empfehlung des Gouverneurs der Bank von England, Montagu Norman, zur Navy-Feindaufklärung stieß, hatten seine Talente endlich das richtige Ventil gefunden.

Als persönlicher Assistent von Admiral Godfrey hatte er wieder einmal die Richtigkeit des alten Spruchs bewiesen, daß die meisten Matrosen, auch wenn sie noch so tüchtig seien, nicht den Riecher besäßen, der einen guten Geheimagenten ausmache; viel wichtiger seien Originalität, Einfallsreichtum, ein leichter Hang zur Exzentrizität sowie Humor. Das alles besaß Fleming im Überfluß; hinzu kamen Mut, Tüchtigkeit, ein feines Gespür für Disziplin, Charme und die beneidenswerte Fähigkeit, Leute für sich einzuspannen. Mit all dem war er in der Welt des Marinegeheimdienstes erste Wahl, und in sein neues Dasein warf er sich mit einem Eifer, der viele Kollegen beträchtlich beunruhigte. Manches, was er sich ausdachte, war eindeutig ungereimt und zerfahren, aber im Juni 1940 fehlte ihm zu einem aufsehenerregenden Erfolg nur noch ein Quentchen Glück. Unmittelbar vor der Niederlage Frankreichs hätte er den Befehlshaber der französischen Marine, Admiral Darlan, beinahe dazu gebracht, die mächtige Flotte nach England herüberzubringen. Das einzige, was ihn daran hinderte, war seine vorzeitige Rückbeorderung. Wäre es ihm gelungen, so hätten sich wahrscheinlich die Massaker in Oran, Casablanca und Toulon vermeiden lassen. Außerdem hätte es den Alliierten den unschätzbaren Vorteil eingebracht, die französischen Kriegsschiffe von Anfang an auf ihrer Seite zu haben.

Bald war Godfrey voll des Lobes über Flemings Arbeit. Am 10. Dezember 1942 schrieb der Admiral:»Sein Eifer, seine Fähigkeit und sein Urteilsvermögen sind nachgerade außergewöhnlich und haben viel zur Entwicklung und Organisation der Marine-Feindaufklärungsabteilung im Kriege beigetragen.« Was Godfrey aus Sicherheitsgründen nicht schreiben konnte war, daß Fleming an fünf streng geheimen, für die alliierte Feindaufklärung ausschlaggebenden Unternehmungen teilgenommen und sich jedesmal besonders hervorgetan hatte.

Jetzt ließ Morton in Zimmer 60 die Katze ein Stück weit aus dem Sack und erklärte, auf Weisung des Premierministers plane die Sektion M eine große Tarnoperation, mit deren Leitung er Fleming beauftrage. In wenigen Minuten würden sie zum Premierminister gerufen, um ihn über den jüngsten Stand der Dinge zu unterrichten.

Während sie noch warteten, betonte Morton immer wieder die Notwendigkeit absoluter Geheimhaltung. Wie geschickt sie auch planten, wie einfallsreich sie auch seien – alles würde zunichte, wenn sie die Geheimhaltung nicht in einem Maße beachteten, das über alles hinausgehe, was Fleming bislang gekannt habe. Reine Lippenbekenntnisse zu den Regeln oder die bloße Einstufung des Unternehmens als »Höchst geheim – A 1 sofort« reichten nicht aus. Es gehe auch um die völlige Verschwiegenheit Flemings und seiner Untergebenen. Selbst auf höchster Ebene dürften bestenfalls eine Handvoll Leute außerhalb der Sektion M von der Existenz des Vorhabens wissen. Es sei – außer unter seiner Marinechiffre – in keinem Dokument erwähnt. Es werde nirgends genannt werden. Das Unternehmen habe es nie gegeben und werde es nie gegeben haben.

Dasselbe gelte für Fleming. Im Zusammenhang mit seiner neuen Aufgabe und dem bevorstehenden Unternehmen existiere er einfach nicht. Alles, was er und die Männer und Frauen der Sektion M unternähmen, werde aus den Akten getilgt. Seine Personalakte werde besagen, daß er sich in Jamaika aufhalte, wenn er in Wirklichkeit in Portsmouth, in Schottland, wenn er in Rom und in Neuseeland, wenn er in Berlin sei. In diesem Augenblick befinde er sich noch im Fernen Osten. Mit etwas Glück werde niemals jemand beweisen können, daß er das Unternehmen angeführt, ja überhaupt daran teilgenommen habe. Es sei »Die Operation, die es nie gab«.

Das rote, abhörsichere Telefon auf Mortons Tisch ertönte zweimal. Der Premierminister war jetzt frei. Sie traten aus der Tür, wandten sich nach links und gingen dann eine Wendeltreppe hinunter zu den Regierungs-Befehlsräumen, im Jargon als »Loch im Boden« bekannt. Vier Etagen tiefer, einiges unterhalb der Themse, gelangten sie zu einer wasserdichten Tür. Hinter dem Durchgang lag der Cabinet War Room[2]. Ein Marineinfanterist öffnete die erste von zwei Türen, die etwa zweieinhalb Meter voneinander entfernt und beide mit kleinen Glasscheiben versehen waren. Zwischen den beiden Türen hielt ein zweiter, mit einem Revolver bewaffneter Marineinfanterist Wache. Er konnte zwar nicht hören, was im Befehlsstand gesprochen wurde, aber alles sehen, was dort vorging.

Churchill begrüßte Fleming herzlich als Sohn seines alten Freundes und wartete wie gewohnt mit ein paar liebenswürdigen Erinnerungen an Flemings Vater Val auf. Dann wandte er sich schnell dem Thema des Tages zu. Während die alliierten Heere den Überresten des Dritten Reiches zunehmend zu Leibe rückten, hatte er sich in Gedanken mehr und mehr dem riesigen Vermögen zugewandt, das die Nazis in den besiegten Ländern Europas zusammengeraubt hatten. Insbesondere hatte er überlegt, wie die Alliierten wieder in den Besitz des Bargelds, Goldes und Schmucks, der Kunstwerke und Grundstückstitel gelangen konnten, die die führenden Nazis versteckt hatten. Er meine, Hitlers Gefolgsleute wollten sich nach dem endgültigen Zusammenbruch Deutschlands mit diesen Schätzen eine sichere und bequeme Zuflucht finanzieren. Die Befehle des Premierministers waren einfach und klar: Fleming solle diese Pläne durchkreuzen, indem er möglichst viele der gestohlenen Werte ausfindig mache und zurückhole.

Wieder oben in Zimmer 60, klärte Morton ein paar wesentliche Punkte. Als erstes sollte sich die Sektion M nur auf die außerhalb Deutschlands und der besetzten Gebiete befindlichen Nazischätze konzentrieren. Die innerhalb liegenden fielen in die Zuständigkeit des Oberbefehlshabers in Europa, General Eisenhower; seit D-Day vor einem halben Jahr sei bereits eine ihm unterstellte Spezialeinheit mit gewissem Erfolg tätig. Mor-

---

2 Wörtlich: »Kriegssitzungssaal des Kabinetts«. Die in der deutschen Übersetzung der Churchill-Memoiren benutzte Bezeichnung »Kriegsbureau« erscheint wenig aussagekräftig. Der »Cabinet War Room« wurde während der deutschen Luftangriffe auf London unter den »Annexes« der Regierungsgebäude in Whitehall gebaut. Er diente nicht nur als Sitzungssaal des Kabinetts, sondern Churchill benutzte ihn zugleich fortlaufend als seinen unterirdischen Befehlsstand. Wegen seiner Vielschichtigkeit bleibt der Begriff unübersetzt. (Anm. d. Übers.)

ton fuhr fort, seit zwei Jahren gingen Agenten der Sektion M aufmerksam allen Spuren in Europa nach, und aus ihren Berichten gehe hervor, daß Nazibeute im Werte von Milliarden Pfund im schweizerischen Banksystem lagere – nicht nur auf Nummernkonten, sondern auch in den Tresoren verschiedener Banken und in riesigen Gewölben anderer Gebäude, die die Banken in der ganzen Schweizerischen Eidgenossenschaft besäßen und betrieben. In den letzten Wochen sei es Agenten gelungen, zwei Banken aufzuspüren, eine in Zürich, die andere in Basel. Das einzige, was jetzt noch fehle, seien die Kontonummern sowie die Namen der Kontoinhaber und Zeichnungsberechtigten. Sobald Morton diese Informationen in der Hand habe, erhalte die Sektion »carte blanche« für fast jede Aktion, die sie für nötig erachte.

Nach jüngsten Berichten aus Wien hätten in Österreich tätige Agenten zumindest einen Teil der fehlenden, entscheidenden Informationen entdeckt, und derzeit würden alle Anstrengungen unternommen, um dem Chef der Sektion M per Kurier oder Funk die Nummern und Namen zu übermitteln. Die ganze Aktion sei aber so geheim, daß man keinerlei Risiko eingehen dürfe. Kämen die Nazis wegen einer noch so winzigen undichten Stelle der Sache auf die Spur, würden sie natürlich die Nummern und Zeichnungsberechtigten sofort ändern, und die Sektion M müßte wieder von vorne anfangen. Mortons Darstellung dauerte fast den ganzen Nachmittag; aus ihr ging deutlich hervor, daß die Aufgabe zwar konzeptionell einfach war, ihre Durchführung aber kompliziert und gefährlich sein würde. Gegen Ende kam Morton dann auf die Frage zu sprechen, wer unter Flemings Gesamtleitung das Unternehmen anführen sollte. Er nannte meinen Namen. Auf Flemings Frage, was mich dazu befähige, sagte Morton, er solle am nächsten Morgen meine Akte lesen, sich danach mit mir treffen und selber entscheiden, ob ich für die Sache tauge.

Abschließend kam Morton erneut auf die Geheimhaltung zurück und warnte Fleming, die Sektion M würde jedes diesbezügliche Versagen unerbittlich ahnden. Die Strafen wären hart; ein paarmal sei von der Höchststrafe, der Hinrichtung also, die Rede gewesen. Die Sektion M gehe seit jeher so erbarmungslos vor und habe damit viele Leben gerettet.

Fleming sah sich selbst (wie er mir später sagte) immer als lässigen und nicht leicht zu beeindruckenden Typen, als jemand, der seine Gefühle problemlos verbergen könne. Mortons Darlegung aber habe ihn so aufgerüttelt, daß ihm »alles im Gesicht abzulesen« gewesen sei.

Während der ganzen Unterhaltung beschäftigte ihn unablässig die Frage, *wo* sich denn in Gottes Namen die Sektion M befinde. Hier in Mortons schmutzigem kleinen Büro konnte es kaum sein. Das Ganze schien viel zu bescheiden, um eine Organisation zu befehligen, die zu dem fähig war, was er hier erfahren hatte. Er mißverstand völlig Mortons Stil. Morton war *immer* äußerst sparsam, bescheiden und geheimniskrämerisch bis in die Haarspitzen. Er war ganz ohne Zweifel der verschlossenste Mann im ganzen Königreich. Er hielt mit überhaupt allem hinter dem Berg – nicht nur mit wichtigen Feindnachrichten, sondern auch mit seinem Privatleben, seinen Freundschaften, seinen Hobbys, seinen Hoffnungen, seinen Träumen (sofern er überhaupt welche hatte) und sich selbst. Er war der verschwiegenste Mann, den man sich denken kann.

Die Häßlichkeit seines Büros und seinen Hang zu absoluter Unauffälligkeit genoß er geradezu. Wozu brauchte er irgendwelches Gepränge? Am anderen Ende seiner abhörsicheren Telefone befand sich jeweils ein Untergebener, bereit, auf Knopfdruck jede Frage zu beantworten oder eine Aktion einzuleiten. Die politische Führung, die Exekutive für Sonderoperationen und die Sektion M befanden sich im Ministerium für Wirtschaftliche Kriegführung – einer Tarnorganisation, unter deren Schirm Geheimgremien geradezu aus dem Boden schossen.

In dem ersten Gespräch mit Fleming ließ Morton natürlich fast nichts über den Hintergrund seiner Organisation verlauten.

Tatsächlich hatte er sie schon 1932 geschaffen; bis September 1939 war sie vom jeweils herrschenden Monarchen finanziert und protegiert worden. Als Churchill dann Erster Lord der Admiralität wurde, ging sie in die Buchführung der Royal Navy über, und ab 1941, als Mountbatten Chef für Kombinierte Operationen wurde, lief ihre Finanzierung über die Combined Ops. Ihr ziviler Arm war in Northways in einem riesigen Wohnblock gleich oberhalb von Swiss Cottage in Nordlondon untergebracht und operierte unter der Tarnung des Befehlshabers der U-Boot-Flotte und des britischen U-Boot-Kriegshauptquartiers. In nächster Nähe befanden sich diverse Spezialabteilungen in requirierten Häusern an Eton Avenue und Belsize Park. Der operative Arm – der zumeist unter dem Personal der Royal Navy rekrutiert wurde, aber auch Marineinfanteristen und Wrens umfaßte – hatte seinen Sitz in Birdham, einem großen Landhaus in Hampshire, sowie in anderen auf dem Land verstreuten Villen.

Offiziell war Morton lediglich der persönliche Berater des Premierministers in Geheimdienstfragen. Nirgends war zu lesen, daß er zum obersten Herrn sämtlicher Spezialgeheimaufträge avanciert war. Er stand noch über dem »Geheimkreis« um den Premierminister, und seine Rolle entzog sich sogar der Kenntnis der höchsten Beamten. Die Privatsekretäre und andere Angehörige dieses Kreises, obwohl man ihnen vollkommen vertraute, waren nie eingeweiht worden. Auf dieser höchsten Sicherheitsstufe hieß die Maxime: Egal wie wichtig jemand ist oder sich dünkt – er erfährt nichts davon, es sei denn, er muß unbedingt Bescheid wissen. Churchill brachte es in einem Vieraugengespräch mit Fleming einmal knallhart auf den Punkt: »Mein Geheimkreis meint, er wisse alles. Bitte nehmen Sie den Leuten die Illusion nicht, indem Sie ihnen Dinge erzählen, von denen sie keine Ahnung haben.«

Zu den größten Stärken der Sektion M gehörte, daß sie mit Genehmigung des Königs ausschließlich dem Premierminister unterstand und nur ihm verantwortlich war. Ihre Operationen unterlagen keinerlei Kontrolle oder Beschränkung von außen, ebensowenig wurde ihre Geheimhaltung dadurch gefährdet, daß Informationen über ihre Aktivitäten ohne zwingenden Grund an Beamte weitergeleitet wurden. Andere Organisationen waren da schlechter dran. So unterstand der Feindnachrichtendienst MI 6 dem Foreign Office, und dem für die Inlandabwehr zuständigen MI 5 hing das Innenministerium als Mühlstein am Hals. Die Sektion M dagegen brauchte sich um niemanden zu scheren. Wie ihr

Chef war sie unauffällig, bescheiden, unabhängig und absolut geheim; nach außen hin existierte sie überhaupt nicht.

Am nächsten Morgen, dem 5. Januar, kam Fleming wieder ins Ministerium für Öffentliche Arbeiten und wurde von zwei Sicherheitsleuten der Sektion M in den abhörsicheren Raum geführt. Dort wartete schon Morton und übergab ihm eine kleine Kassette samt Schlüssel. Fleming quittierte für beides. Vor dem Weggehen sagte Morton noch zu seinem neuen Mitarbeiter: »Denken Sie dran. Die Akte, die Sie gleich lesen werden, existiert gar nicht.« Diese Bemerkung machte gewaltigen Eindruck auf Fleming, der mir später sagte, er habe es als Riesenspaß empfunden, zum ersten Mal etwas zu lesen, was es gar nicht gab.
Die Sicherheitsleute kontrollierten den Raum, prüften nach, ob das Fenster auch fest geschlossen war, und bezogen dann vor der Tür Posten. Zwei weitere standen unter dem Fenster auf dem Gehsteig in Storey's Gate Wache. Fleming nahm meine Personalakte mit Erstaunen zur Kenntnis. Wäre er nicht ganz unbeteiligt an einigen der dort beschriebenen Ereignisse gewesen, dann hätte er die Richtigkeit der Berichte angezweifelt. Da er aber oft mit dabei gewesen war (gewöhnlich hatte er für die passende Tarnung gesorgt), wußte er, daß die Darstellung echt war. Außerdem erkannte er, daß es schon eines Erzählers von unglaublichem Geschick und Einfallsreichtum bedurft hätte, sich einige der Ereignisse einfallen zu lassen. Was ihn alles in allem am meisten berührte, war die Ahnungslosigkeit, mit der ich der Sektion M in die Fänge geraten, und die Naivität, mit der ich seit meiner frühesten Kindheit dem beinahe schon satanischen Einfluß und der Führung Mortons erlegen war.
Als er die Akte zu Ende gelesen hatte, steckte er sie wieder in die Kassette, verschloß sie und klopfte an die Tür. Die beiden Sicherheitsleute kamen herein und nahmen sie mit. Dann zündete er eine Morland Special an, seine Lieblingszigarette mit den roten und goldenen Streifen auf der Schachtel, und sah vom Fenster auf den St.-James-Park hinaus.
»Na denn«, sagte er, wie meist, wenn ihn etwas bewegt hatte. Am späteren Nachmittag traf er Morton wieder und sagte ihm, er

werde mich zwar so bald wie möglich an meinem Dienstort in Ramsgate aufsuchen. Er habe aber ernste Zweifel, ob er mich als Einsatzkommandanten nehmen solle. Er habe sofort bemerkt, daß mein bisheriger Lebenslauf diverse Widersprüche enthielt. Einerseits scheine ich ein geradliniger Seeoffizier zu sein, der, obwohl sechzehn Jahre jünger, bedeutend mehr praktische Erfahrung besitze als er; andererseits hätte ich mehrmals als gekaufter Killer gearbeitet oder Täuschungsmanöver durchgeführt, die sämtlichen Regeln der Moral zuwiderliefen. War das wirklich die Sorte Mensch, mit der er arbeiten konnte?

»Keine Angst, mein Lieber«, sagte Morton ausdruckslos. »Wird schon werden.«

Es lag auf der Hand, daß die Zeit drängte. Morton reichte Fleming eine Funkmeldung mit der Mitteilung, tags zuvor sei ein Teil der benötigten, lebenswichtigen Information an einen jungen Funker weitergeleitet worden, der in Wien für die Sektion M arbeite. Die Lage in der Stadt sei aber so gefährlich, daß die Übermittlung eventuell von irgendwo außerhalb erfolgen müsse. In Wien und Umgebung wimmele es nur so von SS, Gestapo und deutschen Truppen und zudem von der vor Ort besonders abscheulichen österreichischen Polizei. Es wäre sicherer, die Meldung von einem geheimen Ort irgendwo auf dem Lande abzusetzen.

Als Fleming fragte, wer und wie zuverlässig der Funker sei, war seine Überraschung groß. Morton sagte, bei dem Agenten handle es sich um eine junge Frau, eine operative Wren[3], eine der besten. Da sie zu dem bevorstehenden Unternehmen der Sektion M gehöre, unterstehe sie faktisch Flemings Kommando. Dieser fiel beinahe vom Stuhl. In seinem bisherigen Navy-Dasein hatte er noch nie mit operativen Wrens zusammengearbeitet. Zwar wußte er theoretisch von ihnen, aber der Gedanke, daß sie tatsächlich existierten, war ihm gänzlich ungewohnt.

Bislang hatte er Frauen gegenüber eine eindeutig altmodische Haltung an den Tag gelegt. Er glaubte an die Überlegenheit des männlichen Geschlechts und betrachtete Frauen als minderwer-

---

3 »Operative Wren«, etwa: zum Feindeinsatz zugelassene Wren. (Anm. d. Übers.)

tig; man flirtete mit ihnen, »brachte sie zur Strecke«, nahm sie ins Bett – warf sie dann aber auch wieder weg. Daß er dabei einen nicht gerade geringen Erfolg hatte, bestärkte ihn nur noch in seiner Auffassung. Seinen Vorgesetzten war das nicht entgangen, in seiner Personalakte war es als Schwäche vermerkt.

Jetzt sah er sich plötzlich gezwungen, seine Vorurteile zu revidieren. Er tat es und sagte zu Morton, er sei sicher, daß diese Agentin in Österreich eine tolle Frau sei. Er wünsche ihr allen Erfolg und freue sich schon auf ihren Bericht.

4

PATRICIA

Am selben Nachmittag führte die Salzach in Tirol Hochwasser und spülte die gewaltigen Wassermassen weg, die in den stürmischen Vortagen gefallen waren. Es hatte so stark geregnet, daß die Niederschläge die steilen Hänge der Kitzbühler Alpen hinunterschossen und sämtliche Zuflüsse der Salzach in reißende Sturzbäche verwandelten.[1] Die Salzach fließt von Osten nach Westen mitten durch Österreich, das noch immer von Hitlers motorisierten Truppen wimmelte.

Genaugenommen konnte man das Land nicht »besetzt« nennen, denn nachdem Bundespräsident Wilhelm Miklas auf Hitlers Druck Dr. Arthur Seyß-Inquardt zum Kanzler berufen hatte, rief dieser am 12. März 1938 die Nazis ins Land und vollzog einen Tag später den »Anschluß« des einstmals großen Habsburgerreiches an Deutschland.

Im Ergebnis lief das indessen auf dasselbe hinaus wie in den anderen europäischen Ländern: Überall herrschte eine waffenstarrende Terrordiktatur.

Am Abend des 5. Januar 1945 stürzte sich eine junge Frau vom Nordufer aus kopfüber in die tobenden Wasser der Salzach. Jedem zufälligen Beobachter wäre das als tödliche Wahnsinnstat erschienen. Nun hatten in den vergangenen sieben Jahren zahl-

---

1 Meine Schilderung der Ereignisse dieses Tages beruht auf der Aussage von Hans Gerhardt, der zwar damals noch mit den Nazis sympathisierte, sich später aber gegen die Deutschen wandte und Informationen über sie weitergab. Im weiteren Verlauf des Jahres 1945 stellte er sich österreichischen Widerstandskämpfern, und so gelangte sein detaillierter Bericht über den hier beschriebenen Vorfall nach England.

reiche junge Leute Selbstmord begangen, und vielleicht war dies nur einer davon – vielleicht hatte die junge Frau beschlossen, ein für allemal Schluß zu machen.

Doch bald zeigte ihr Verhalten im Wasser, daß sie keinen Selbstmord im Sinn hatte. Sie schwamm kräftig, mit langsamen und gekonnten Stößen gegen den Strom. Der Student Hans Gerhardt, der sie mit seinem Feldstecher entdeckt hatte, erkannte sofort, daß sie die Strömungsgeschwindigkeit einkalkulierte und in den reißenden Wassern nicht den Kopf verlor.

Während er zusah, erfaßte Gerhardt ein Schauer der Erregung. Hier ging etwas Seltsames vor, und er dachte, er sei gut beraten, es den Behörden zu melden. Seitdem er als Zwölfjähriger zwangsweise der Hitlerjugend beigetreten war, unterlag er einer Gehirnwäsche, die ihn zum Anhänger des Nationalsozialismus machte. Wie Tausende Kommilitonen hatte man ihn dazu gebracht, den nazistischen Rassentheorien zu glauben und Juden, Russen und sogar Österreicher als »minderwertige Menschen« anzusehen, die »isoliert oder ausgerottet« werden mußten.

Er sah, daß die junge Frau im Fluß gut vorankam. Tatsächlich hatte sie in der strengen Ausbildung bei der Commando-Spezialabteilung der Royal Marines gelernt, daß bei der Zeit, die man zum Überqueren eines Flusses benötigt, die Strömungsgeschwindigkeit keine Rolle spielt. Natürlich brauchte man Mut und Entschlossenheit, um dieses Gesetz der Mechanik voll auszunutzen, aber sie wußte genau, was sie tat, und behielt den Kopf oben.

Etwas weiter stromabwärts gelangte sie sicher an Land, kletterte die Uferböschung hoch und verschwand im Gebüsch. Dort holte sie aus der wasserdichten Tasche, die sie über der Schulter trug, ein Handtuch und trockene Kleider heraus. Sie rieb sich kräftig ab, zog die trockenen Sachen an, darüber einen einteiligen Schutzanzug. Mit einem Miniaturkompaß nahm sie mehrere Peilungen vor und notierte sie auf einer Karte. Danach schaute sie sich mehrere Male suchend um, entdeckte aber den jungen Gerhardt nicht, der sie immer noch beobachtete.

Patricia Falkiner hätte in jedem Land als Schönheit gegolten. Ihre großen grünen Augen, dunklen Haare und schlanke Gestalt stachen seit jeher hervor. Während ihrer Schulzeit im St.-Mary's-Konvent in South Ascot hatte sie begeistert der Oberin Mutter Ignatius zu Füßen gesessen. An ihrem achtzehnten Geburtstag, Anfang 1940, trat sie in die Royal Navy ein. Nach einer wenig zimperlichen Grundausbildung in Westwood College, dem Wrens-Aufnahmelager in Hampstead, wurde sie übernommen und bewarb sich als Wren beim Chiffrierdienst. Nach den geforderten Spezialprüfungen und einem Auswahlexamen vor dem Admiralty Selection Board schickte sie die WRNS-Chefin, Fregattenkapitän »Dame« Vera Laughton Matthews, zur Offiziersausbildung. Drei Monate später war sie Dritter WRNS-Offizier Falkiner und durfte auf jedem Ärmel einen gestickten blauen Streifen tragen.

Die folgenden Jahre waren äußerst spannend, denn sie wurde in die Regierungsschule für Ver- und Entschlüsselung in Bletchley Park, Buckinghamshire, kommandiert, die unablässig die feindlichen Meldungen abhörte. Beim Knacken lebenswichtiger deutscher und japanischer Geheimcodes, unter anderem des streng geheimen Enigma-Ultra, spielte die Schule eine bedeutende Rolle.

An ihrem zweiundzwanzigsten Geburtstag wurde Patricia zum Zweiten Offizier befördert. Bald danach, im Herbst 1944, stolperte sie jedoch zufällig über höchst geheime und brisante Informationen, für die sie keine Ermächtigung besaß. Jetzt steckten sie und die Behörden in der Klemme. Normalerweise kam jemand wie sie für die Dauer der Feindseligkeiten auf der Isle of Man in Arrest. Aber ein Mädchen mit ihren Fähigkeiten und Kenntnissen einzusperren, hätte ganz offenkundig eine unverzeihliche Talentvergeudung bedeutet.

Ein Nachrichtenoffizier suchte sie auf – und danach verschwand sie lautlos im Dorset Square No. 1 in London, dem SOE-Hauptquartier (Special Operations Executive). Dort machte sie mit ihren fließenden Deutschkenntnissen, ihrer profunden Beherrschung des drahtlosen Funkverkehrs, der Ver- und Entschlüsselung und ihrem schwarzen Judogürtel beträchtlichen Eindruck. Ihre Leistungen und die Tatsache, daß sie bereits Geheimnisträgerin war, ließen sie geradezu ideal geeignet erscheinen für

Unternehmungen, die das SOE in Frankreich und Deutschland plante. Für solche Aufgaben wurden nur Freiwillige eingesetzt. Patricia hätte sich problemlos weigern können. Doch dann begegnete sie einem höheren Offizier der Sektion M, der an ihr Pflichtgefühl appellierte und ihr sagte, sie müsse unbedingt bei der operativen Feindaufklärung mitmachen. Und so kam es, daß sie gleich nach Jahresbeginn 1945 am Nordufer der Salzach stand, während es in den Bergtälern dunkel wurde. Weiter oberhalb am Hang befand sich eine Holzhütte, die vom österreichischen Widerstand, der eng mit dem britischen Geheimdienst zusammenarbeitete, benutzt wurde. Ein Siebenkilometermarsch über leicht einsehbare Fußwege trennte sie von der Hütte, so daß sie sich vor dem Dunkelwerden nicht auf den Weg machen konnte. Sie wußte allerdings, daß in der Hütte ein Funkgerät stand, mit dem sie ihre hochwichtige Information an die Kontrollstation der Sektion M in Bletchley absetzen konnte.

Der Aufstieg zur Hütte dauerte vier Stunden. Vor der Hütte wartete sie noch eine Viertelstunde, suchte, soweit es das Dunkel erlaubte, alle denkbaren Annäherungswege ab und lauschte angestrengt auf den geringsten Laut, der eine Gestapo- oder SS-Falle hätte verraten können. Als alles in Ordnung schien, durchsuchte sie die Hütte, die auf einem spitzen Felsvorsprung oberhalb einer steilen Schlucht stand. Der Ort schien ideal – er war auch im Hinblick auf größtmögliche Sicherheit und denkbar gute Funkverbindung ausgesucht worden.

Nach sorgfältiger Prüfung, ob auch keines der Fenster gewaltsam geöffnet worden war, zog die junge Frau zwei Schlüssel für die Außentür heraus. Die Innentür war mit einem Kombinationsschloß versehen, dessen Code sie sich eingeprägt hatte. Drinnen prüfte sie erneut die Unversehrtheit der Fenster und der Hintertür. Dann durchsuchte sie Zentimeter um Zentimeter die gesamte Hütte. Alles war genau so, wie ihr die Österreicher gesagt hatten.

Sie zog die Vorhänge vor, entzündete eine kleine Öllampe und machte sich an die Arbeit. Sie hatte Angst, fror, war todmüde und hungrig. Sie wußte, daß im Hinterzimmer ein paar Nahrungsmitteldosen und eine Flasche Cognac lagen, aber von so nebensächlichen Dingen wie Hunger ließ sie sich nicht in ihrer Arbeit stören.

Sie begab sich zu der losen Diele, die unauffällig im Fußboden lag, hob sie an und nestelte das Funkgerät heraus. Der doppelten Rückwand eines Schrankes entnahm sie zwei Akkus und schloß sie an. Der Spezialfunkapparat B Mark II sprang an. Dann steckte sie die Antenne ein – ein fünfundzwanzig Meter langer Draht wand sich, genial in den Wänden versteckt, in Schleifen rund durch die Hütte –, die für die zweihundert Kilometer lange Verbindung zwischen den Alpengipfeln und der Empfangsstation in Liechtenstein benötigt wurde.

Als nächstes schlitzte sie eine Naht ihrer Blusentasche auf, holte vorsichtig ein winziges Kristall – eines von dreien, die sie in ihre Kleidung eingenäht hatte – hervor und steckte es in das Gerät, das mit einer Frequenz von 3,5 und 4 MHz sendete. Danach massierte sie ein bis zwei Minuten lang die kalten Finger ihrer rechten Hand. Gelenkige und warme Übermittlungsfinger waren unbedingt gefordert, weil sonst ihr Transmissionsmodus, ihre Tastensignatur, von ihrem üblichen Stil und Rhythmus abweichen und ihre Meldung verdächtig erscheinen lassen konnte: Ihr Korrespondenzpartner würde schnell mutmaßen, daß ein feindlicher Agent unter ihrem Namen funke. An kalten Fingern konnte das ganze Unternehmen – jedenfalls für sie – schimpflich scheitern. Schließlich nahm sie den Morsehebel zwischen Daumen, Zeige- und Mittelfinger und fing an zu funken. Als erstes schickte sie die Codebuchstaben für TOP SECRET, PRIORITY ONE. Damit war die Bandbreite für den ganzen übrigen alliierten Funkverkehr gesperrt. Es folgten der Coderuf für ihren Korrespondenten sowie ihr eigener Codename »Alice«. In einer ähnlichen Bergstation, einige Kilometer östlich der liechtensteinischen Hauptstadt Vaduz, nahmen Mitarbeiter der M-Untersektion Schweiz ihre Meldung auf. Sie reagierten in Sekundenschnelle. Mit geheimen Codewörtern und -ziffern wurden die jeweiligen Kennungen ausgetauscht. Dann setzte Patricia mit ihrer operativen Höchstgeschwindigkeit von hundert Zeichen pro Minute ihre Meldung ab.

Die Geheimfunk-Leitstation der Sektion M befand sich in requirierten Bauernhäusern unweit der Entschlüsselungsabteilung der Regierung in Bletchley Park im Buckinghamshire, wo Patricia bis vor kurzem gearbeitet hatte. Der Gebäudekomplex, in dem nicht nur die Mitarbeiter und die Ausrüstung der Sektion M, sondern auch andere hochgeheime Einheiten untergebracht waren, wurde rund um die Uhr von Commandos bewacht, die als Landarbeiter getarnt waren und auch als solche arbeiteten: Sie molken Kühe, kümmerten sich um Hühner und säten und ernteten auf den umliegenden Äckern. Mit aller Akribie war dafür gesorgt worden, daß die Gebäude auch nicht das kleinste Zeichen nichtlandwirtschaftlicher Aktivität verrieten; der Filmemacher Zoltan Korda hatte das Ganze inspiziert und bestätigt, daß nirgends etwas »Artfremdes« ungetarnt herumlag. Beispielsweise waren Hunderte Meter Antennendraht unsichtbar um die Äste naher Bäume gewickelt worden.

Wenige Minuten nachdem Patricia die Meldung abgesetzt hatte, erhielt sie der Wachhabende aus Vaduz im Fünfbuchstabencode. Da sie an den Chef der Sektion M adressiert war und den Vermerk »Nur für Empfänger persönlich« trug, nahm die wachhabende Wren den Hörer eines lediglich mit »M« bezeichneten roten Telefons ab und gab die Meldung direkt nach London durch.

Dort kamen Morton und Fleming eben vom Abendessen zurück und wollten in Zimmer 60 ihr Gespräch fortsetzen. Nach Mitschrift der Meldung bat Morton seinen Begleiter, ihm das Codebuch zu reichen, das am anderen Ende des Bücherbretts stand. Als Fleming danach griff, stellte er erstaunt fest, daß es sich um ein Exemplar von A. A. Milnes Kinderklassiker »Pu baut ein Haus« handelte.

»Guck nicht so dumm«, sagte Morton. »Das ist unsere Bibel.« Er erklärte, das Buch sei nicht nur die Grundlage für den Code der Sektion M, der aus einer Kombination der Seiten-, Zeilen- und Wortzahl bestehe. Ihm seien auch die Tarnnamen für wichtige Leute entnommen. »Und wer ist dann Winnie-der-Bär?« fragte Fleming ungläubig und fügte gleich hinzu: »Vermutlich der Premierminister.«

»Falsch! Jemand meinte, er solle Winnie sein, aber er wollte nicht. Er sei schon Tieger. Und ich bin Eule.«

Fleming brach in Gelächter aus. Einen Augenblick lang fürchtete er, zu weit gegangen zu sein und Morton womöglich beleidigt zu haben. Aber dann wurde auch dieser schwach und schlug einen seiner seltenen Lacher an.

»Winnie-der-Pu ist noch frei«, sagte Morton. »Du kannst ihn nehmen. Von jetzt an bist du *Pu*.«

Churchill arbeitete wie üblich noch spät im Bunker, und als ihm Morton die entschlüsselte Meldung brachte, strahlte er.

»Großartig, großartig!« rief er, als er den Namen der Schweizer Bank, die den größten Teil des Nazivermögens in Verwahrung hatte, und die Nummern der Konten las, auf denen es lag. Einzig noch zu entdecken blieben die Namen der Zeichnungsberechtigten. Fleming meinte, mit etwas geschickter Diplomatie in Basel und einem Quentchen Glück müßten auch diese herauszukriegen sein.

Bei aller Begeisterung machte sich Churchill über »euer Mädchen, diese Alice« Sorgen. Morton versicherte ihm, Patricia Falkiner sei äußerst geschickt und könne auf sich aufpassen. Der Premierminister erwärmte sich für das Thema und bemerkte, von allen Teilstreitkräften erweise sich die Royal Navy ständig als die beste. Nun habe Miss Falkiner mit ihrem Können und ihrem Mut die Tradition der Navy wieder einmal prächtig bestätigt. Sollte man sie nicht sofort aus der Gefahr holen?

Morton sagte, genau das habe er jetzt vor. Er wolle eine Funkmeldung mit dem Befehl absetzen, sie solle sofort über eine der erprobten Routen zurückkehren, die MI 8 oder MI 9 freihielten.

»Bitte fügen Sie auch von mir ein paar Worte hinzu«, sagte Churchill. »Sagen Sie ihr, sie habe hervorragende Arbeit geleistet und wir seien alle sehr stolz auf sie.«

Der Premierminister war offenkundig in Redelaune. Aber Morton verabschiedete sich mit dem Vorwand, er müsse die Meldung absetzen, und ließ Fleming allein zurück. Einen Augenblick saß Churchill schweigend da und sog hoffnungsvoll an einer völlig zerknautschten Zigarre. Nach zwei oder drei ergebnislosen Versuchen warf er sie jedoch plötzlich mit solcher Zielsicherheit hinter sich, daß sie genau in dem Feuerlöscheimer landete, der dort strategisch plaziert war.

Die Meldung aus Österreich immer noch vor sich auf dem Schreibtisch, fing er an, sich über den operativen Einsatz von Frauen die Last von der Seele zu reden. Er sei immer absolut dagegen gewesen. Das gelte selbst noch für den Einsatz von Frauen an den Flakbatterien im Hyde Park, wo seine Tochter Mary als Unteroffizier im Women's Royal Army Corps diene. Er beklagte sich, daß sein Wunsch, Frauen aus der Schußlinie zu halten, immer wieder vom SOE, der Sektion M und anderen Einheiten des Geheimdienstes durchkreuzt worden sei – und nun befinde sich Miss Falkiner in Gefahr bei einer Operation, die er, Churchill, selber ausgelöst habe.

Während er zuhörte, empfand Fleming Mitgefühl, denn er spürte, daß Churchills Ansichten in dieser Frage eine Folge der ultrakonventionellen Erziehung war, die ihm seine Mutter, die Amerikanerin Jennie Jerome, hatte angedeihen lassen. Fleming selbst hatte mit ähnlichen Schwierigkeiten zu kämpfen gehabt; nach dem frühen Tod seines Vaters waren er und seine drei Brüder der exzentrischen Mutter Eve ausgeliefert gewesen.

In dem Blockhaus weit in den Kitzbühler Alpen ertönten aus dem Funkgerät die Morsezeichen einer codierten Nachricht, die auch die Glückwünsche des Premierministers enthielt. Aber auf dem Stuhl vor dem Funkgerät saß nicht mehr Patricia. Ihren Platz hatte ein Mann in SS-Uniform mit den Rangzeichen eines Standartenführers eingenommen. Außer dem Piepsen des Morseapparats war im Raum nur ein rhythmisches Knirschen zu vernehmen, und ein Schatten schwang mit der Regelmäßigkeit eines Pendels über das Gesicht des Mannes am Tisch hin und her. Es war die junge Frau, die, fast nackt, ein Seil um die Handgelenke, an einem Dachbalken hing. Sie war fast bewußtlos. Um sie herum standen drei weitere SS-Leute, jeder einen Ledergürtel mit Eisenkoppel in der Hand. Blut troff von den Schultern der Frau und rann ihr die Beine herunter, Kopf und Hände aber waren sorgfältig ausgespart.

Der junge Hans Gerhardt stand dabei und sah schreckbetäubt zu. Seine Begeisterung für die Sache der Nazis war in den letzten Minuten dahingeschmolzen. Diese bestialische Grausamkeit überstieg seine Vorstellungskraft. Wie Schuppen fiel es ihm von den Augen, wofür er in den vergangenen sieben Jahren hätte kämpfen sollen: für die Freiheit Österreichs – und nicht für ein vor Haß blindes, fremdes Regime. Jetzt wollte er verzweifelt helfen und die gefesselte junge Frau retten. Aber was konnte er unbewaffnet gegen die vier unternehmen? Wenn er sich einmischte, war auch sein Leben zu Ende. Es war besser, die Namen der an diesem Gemetzel beteiligten Männer herauszufinden, sich ins Gedächtnis zu meißeln und den österreichischen Widerstandskämpfern weiterzugeben. So kämpfte er mit aller Kraft um Beherrschung und prägte sich genauestens ein, was geschah.

Die junge Frau rührte sich und kam wieder zu Bewußtsein. Wieder sagte der Standartenführer, sie könne sich der weiteren Tortur ganz einfach entziehen. Sie brauche ihm nur den Inhalt der Meldung zu sagen, die sie abgesetzt habe. Sie sei sicher sehr wichtig, wenn sie dazu von so weit hergekommen sei und so ausgeklügelte Vorsichtsmaßnahmen ergriffen habe.

Sie holten sie von dem Balken herunter und setzten sie auf einen Stuhl. Durch die plötzlich veränderte Haltung wurde ihr übel, sie erbrach sich heftig und spie über ihre Schergen. Als einer einen Eimer mit kaltem Wasser über sie goß, schauderte sie und stöhnte. Gerhardt konnte erkennen, daß sie furchtbare Schmerzen hatte und völlig erschöpft war. Plötzlich sah er in ihren Augen ein Licht aufglimmen, als sei ihr etwas eingefallen.

Erneut versprach ihr der höhere SS-Offizier, wenn sie ihm sage, was sie nach London berichtet habe, sei ihre Qual zu Ende. Tonlos erwiderte sie, sie werde ihm nichts verraten und auch keine weitere Meldung absenden, um die erste außer Kraft zu setzen.

Der SS-Mann packte Patricia bei den Haaren und zog sie hoch. Augenblicke später waren ihre letzten Kleidungsstücke vom Leib gerissen. Wieder wurde sie an den Dachbalken gehängt, diesmal mit dem Kopf nach unten und höher, so daß ihr Gesicht auf gleicher Ebene mit dem des Standartenführers hing.

Der Deutsche zog seinen rasiermesserscharfen Dolch, der auf

dem Griff das SS-Motto trug:»Meine Ehre heißt Treue«. Mit einem einzigen, heftigen Ruck schlitzte er ihr schräg über die Brüste. Blut schoß heraus, aber das Opfer gab keinen Laut von sich. Starr vor Schreck, spürte Hans Gerhardt plötzlich mit einer Intuition, die nur wenigen gegeben ist, daß sie *ihren Augenblick* gekommen wußte.

Der SS-Offizier trat wieder zu ihr. Jäh spannten sich ihre Backenmuskeln, als sie kräftig zubiß und schluckte. In ihrem Mund tröpfelte Zyankali aus der Kapsel, die in einem eigens dafür ausgehöhlten Backenzahn verborgen war. Ihr Kopf fiel zurück, zukkend verkrampfte sich ihr Körper. Mit einem Satz sprangen ihre Henker zur Seite, instinktiv den starken Mandelgeruch fürchtend, als könne sein bloßes Einatmen töten.

In der letzten Sekunde, bevor sie starb, hörte Gerhardt die junge Frau ein Wort flüstern:»Christopher« – mein Name.

5

NICHTS FÜR ZIMPERLICHE

Noch wußte ich nichts von der Tragödie. Nach meiner eigenen Folterung durch die Gestapo hatte meine Genesung mehrere Monate gedauert, und ich war erst kürzlich wieder dienstfähig geschrieben worden. Dann wurde ich zum Landstützpunkt der Küstenwache, HMS »Fervent«, in Ramsgate in Kent versetzt und übernahm das Kommando über eine Flottille etwas ältlicher Torpedoboote mit meist norwegischer Besatzung. Offenbar waren die Behörden der Auffassung, daß ich zwar körperlich wiederhergestellt war, der Streß der vorherigen Unternehmungen aber unauslöschliche Narben hinterlassen habe, weshalb mir meine Vorgesetzten für die restliche Kriegsdauer einen relativ ruhigen Dienst zudachten.

Die Nachmittagswache des 6. Januar 1945 war aber alles andere als das. Ein heftiger Sturm tobte, und wir verbrachten den halben Tag damit, nach vierzig amerikanischen Soldaten zu suchen, deren Truppentransporter in einem Sturm untergegangen war. Bevor er sank, war es unseren drei kleinen Torpedobooten mit Unterstützung anderer Hilfsschiffe noch gelungen, die meisten Passagiere und Mannschaften zu retten. Mehrere Männer wurden jedoch weiterhin vermißt, und obwohl wir immer wieder zurückkehrten und die gefährlichen Gewässer rund um Goodwin Sands nach Überlebenden absuchten, kehrten wir schließlich mit hängenden Köpfen und leeren Händen in den Hafen von Ramsgate zurück.

Als wir am Pier anlegten, stand dort ein Fregattenkapitän der Royal Navy und sah uns zu. Ich ließ die Schiffsbesatzung strammstehen und salutierte.

»Mr. Creighton?« rief er herunter.

»Sir.«

»Ich möchte Sie in der Offiziersmesse sprechen, sobald Sie festgemacht haben.«

»Aye, aye, Sir.«

Was wollte *der* nun wieder? Im Grunde war's mir egal.

Erschöpft, bis auf die Haut durchnäßt, halb erfroren und immer noch unter Schock stehend, stolperte ich kurze Zeit später zur Offiziersmesse hinauf, die oberhalb des Hafens im altehrwürdigen Royal Temple Yacht Club eingerichtet worden war. Immer noch schlotternd und unfähig, den Gedanken an die Ertrunkenen zu verscheuchen, saß ich bei einem großen Glas Brandy allein an der Bar. Meine Selbstachtung war an einem Tiefpunkt angekommen. Ich sagte mir, daß die Männer hätten gerettet werden können, wenn ich nur meine Aufgabe etwas besser gelernt hätte. Mit meinen zwanzig Jahren war ich für die Führung einer Flottille viel zu jung, ich hatte bei weitem keine ausreichende Ausbildung erfahren, war unfähig und überheblich zugleich. Die Schuldgefühle drohten mich wie üblich zu übermannen.

Dann war plötzlich alles anders. Der Fregattenkapitän, den ich am Pier gesehen hatte, betrat die Bar. Er kam auf mich zu und sagte:»Ich heiße Fleming.«

Er gab mir die Hand, aber ich wußte nicht recht, was ich antworten sollte.

»Das war eine tolle Leistung«, sagte er herzlich.

»Nein, Sir. Wir hätten sie alle herausholen müssen.«

»Lieber Mann! Ich habe mir sagen lassen, wieviel Kraft es gekostet hat. Ich muß allerdings bemerken, daß Sie mit Ihrer Flottille etwas unsanft umgehen.«

Das Lob und seine Begeisterung taten mir gut, aber meine Niedergeschlagenheit beseitigten sie nicht. Dann fragte er:»Kann uns hier niemand hören?«

»Also...« Ich war überrascht.»Wir können achtern auf die Veranda gehen.«

Hinter den Fenstertüren der Bar lag ein großes Flachdach, von dem aus man einen überwältigenden Blick aufs Meer hatte. Hier draußen im Wind und im Anblick der weißen Schaumkronen auf den Brechern, die in der Ferne auf die Goodwins niedergingen, wandte sich der Besucher um und sagte:»Mr. Creighton, genauer: Christopher Robin – ich komme von Eule und Tieger.« Ich traute meinen Ohren nicht. Gerade erst war ich wieder dienstfähig geschrieben worden, und die seelischen Narben meiner Behandlung durch die Gestapo waren alles andere als verheilt. Fleming sah mir an, was ich dachte, und sagte, ich sollte erst mal heiß duschen, im Krankenrevier vorbeischauen und die Kleider wechseln. Er treffe mich dann beim Abendessen.

Später kam er in einer abgeschirmten Ecke des Speisesaales direkt zur Sache. Auf Befehl von Major Desmond Morton und mit voller Unterstützung des Premierministers müsse er ein Geheimunternehmen durchführen, bei dem er mich dabeihaben wolle.

Im ersten Augenblick reagierte ich wütend. *Nicht schon wieder!* Es gab sicherlich jemand anderen, der die Lücke füllen konnte. Warum ausgerechnet *ich*? Während der gräßlichen Tarnaktionen für die Sektion M war schließlich kein Fetzen meines Körpers und meiner Moral unangetastet geblieben. Alles in mir lehnte sich gegen die Vorstellung auf, mich erneut in diese schmutzige Lache zu werfen. Nur mit Mühe konnte ich meine Gefühle unterdrücken.

Fleming beobachtete mich aufmerksam. Ich merkte, daß er mir ansah, was ich dachte. Er hatte meine Akte gelesen und wußte, was ich durchgemacht hatte.

»Bestehen sie darauf, daß ich es sein muß?« fragte ich.

»Nein. Ihr Name wurde natürlich genannt. Aber die Entscheidung liegt allein bei mir. Getroffen habe ich sie erst vor wenigen Augenblicken.«

Meine Versetzung zu »Fervent« würde sofort rückgängig gemacht, ließ er mich wissen. Ich käme wieder zur Sektion M und übernähme die Führung der neuen Untersektion C, die mit dem Unternehmen beauftragt sei. Als Vizechef der Sektion M habe er die Gesamtverantwortung, und ich unterstünde ihm. Diese Struktur entspreche der traditionellen Marineorganisation, etwa wie auf einem Schiff: Fleming wäre gewissermaßen der Flottenadmiral und ich der Kapitän eines Schiffes. Ich brauchte mir keine Sorgen zu machen, sagte er und versprach, er werde die Dinge für mich so leicht wie möglich machen. Mitten in seinen Erklärungen unterbrach er sich und sagte:»Nehmen Sie mich beim Nennwert, oder möchten Sie lieber bei Morton Erkundigungen über mich einziehen?«

»Keine Sorge«, versicherte ich ihm.»Habe ich schon getan, bevor ich herkam. Sie kommen aus Zimmer 39, vom NID« (Naval Intelligence Department).

Fleming war entzückt. Breit grinsend erging er sich in langen Erläuterungen, wie wichtig es sei, kein Detail außer acht zu lassen. Wir beide müßten mit größter Anstrengung auf die kleinste Winzigkeit des Unternehmens achten. Disziplin und Geheimhaltung müßten hundertprozentig funktionieren. Nichts, rein gar nichts dürften wir dem Zufall überlassen.

Über den Gegenstand des Unternehmens klärte er mich noch nicht auf. Aber er wartete mit einer weiteren Überraschung auf. Damit kein anderer Offizier ranghöher sei als ich, habe man mich zum Vizekorvettenkapitän befördert.

Ich war erstaunt. Obwohl nur»Vize«, wäre ich wohl der jüngste Korvettenkapitän in der Navy. Die Beförderung kam völlig unerwartet und ließ mich schwach werden. Fleming sah erfreut, daß ich endlich ein paar Anzeichen der Belebung aufwies, fügte jedoch hinzu, ich sei zwar erst einundzwanzig, aber in den Marinelisten sei Christopher Creighton ein paar Jahre älter.[1]

Abschließend erteilte Fleming ein paar konkrete Anweisungen. Ich solle meine neue Halblitze annähen, meine gesamte Spezialausrüstung mitnehmen und mich in zwei Tagen in Birdham melden. Nun hatte ich einen direkten Befehl. Nach der Dienstanweisung der Admiralität gab es darauf nur eine einzige Antwort: »Aye, aye, Sir.«

---

1 Meine Beförderung wurde auf meinem Dienstausweis und in meiner Personalakte vermerkt und – wichtiger noch – in den Meldungen und Grundtexten der Sektion M eingetragen, in denen sie geheim blieb. Sie erschien jedoch nie in der»London Gazette« oder der Marineliste, weil sie dort unangenehme Aufmerksamkeit erregt hätte (sämtliche Offiziere sehen unablässig in der Liste nach, um ihre Beförderungschancen zu erkunden). Dieses ungewöhnliche Verfahren wurde sowohl von den beteiligten Sea Lords, den Admirälen Sir Dudley Pound und Sir Andrew Cunningham, und natürlich vom Oberbefehlshaber der Flotte, S. M. König Georg VI., insgeheim gebilligt und in Gang gesetzt.

Birdham! Der bloße Name rief eine Flut von Erinnerungen wach, die einen wunderbar, die andern schrecklich. Monate hatte ich dort vor und nach früheren Operationen im Krieg verbracht; ich kannte jeden Quadratzentimeter und hatte dort viele Freunde. Aber ich beschloß stehenden Fußes, auf keinen Fall nach konventioneller Kapitänsmanier mit Salut und Bootsmannspfeife Einzug zu halten. Im Gegenteil, mein Wiedereinzug sollte schockieren.

Birdham – natürlich ein Deckname – gehörte seit jeher zum Kombinierten Operationsstab, zuerst unter Vizeadmiral Lord Louis Mountbatten, neuerdings unter Generalmajor Robert Laycock. Es war ein Commando-Ausbildungslager der Royal Navy und der Royal Marines, gleichzeitig aber auch zentrales Einsatzhauptquartier der Sektion M. Es lag versteckt im etwa 0,1 km² großen, sanftwelligen Park- und Waldgelände eines alten Rittergutes nahe Portsmouth. Teile des Haupthauses waren sehr alt, stammten mindestens aus dem 16. Jahrhundert und wiesen schöne Eichenbalken und -täfelungen auf. Später waren weitere Anbauten hinzugefügt, zuletzt noch moderne Baracken und Nebengebäude auf dem Gelände errichtet worden. Gewöhnlich war es nur von rund fünfundzwanzig Commando-Leuten und operativen Wrens bewohnt, konnte jedoch mindestens hundert aufnehmen.

Das in Bäumen versteckte Haus stand anderthalb Kilometer von der nächsten Durchgangsstraße entfernt am Ende einer Kiesauffahrt und war aufs strengste abgesichert. Die Haupttore wurden Tag und Nacht bewacht; rund um das Grundstück lief ein elektrisch geladener Stacheldrahtzaun, der bei jeder Berührung sofort im Kontrollraum eine genaue Ortsangabe der Berührungsstelle auslöste. Die wirksamste Sicherungsausrüstung war jedoch das R/G-System (»rote und grüne Lichter«). Es gehörte zu den erfolgreichsten wissenschaftlichen Entwicklungen der Kriegszeit und benutzte Infrarotlicht, so daß die Wachhabenden auf ihren Monitoren auch im Dunkeln bestimmte Signale erkennen konnten, ohne daß der Feind ein Licht ausmachen konnte. An D-Day hatte meine alte Einheit, die COPP, mit dieser Ausrüstung dazu beigetragen, daß die alliierten Expeditionsstreitkräfte genau an den richtigen Stellen an Land gingen. In Birdham erfaßten die Monitore jeden, der sich nachts im Park bewegte, und zeigten ihn in verschwommenem Grün an – sofern er sich im Freien befand, denn die Infrarotsensoren waren wärmeempfindlich und konnten Leute in Deckung nicht erfassen.

Am Montag abend, dem 8. Januar 1945, war der Zweite Offizier Susan Kemp, eine hinreißend aussehende operative Wren, in Birdham diensttuende Wachhabende. Ihr kastanienbraunes Haar, ihre blaugrauen Augen und ihr gutentwickelter Körper konnten den, der sie nicht kannte, gefährlich irreführen. Wie alle operativen Wrens in Birdham trug sie den Khakikampfanzug mit dem roten und marineblauen Anker, den gekreuzten MPs und den Flügeln von Combined Operations auf den Schulterklappen; darüber standen die Worte »RN Commando«. Diese Worte verursachten bei unbedarften Marineoffizieren manchmal unbändiges Gelächter, weil sie nicht wußten, wie sauer sie verdient werden mußten.

Wie ihre Kameradinnen hatte Susan eine hochwertige Ausbildung hinter sich. Auf dem Gut des Herzogs von Argyll in den Highlands bei Inveraray sowie auf dem Landstützpunkt HMS »Armadillo« wenige Kilometer nordöstlich von Holy Loch hatte sie die anstrengenden Kurse für Commando-Unternehmen und unbewaffneten Kampf absolviert. Im Wettstreit mit allen Rängen und Chargen der Royal Navy und der Royal Marine Commandos war sie als erste ihrer Klasse durchs Ziel gegangen. Danach hatte sie an einem Kurs teilgenommen, den selbst Männer nur selten belegten. Während des Lehrgangs errang sie den höchsten Jiu-Jitsu-Grad, lernte den Angriff und die Verteidigung mit dem Kampfmesser, das Anschleichen und lautlose Töten, die Verwendung von Schußwaffen (einschließlich deutscher und italienischer Marken) und Überlebenstechniken im Wasser und im Gebirge. Alles in allem war sie ein Ausbund an ungewöhnlichen Tugenden, die die operativen Wrens in Birdham auszeichneten.

Gegen Ende der zweiten »Plattfußwache« an diesem Montag abend reichte ihr eines der Mädchen vom Chiffrierdienst eine Meldung von »M«; sie lautete: VIZEKORVETTENKAPITÄN C. J. CREIGH-

Susan sagte mir später, sie und die meisten ihrer Nachrichtenmä-
dels hätten »geschrien vor Begeisterung«. In der Sektion kannte
mich alle Welt schon so lange, daß ich als alter Freund galt und
fast schon zum Inventar gehörte. Die Nachricht von meiner
Rückkehr war Gegenstand endlosen Geschnatters. Susan war
mir zum ersten Mal 1940 kurz nach ihrer Ankunft als frisch-
gebackener, zwanzigjähriger Wren-Offizier begegnet. Ich war
damals sechzehneinhalb und soeben vom Untergrundangriff auf
den deutschen U-Boot-Versorgungsstützpunkt in Donegal
zurückgekehrt. Zum ersten Mal hatte ich Menschen getötet, und
das war nicht spurlos an mir vorübergegangen. Susan hatte es an
meinem hohlwangigen Gesicht und dem Grauen in meinen
Augen erkannt –»Blicke, die ich nie vergessen werde«, sagte sie
später. Ich versuchte, das Erlebnis mit einem Lachen abzuschütteln, so wie man es mir in Dartmouth beigebracht hatte. Aber zu
ihrem Kummer mußte sie noch oft erleben, wie dieser Blick wie-
derkehrte.

Während sie die Wendeltreppe vom Chiffrierraum hinunterging
und die Dichtergalerie überquerte, um einen Blick in die mittelalterliche Halle zu werfen, überkamen sie Erinnerungen. Fast
grämte sie sich, daß sie sich zu solchen nostalgischen Tagträumen
hinreißen ließ. Sie war Wachhabende und besaß in Abwesenheit
des Kapitäns Befehlsgewalt. Zudem war sie fest entschlossen,
ihre C-Subsektion auf Vordermann zu bringen, sie einsatzbereit
und in voller Marineordnung zu haben, wenn ich ankam und das
Kommando übernahm.

Ihr Vor-sich-hin-Träumen fand ein jähes Ende, als am Fuße der
Haupttreppe eine rote Lampe zu blinken begann. Sie griff zum
Hörer und erfuhr vom wachhabenden Nachrichtenoffizier, drei
der zehn R/G-Lichter, die den umlaufenden Draht überwachten,
seien ausgefallen, offenbar aufgrund einer Einwirkung von
außen. Sofort befahl sie alle Mann auf Gefechtsstation. Sämtliche Lichter im Gebäude gingen aus, so daß nur noch der matte
rote Schein der Nachtbeleuchtung herrschte. Von allen Seiten
stürzten bewaffnete Marines und operative Wrens zu ihren vor-

gegebenen Stellungen. In Sekundenschnelle hatten sich drei diensttuende Kolleginnen – Penny Wirrell, Joan Prewitt und Caroline Saunders – zu Susan gesellt. Ihre Gesichter hatten sie bereits mit Schuhwichse geschwärzt; jetzt streiften sie die Gurte mit ihren .38er Smith & Wesson Revolvern über und vergewisserten sich, daß die Scheiden der zweischneidigen Kampfmesser fest hinten an ihren Gürteln saßen. So konnten sie sich nicht verletzen, wenn sie robben mußten.

Im letzten Augenblick übergab Susan den Befehl an den Offizier vom Dienst, John Morgan, einen großen, blonden Hauptmann der Royal Marine Commandos. Dann führte sie ihre Mädchen vom Bibliotheksfenster weg. Seit Ausrufung der Gefechtsbereitschaft waren eine Minute und zweiundvierzig Sekunden vergangen. Die Nacht war stockfinster, ein eisiger Wind blies. Im schnellen Laufschritt führte Susan ihre Kameradinnen zu dem R/G-Überwachungslicht, das als letztes ausgefallen war, wobei Penny, Joan und Caroline vor ihr mit etwa zehn Metern Abstand in Linie ausschwärmten. Sie selbst sahen die Eindringlinge nicht, die weit über ihnen auf einer Anhöhe standen – aber der größte der vier Männer konnte sie sehen. Auch er besaß einen R/G-Empfänger. Als er ihn scannte, zeichnete sich das Herrenhaus grün ab, und als er eine Neunziggradwendung nach links vollzog, sah er die Wren-Linie auf sich zukommen.

Während sich Susan weiterhin vorantastete, stahl sich Penny zu ihr herüber und flüsterte ihr eine Botschaft zu, die sie über ihr tragbares Funksprechgerät erhalten hatte: Die Monitore im Haus hatten aktive eindringende R/G-Strahlen entdeckt, die geradewegs in ihre Richtung zielten. Alle vier Mädchen ließen sich sofort fallen und legten sich flach in die Farne, die sie gegen die Strahlen abschirmten.

Susan spähte ins Dunkel, ihr Atem ging in kurzen, keuchenden Stößen. Ihr war kalt, aber gleichzeitig schwitzte sie – die Folge von Angst. Einen Augenblick später kroch Penny zu ihr und gab ihr die Meldung des OvD, die Eindringlinge befänden sich nur noch vierzig Meter nordwestlich von ihnen und kämen näher. Desgleichen berichtete der OvD, die Commando-Truppe liege siebzig Meter westlich unter der feindlichen R/G-Überwachung fest. Sie könne das offene Gelände nicht überqueren, ohne gesehen zu werden. Sollte es jedoch zur Feindberührung kommen, würden die Commando-Leute den Wrens sofort zu Hilfe eilen. Nun kam der Befehl: »Abfangen, entwaffnen, festnehmen!« Susan lockerte den Smith & Wesson im Halfter, ebenso das Kampfmesser in der Scheide. Im engen Umkreis hörte sie schwache Geräusche, als ihre Kameradinnen dasselbe taten. Dann zogen alle vier fast gleichzeitig ein Knie an und waren paarweise sprungbereit. Die Eindringlinge wurden hörbar, nahmen dann menschliche Gestalt an. In fünfzehn Meter Entfernung ragten vier Männer aus dem Dunkel. Als sie auf zehn Meter herangekommen waren, wurden ihre Umrisse klar. Konnten es Deutsche sein? In dieser späten Kriegsphase sicher nicht. »Wie oft habe ich genau das geübt?« dachte Susan. »Wie viele Nächte habe ich wach gelegen, konnte aus Furcht, töten zu müssen, nicht schlafen?« Noch fünf Meter. Die Schweißperlen, die ihr den Rücken hinunterliefen, schienen augenblicklich zu gefrieren. Vier Männer, vier Mädchen – auf dem Papier waren ihre Chancen fast Null. Aber alle vier Mädchen besaßen den schwarzen Kampfgürtel, und das Überraschungsmoment gab ihnen einen ungeheuren Vorteil. Eineinhalb Meter von Susans Kopf entfernt trat ein schwerer Stiefel in den Farn. Etwas weiter weg passierte ein weiteres Stiefelpaar. Sie wartete, bis alle vier Männer zwischen die beiden Paare gelangt war, dann berührte sie Penny an der Schulter. Die beiden Mädchen sprangen gemeinsam auf. Susan schlug ihrem Gegner flach in den Rücken und stieß mit einem Doppelschlag von Handgelenk und Arm nach unten auf den Arm, in dem er den Revolver hielt. Dieser flog, ohne Schaden anzurichten, ins Dunkel. Doch als der Schwung sie beide nach vorne und zur Seite riß, gelang es dem Mann freizukommen. Sie sah ihn an und hörte gleichzeitig die Commando-Leute vom Hügel herunter auf sie zurennen.

Der Eindringling langte nach ihrem Kopf. Sie tauchte unter seinem Arm weg. Sie benutzte ihren Schenkel als Hebel in seiner Kniekehle, machte einen Satz und schmiß ihn hart mit dem Gesicht nach unten zu Boden. Augenblicklich sprang sie ihm auf den Rücken, legte ihren linken Arm um seine Gurgel und riß ihn scharf nach hinten. Sie spürte, daß sich der Mann heftig wehrte, aber der Hebelschwerpunkt, der lebenswichtige Jiu-Jitsu-Pol, war zu ihren Gunsten. Mit der Linken faßte sie ihren rechten Ellbogen und schloß mit der rechten Hand und dem rechten Handgelenk den Griff hinter seinem Kopf. Nun hielt sie den Mann im klassischen japanischen Würgegriff, dem Todesgriff.

»Wenn du dich auch nur einen Zentimeter bewegst, breche ich dein verdammtes Genick!« schrie sie mit einer Stimme, deren drohender Ton sie selbst überraschte.

Ihr Opfer gab sich geschlagen und stellte den Kampf ein. Auch Penny und Joan hatten ihre Gegner entwaffnet und hielten sie fest. Caroline hatte etwas Mühe, und ihr Gegner drohte sich eben loszureißen, als die Commando-Leute angerannt kamen und die Gefangenen übernahmen.

Susan wurde rot vor Stolz und fühlte sich so groß und stark wie der stärkste Mann in der Sektion. Sie ging zu den drei anderen Mädchen, nahm jede in die Arme und beglückwünschte sie.

Caroline blutete aus einer Platzwunde an der rechten Wange, die sich aber mit ein paar Stichen schließen ließ und bei richtiger Behandlung kaum eine Narbe zurücklassen würde.

Fünf Minuten später stand Susan in der nur vom matten Schein der roten Nachtlampen erhellten Küche ihren Gefangenen mit den geschwärzten Gesichtern gegenüber. Als John Morgan dem Langen, mit dem sie gerungen hatte, etwas Schuhschmiere aus dem Gesicht wischte, dämmerte ihr langsam eine traumatische Erkenntnis – denn der Haupteindringling war leider kein anderer als ich. Morgan ließ strammstehen, salutierte und fragte mich als neuen Kommandanten der Subsektion, ob sich die Sicherung von Birdham bei dem Scheinangriff als wirkungsvoll erwiesen habe.

»Absolut erstklassig«, versicherte ich ihm. »Alle waren hervorragend, vor allem die Wrens.«

Ich sah, daß Susan vor Wut kochte, aber erst als wir ein paar Minuten später allein in der Bibliothek saßen, die als Kapitänskajüte und Konferenzraum diente, merkte ich, wie wütend sie wirklich war. Als sie ihr Barett auf den Tisch warf, tat ich es ihr nach und bedeutete damit, daß für den Augenblick der Rang keine

Rolle spielte und es ihr freistand, innerhalb vernünftiger Grenzen alles zu sagen, was sie auf dem Herzen hatte.

»Du verdammter Narr!« keuchte sie. »Das war unglaublich gefährlich und dumm von dir. Ich hätte dich ohne weiteres umbringen können.«

Ich sagte ihr, das sei wenig wahrscheinlich gewesen, denn die Wrens hätten Befehl gehabt, die Eindringlinge nur festzusetzen, nicht aber zu töten. Das räumte sie ein, sagte aber, wenn sie oder eines der Mädchen in ernste Schwierigkeiten geraten wären, hätten sie geschossen. Dies sei stehende Order.

Mit »provozierender Ruhe«, wie sie es in ihrem späteren Bericht nannte, fragte ich sie, wie genau sie mich umgebracht hätte.

»Indem ich mit dem Revolver auf dich gezielt und abgedrückt hätte«, sagte sie sehr laut.

»Zeig mir's doch«, sagte ich, sie schamlos weiter provozierend. »Probier's mal dort.« Ich zeigte auf einen der dicken Deckenbalken. Normalerweise hätte sie sich von solchem Spott nicht hinreißen lassen, aber jetzt war sie so in Rage, daß sie ihren Revolver zog, zielte und abdrückte. Das einzige, was sie auslöste, war ein scharfes, metallenes Klicken. Die Patronen in allen sechs Kammern waren Attrappen, die Morgan gegen die scharfen Kugeln ausgetauscht hatte. Er hatte diese und sämtliche anderen Sicherheitsvorkehrungen auf meinen Befehl getroffen. Die Entdeckung machte Susan nur noch wütender. Sie warf mir vor, ich hätte mich über sie und die andern Mädchen mit schmutzigen Tricks lustig gemacht, indem ich zugelassen hätte, daß sie hinausgingen und den Stützpunkt mit blinder Munition verteidigten. Angriffslustig gab ich zurück, weder sie noch eine der anderen Wrens hätten sich die Mühe gemacht, ihre Munition vor dem Laden nachzuprüfen. Wäre der Überfall echt gewesen, hätte wegen ihrer Nachlässigkeit ein Teil der Sektion leicht getötet werden können. Des weiteren erläuterte ich ihr, die von Morton genehmigte Übung habe ihr und den übrigen operativen Wrens vor allem eines vor Augen führen sollen: daß alles, absolut alles, zweihundertfünfzigmal geprüft und dann noch einmal nachgeprüft werden müsse.

Susan schlug nun leisere Töne an und entschuldigte sich für ihr

Versehen. Aber ich war noch nicht fertig. Da war noch ein weiterer Punkt. In Abwesenheit des Kapitäns dürfe der diensttuende Kommandant keine Wren-Truppe nach draußen führen, um potentiell feindliche Eindringlinge abzufangen. Er oder sie habe vielmehr das Kommando über den Stützpunkt vom Kontrollraum aus zu führen.

Auch dagegen war sie nicht gefeit. Sie sah lange vor sich hin und entschuldigte sich dann abermals. Aber ich war immer noch nicht fertig.

»Wenn du einen Schwachpunkt hast«, sagte ich, »dann den, daß du zu scharf darauf bist, dich selbst zu beweisen. Sei ein bißchen geduldiger. Es kommt einiges auf uns zu, und du wirst früher deine Chance bekommen, als du denkst – sofern du nicht vorher dich und die anderen Mädchen umbringst!«

Ich legte eine Pause ein, fuhr dann fort: »Das ärgerliche ist, daß du nie in Dartmouth warst und man dir für ein solches Versagen nie den Hintern versohlt hat.«

»Lieber lasse ich mich schlagen, als mich von dir so anschnauzen zu lassen«, antwortete sie sanft. Und damit verflüchtigte sich Gott sei Dank unser Ärger.

Die Gefechtsstationen wurden freigegeben. Die Lichter gingen wieder an. In dem Riesenspiegel über dem Kamin sahen wir beide mit unseren schuhcreme- und schweißverschmierten Gesichtern wie Schornsteinfeger aus. Höchste Zeit, unter die Dusche zu kommen und dann zu Abend zu essen.

Susan ging hinaus, steckte aber gleich wieder den Kopf durch die Tür. »Ich hätte dich wirklich beinahe getötet, weißt du.«

»Hm...« Es dauerte eine Zeitlang, bis ich hinzufügen konnte: »Solange du's nicht getan hast.«

Wieder allein, betrachtete ich mich erneut im Spiegel; was ich sah, gefiel mir ganz und gar nicht. Susan hatte recht. Die Übung war eine idiotische Idee gewesen. Nur dem lieben Gott war es zu verdanken, daß niemand umgekommen war. Meine erste Ausbildungsübung als Kommandant war ein Fiasko gewesen. Und das Schlimmste: Ich hatte der liebsten und teuersten Freundin eine scheinheilige Vorlesung gehalten. War mir die Beförderung zu Kopfe gestiegen? War ich überhaupt fähig, die Subsektion C zu führen? Wieder drohte mich mein schwarzer Engel zu überwältigen. Doch Susan kannte mich viel besser als ich. Jählings tauchte sie wieder auf. Immer noch schwarz im Gesicht, in einem für einen Riesen geschneiderten Morgenrock und mit einem gewaltigen Badetuch um den Kopf gewickelt, sah sie aus wie ein japanischer Zirkusclown. Ich mußte lachen. Formvollendet verkündete sie, der Steward der Wren-Offiziere erlaube keine schwarzen Gesichter beim Dinner, auch nicht das eines Vizekorvettenkapitäns. Sie habe deshalb Schwamm und Handtuch mitgebracht – und das Wasser sei siedend heiß.

Sie beichtete mir auch, am meisten an der ganzen Übung habe sie geärgert, daß ich mich damit unangemeldet nach Birdham hätte zurückschleichen können und sie mich nicht mit allem Drum und Dran der Königlichen Vorschriften und der Admiralitätsdienstanweisung als ihren neuen Kommandanten begrüßen konnte – mit Ehrengarde aus Marines und Wrens, mit Bootsmannspfeife und dem ganzen Klimbim. Eine formgerechte Zeremonie hätte ihr die Chance gegeben, zum ersten Mal vor mir zu salutieren.

»Mach dich nicht lächerlich, Susan«, sagte ich.

»Dann eben willkommen zu Hause in Birdham, alter Kumpel«, erwiderte sie. Wir umarmten und küßten uns und waren wieder gut Freund.

6

ZIEL AUFGEFASST

Mir kam es vor, als sei die Zeit stehengeblieben. Plötzlich war ich wieder in der vertrauten Routinewelt der Commando-Ausbildung. Um 6.00 Uhr am nächsten Morgen blies der Trompeter zum Wecken, und um 6.30 Uhr war die gesamte Schiffsbesatzung, Männlein und Weiblein, achtern – in Birdham war das der Rasen vor dem Haupthaus – in leichter Bluse, kurzen Hosen und Sportschuhen zum ausgiebigen Frühsport unter dem Befehl eines Marinesergeanten angetreten. Waren alle tüchtig warm – genauer: Lief ihnen der Schweiß nur so herunter –, folgte noch ein Dauerlauf entlang der Innenseite der Drahtabsperrung. Das war aber nur der Anfang, denn den Schwerpunkt der körperlichen Anstrengung bildete der Nahkampf. Dieser mußte natürlich sehr genau überwacht und kontrolliert werden, eine Aufgabe, der sich die Ausbilder, Feldwebel der Royal Marines, mit bewundernswerter Disziplin hingaben. Ich höre noch heute, wie ein Ausbilder das Grundwissen des Messerkampfes herausbellte:

Wenn der andere ein Messer hat und ich nicht, tut mir das etwa leid? Nein! Ich bin glücklich! Habe ich nämlich ein Messer, dann weiß er's und greift mich geradewegs an. Habe ich aber keins und sehe ein bißchen erschreckt aus, dann kriege ich ihn dazu, ganz nahe zu mir herzukommen.

Das war im Grunde alles, worauf es ankam: den Gegner ganz nahe herankommen zu lassen. Regel eins im Umgang mit einem messerbewaffneten Angreifer war, sich wegen einer Schnittwunde an Hand oder Arm keine Gedanken zu machen; sprang der

Gegner einen an, dann galt es vor allem, seinen messerführenden Arm wegzuschlagen, egal wie. Desgleichen übten wir laufend das Töten mit den Händen. Am wirksamsten war der Todesgriff, in dem Susan mich gehalten hatte. Aber wir lernten auch andere Formen, beispielsweise die Hand zum Gesicht des Angreifers zu führen, ihm den Handteller aufs Kinn zu pressen und Zeige- und Mittelfinger in die Augenhöhlen zu stoßen. Ein noch einfacherer Trick war, dem Gegner einen Finger in den Mund zu stecken und die Backe herauszureißen: dagegen gab es keine Gegenwehr. Durch ständiges Üben lernten wir, uns im Kampf äußerst schnell zu bewegen. Tatsächlich kamen unsere Reaktionen so schnell, daß schon diese Lebhaftigkeit den Gegner aus der Fassung brachte. Bei alldem übten Männer und Frauen aller Dienstgrade und Chargen stets gemeinsam, wobei oft ein Geschlecht gegen das andere kämpfte. Aber jede Tour wurde genauestens von einem Ausbilder überwacht, und wenn er sah, daß irgend jemand in echte Gefahr geriet, brüllte er sofort »*STILL!*«, den Marinebefehl, der jeder Bewegung Einhalt gebot.

Die Männer und Frauen speisten auch gemeinsam, und generell bestand ein enges Verhältnis zwischen den Geschlechtern. Damit meine ich nicht, daß wir miteinander schliefen, obwohl auch das vorkam. Vielmehr waren wir wie eine große Familie und teilten die gegenseitigen Gefühle, die unser körperlich anstrengendes Dasein und die Gefahr des bevorstehenden Einsatzes noch steigerten. Als Folge davon ließen wir unseren Gefühlen freien Lauf. Unentwegt umarmten und küßten wir uns, was Außenstehenden vielleicht kindisch vorkam. Uns aber erschien das völlig natürlich. Die potentiellen Mitarbeiter und Kandidaten für die Sektion M wurden gewöhnlich schon während ihrer Schulzeit ausgesucht. Morton hatte es sich zur Aufgabe gemacht, Leiter und Leiterinnen führender katholischer Schulen kennenzulernen oder mit ihnen gar Freundschaft zu schließen. Mutter Ignatius von St. Mary's in Ascot und »Posh« Paul Neville, OSB, in Ampleforth waren nur zwei davon.

Unter den protestantischen Schulen sparte er seine Alma mater Eton sorgfältig aus, ebenso Harrow, Westminster und Rugby. Für Marlborough Radley und Winchester hatte er aber eine deutliche

Vorliebe. Bei den Mädchen bevorzugte er die Schülerinnen von Roedean, Highfield und Frances Holland. Einige von uns, darunter Dr. Jenny Wright, Penny Wirrell und John Morgan, waren auf der Universität rekrutiert worden. Die meisten waren jedoch schon mit achtzehn Jahren zum Geheimdienst gestoßen und hatten keine Gelegenheit für eine Hochschulausbildung gehabt. Daß es bei uns so viele Frauen gab, war weitgehend Dame Vera Laughton Mathews, der Chefin von WRNS, zu verdanken. Die nur mittelgroße, aber ungemein charakterstarke »Dame« war rundlich, munter und leicht schwerhörig, weshalb sie sich öfter mit der Hand hinterm Ohr vorlehnte, um mitzubekommen, was gesagt wurde. Im Ersten Weltkrieg war sie selbst eine Wren gewesen – übrigens auch eng mit meiner Mutter befreundet, die ins weibliche Fliegercorps (»Women's Royal Flying Corps«) eintrat. Nun, im Zweiten Weltkrieg, setzte sie alles daran, daß jedes ihrer Mädchen, sofern es sich freiwillig meldete, auch operativ (das heißt zum Feindeinsatz zugelassen) werden und gleichberechtigt mit den Männern kämpfen durfte, wie es die jungen Frauen von SOE in Frankreich und anderswo bereits erfolgreich taten. Einzig bedauerte sie, selber nicht mehr jung genug zu sein, um an die Front zu gehen.

Bei der Rekrutierung achtete Morton auf gute Eigenschaften. Auch schlechte Charakterzüge oder sogar kriminelle Neigungen konnte er sich eventuell zunutze machen. Ihm kam es besonders auf gute Führungsqualitäten und die Intelligenz des Kandidaten an; Englisch, Fremdsprachen, Mathematik und Naturwissenschaften waren die Fächer, in denen er gute Noten verlangte. Er brauchte physische Härte und ein gutes Koordinationsvermögen. Beides konnte mit entsprechender Ausbildung in Jiu-Jitsu, unbewaffnetem Kampf, lautlosem Töten und im Umgang mit Waffen zur Meisterschaft geführt werden. Desgleichen verlangte er absolute Treue, die notfalls der Folter bis zum Tod standhielt. Alle Kandidaten für die Sektion M wurden einer ausgiebigen psychologischen Untersuchung unterzogen. Der Abschlußstandhaftigkeitstest sowohl für Männer als auch für Frauen bestand aus zwölf Stockschlägen eines Feldwebels der Royal Marines aufs bloße Gesäß vor versammelter Klasse. Dabei wurde der Prüfling nicht etwa angebunden. Er stand da, mußte sich beugen und durfte nicht schreien. Unmittelbar anschließend hatte er, ohne zu straucheln, einen Trupp zu einer Feldübung zu führen. Die Ausbildung und Indoktrinierung war so angelegt, daß von jedem fünfundzwanzigköpfigen Kurs höchstens fünf bei dieser Tortur versagten, und meistens befand sich unter den fünfen nur ein einziges Mädchen.

Während wir uns auf den Einsatz vorbereiteten, waren Morton und Churchill nicht untätig geblieben. Ian Fleming flog am 11. Januar mit einem persönlichen Schreiben des Premierministers in die Schweiz. Dem Augenschein nach war er diplomatischer Kurier des Foreign Office. Er reiste in Zivil und mit Diplomatenpaß. In Basel angekommen, begab er sich zu einem verabredeten Treffen mit dem schweizerischen Finanzminister Ernst Nobs und zwei seiner höheren Mitarbeiter, das in einem streng bewachten Konferenzraum einer Bank stattfand. In dem Brief bat Churchill um ein eindeutiges Vorgehen gegen die Mörder, Diebe und Betrüger der Nazihierarchie. Nachdem der Minister ihn gelesen hatte, erklärte er jedoch, leider könne er dabei nicht behilflich sein. Er wisse nicht einmal, ob die Nazis überhaupt Konten in seinem Land unterhielten.

Fleming spielte geschickt seine Karten aus und ließ durchblicken, er kenne bereits nicht nur die beteiligten Banken, sondern auch die Nummern der verdächtigen Konten. Alles, was er noch brauche, seien die Namen der Zeichnungsbefugten. Offenbar unbeeindruckt erwiderte der Minister, selbst wenn es solche Konten gäbe, wäre die Preisgabe der Namen ein schwerer Verstoß gegen die Schweizer Gesetze. Im Gegenzug verwies Fleming darauf, die Nazis seien internationale Verbrecher. Die Schweizer Gesetze sähen doch sicherlich zumindest das Einfrieren und Überprüfen ihrer Konten vor. Der Minister meinte, daß dem so sei, wenn die Konten auf Einzelpersonen, Firmen, Partnerschaften oder Gesellschaften lauteten. Konten eines unabhängigen souveränen Staates wie Deutschland aber seien genauso immun wie die deutsche Gesandtschaft und deren Diplomaten.

Das Gespräch schien in einer Sackgasse angelangt zu sein. Doch vor dem Weggehen stellte der Minister noch eine eindringliche Frage. Was geschähe mit den Konten, wenn die britische Regierung irgendwie tatsächlich an sie herankäme? Auf diese Frage war Fleming gefaßt. Als erstes, sagte er, würde England die schweizerische Regierung bitten, die Gelder treuhänderisch zu verwalten, bis ein internationaler Sachverständigenausschuß ernannt sei und sie prüfen könne. Dann gelte es festzustellen, woher die Gelder und Wertgegenstände stammten, und sie ihren rechtmäßigen Eigentümern zurückzugeben. Sofern danach etwas übrigbleibe, könne es an die Länder und Menschen verteilt werden, die nach dem Krieg am meisten eine Wiedergutmachung benötigten. »Damit stünden also auch Gelder für die Hilfe an deutsche und italienische Staatsbürger zur Verfügung?« fragte der Minister.

»Eindeutig ja«, antwortete Fleming. »Mr. Churchill besteht darauf.«

Bald danach verabschiedete sich der Minister. Doch vor dem Weggehen insistierte er darauf, daß sein Besucher noch ein paar Minuten bleibe und sich mit ein paar Sandwiches und Kaffee stärke. Allein in dem großen Saal, fragte sich Fleming, was da wohl vorgehe. Als dann der Kaffee kam, stellte er zu seiner Überraschung fest, daß ihn ein junger Heeresoffizier hereinbrachte. Als dieser wieder gegangen war, nahm Fleming die Tasse, ging zum Fenster und schaute hinaus. Dann hörte er, daß die Tür wieder geöffnet wurde, blickte sich um und sah, daß eine attraktive blonde Mittdreißigerin hereingekommen war. Sie trug ein hübsches Schneiderkostüm und hatte eine Aktentasche und einen Regenmantel bei sich. Sie stellte sich als Madame Claudine Fouchet vom schweizerischen Geheimdienst vor und lud ihn ein mitzukommen, sie habe ihm etwas Interessantes zu zeigen. Knapp eine Stunde später erreichten sie einen Ort, den ein beiläufiger Besucher für ein gewöhnliches Dorf irgendwo in den Hochalpentälern gehalten hätte. Flemings geübtes Auge bemerkte jedoch die kleinen, unauffällig angebrachten Geschützbatterien und MG-Nester, die die Zugänge bewachten. Neben dem schweren, zweiflügligen Eisentor, durch das die beiden in einen Berghang gelangten, standen unschuldig wirkende Chalets.

Drinnen erläuterte Flemings Begleiterin, dies sei ein in den Fels gehauenes, sicheres Gewölbe der Basler Nationalbank. Sie zeigte ihm auf einem kurzen Rundgang Schätze, bei deren Anblick König Midas vor Neid erblaßt wäre. In Verschlägen, die bis zur Decke reichten, lagen Gold- und Silberbarren. Unzählige Diamanten, Saphire, Smaragde und andere Edelsteine lagerten in Behältern. Die Kronjuwelen der deutschen Königsfamilie, der Hohenzollern, lagen gleich neben den Schätzen Marie-Antoinettes. Auf riesigen Holzgestellen standen Ölgemälde aller großen Meister – aus dem tschechischen Hause der Luxemburger und Przemysliden, aus Frankreich, Belgien und Holland, aus Dänemark und Norwegen, aus dem Großherzogtum Luxemburg, aus Italien und Jugoslawien, aus Leningrad und der Ukraine.

Schon die schiere Masse ließ Fleming staunen, mindestens ebensosehr aber auch die Antwort auf seine einfache Frage:»Und was von alledem gehört unseren deutschen Freunden?«

»Alles, Mr. Fleming«, antwortete Mme Fouchet. »Der ganze Krempel.«

Als sich die beiden auf einem Militärflugplatz außerhalb von Basel verabschiedeten, übergab sie ihm einen weißen Umschlag, im Auftrag des Finanzministers, wie sie sagte. Darin steckte nichts als ein Blatt Papier, auf dem nur eine einzige, schreibmaschinengeschriebene Zeile stand:

Nationalsozialistische Deutsche Arbeiterpartei 60508.

Wieder in Birdham, fand Fleming schnell heraus, daß die NSDAP-Mitgliedsnummer 60508 einem Mann namens Martin Bormann gehörte. Zunächst sagte uns der Name gar nichts. Zwar waren uns Hitlers andere Paladine – Göring, Goebbels, Ribbentrop und (der noch in britischer Gefangenschaft schmachtende) Heß – bekannt, aber von Bormann, der damals vierundvierzig Jahre alt war, hatten wir nie gehört.

Unsere Nachforschungen brachten es schnell an den Tag: Bormann war Chef der NS-Parteikanzlei. Seine Stellung war unauffällig, aber ungeheuer mächtig. Begonnen hatte er seine politische Laufbahn als bescheidener Assistent des Führerstellvertreters Heß. Seit dessen Englandflug im Jahre 1941 hatte er sich jedoch bei Hitler immer unentbehrlicher gemacht. 1943 wurde er dann Hitlers Privatsekretär. Der stille, unaufdringliche, maulwurfartige Bormann, der Feinden gegenüber aber auch leicht unflätig und rachsüchtig werden konnte, wurde als kleingewachsener, untersetzter Mann mit Hakennase beschrieben, der allgegenwärtig sei, Hitler an den Rockschößen hafte und ihm näherstehe als irgend jemand sonst auf der Welt. Als Chef der Parteikanzlei war er Herr über die kolossalen Schätze der Nazis im Ausland.

Nach Flemings Meinung vereinfachte das unsere Aufgabe gewaltig. Wir mußten lediglich herausfinden, wo sich Bormann befand, ihn entführen, heimlich mit seinen Scheckbüchern nach England bringen und auffordern, mit der Unterzeichnung einiger recht umfänglicher Schecks zu beginnen. Wie meist, wenn er sich einem fast unmöglichen Projekt gegenübersah, meinte Fleming beiläufig: »Das ist ein Stück Sonntagskuchen.«

Für den Anfang bot es sich geradezu an, meine eigenen Nazikontakte wiederzubeleben. Wir holten uns also die Genehmigung Mortons zu der im 1. Kapitel geschilderten Erkundungsfahrt nach Irland. Kaum war ich mit der Meldung zurück, daß mich Ribbentrop unbedingt sehen wolle, kam auch schon Morton nach Birdham, um sich mit Fleming, Susan Kemp und mir zu besprechen. Eingangs spekulierten wir, ob die Einladung des Reichsaußenministers etwa das Vorspiel zu einem deutschen Friedensfühler sei, ließen diese Möglichkeit aber bald fallen. Alle waren der Meinung, als Kanal für Kapitulationsverhandlungen böten sich Stockholm oder Lissabon an, und eine diesbezügliche Initiative würde höchstwahrscheinlich über den schwedischen Rotkreuzchef Graf Folke Bernadotte laufen.

Dennoch waren wir vier recht erregt und hofften, daß sich uns hier eine wichtige Chance bot. Wozu sonst das hohe Geldangebot und der Nachweis der Gutgläubigkeit? Warum sonst sollte Ribbentrop mich aus eigenem Antrieb sehen wollen? Jedenfalls dachten wir alle, ein Zusammentreffen mit ihm könnte uns in der Sache Bormann erheblich weiterbringen.

Was wir nicht wußten: Bormanns Verhältnis zu Hitler hatte sich grundlegend gewandelt. Von seiner früheren Verehrung für seinen großen Naziführer war der speichelleckerische, allzeit tüchtige und unaufdringliche Sekretär auf Verabscheuung und Verachtung umgeschwenkt.[1] Spätestens im März 1945 hatte Bormann erkannt, daß der Krieg endgültig verloren war. Der einzige, der der Wahrheit nicht ins Gesicht blicken wollte, war der »schizophrene Größenwahnsinnige« am Ruder. Kühl und berechnend wie eh und je beschloß Bormann, Hitler bis zum bitteren Ende, wie immer es aussehe, an der Nase herumzuführen. Als Ribbentrop erwähnte, er habe wieder Kontakt zu mir, sah Bormann klarer denn je, daß ich ihm beim Entkommen äußerst nützlich sein konnte. Er dachte, auf »den dreckigen Engländerjungen« sei bei jeder kriminellen Handlung Verlaß und dieser tue für Geld alles. Ohne zu wissen, daß das Schicksal Bormann bereits in unsere Richtung schob, beschlossen wir, Ribbentrops Eröffnungszug weiterzuverfolgen. Ich meldete jedoch sofort Zweifel an, ob ich die Initiative ganz allein zu Ende bringen könne. Bei früheren Soloaktionen in Deutschland, Frankreich, Algerien, Niederländisch Indien und anderswo hätte ich mich zwar recht gut bewährt, aber schließlich hätte ich nur sorgfältig ausgearbeitete Pläne und Befehle ausgeführt. Mit Verhandlungen, Diplomatie und Intrigenspielen hätte ich bislang wenig zu tun gehabt. Zwar könne ich einen Einsatz befehligen, denn dafür sei ich als Berufsmatrose ausgebildet worden, aber auf dem diplomatischen Parkett sei ich ein Neuling. Ich befürchtete deshalb, diesem neuen Auftrag möglicherweise nicht ganz gewachsen zu sein. Ich schlug deshalb vor, auf der nächsten Reise solle mich Fleming begleiten. Er war sofort einverstanden, ebenso Morton, und prompt schlossen sich

---

1 Die Seiten der Birdham-Niederschrift hierüber sind voller zügelloser Ausfälle und deuten darauf hin, daß Bormann vor dieser Befragungssitzung mehrere Drinks zu sich genommen hatte. Bei der Beschreibung des Abscheus, den er empfand, wenn er Hitlers ansichtig wurde, nannte er ihn »verachtenswert, widerlich und unmenschlich«. Am Ende des Krieges würde er, Bormann, triumphieren. Er stünde ganz obenauf. Er würde sich die Goldmedaillen holen und zu einem der reichsten Männer in der Welt: Chefbankier, Chefkassierer, Chef von allem und jedem. Sei er erst der Idiotie des Dritten Reiches entkommen, werde er sich ein Reich aufbauen, in dem er als König und Kaiser über alle herrsche. Er, der so treu und still und bescheiden gewesen sei, werde ganz groß herauskommen, den ganzen Schweinestall ausmisten und unumschränkt regieren.

alle anderen an. Eine Tarngeschichte, warum ich unbedingt mit einem Begleiter reisen mußte, war schnell bei der Hand. Unser System, Codenamen aus A.A. Milnes »Pu baut ein Haus« zu entlehnen, hatten wir inzwischen auch auf Nazigrößen ausgedehnt: Ribbentrop war »Klein Ruh« und Hitler »Kaninchen«. Von den noch nicht zugeteilten Gestalten erwies sich eine als geradezu ideal für Bormann, nämlich »Ferkel«.

Fleming war, wie gesagt, »Pu«. Aber für die bevorstehende Reise wurde beschlossen, er solle als Decknamen denjenigen benutzen, den er für das Unternehmen als Ganzes ausgesucht hatte: James Bond. Er hatte ihn ohne Erlaubnis dem wirklichen Träger dieses Namens entlehnt, dem Verfasser eines Klassikers der Vogelkunde, »Field Guide to Birds of the West Indies«, den Fleming bei seiner ersten Karibikreise im November 1944 erstanden hatte. Als er nach dem Krieg seinen Romanhelden ebenfalls James Bond nannte, behauptete er, daß dies der langweiligste und nichtssagendste Name gewesen sei, den er sich habe ausdenken können. Aber Anfang 1945 sei ihm kein anderer eingefallen.

Unter uns wurde die Bezeichnung bald zur Abkürzung »JB«, wir selbst nannten uns nur noch »Op. JB«, und auch die offizielle Bezeichnung auf Dokumenten, die sich mit dem Unternehmen befaßten, bestand lediglich aus diesen kryptischen Buchstaben. Fleming wiederholte das Prinzip absoluter Geheimhaltung, das Morton vorgeschrieben hatte. Der Name James Bond dürfe nicht operativ verwendet werden, nicht einmal in der Subsektion C. Zwei wichtige Randbemerkungen fügte er noch hinzu. Die erste lautete, daß nur die an dem Unternehmen unmittelbar Beteiligten davon etwas wissen dürften – womit MI 5 und MI 6 draußen blieben. Die zweite war, daß für eine Zusammenarbeit mit der interalliierten Feindaufklärung kein Anlaß bestehe. Wir wollten nicht, daß das, was wir taten, irgendeinem Verbündeten zu Ohren kommt, schon gar nicht den Russen, die bei ihrem ständigen Mißtrauen gegenüber den westlichen Absichten natürlich sofort vermuten würden, wir wollten die Nazischätze zu unserem alleinigen Vorteil beschlagnahmen.

Wir verfaßten eine Meldung an meine Kontakte in der deutschen Gesandtschaft in Dublin und Genf und erläuterten, bei meinem

nächsten Besuch würde mich mein Kollege James Bond begleiten. Die Frage war, ob wir die Meldung auf englisch oder deutsch
abschicken sollten, und während wir noch zögerten, sagte Fleming:»Schickt's doch auf irisch!« Typisch für ihn.

Daß Fleming anfänglich das Leben in Birdham seltsam und
abscheulich fand, überrascht wenig. Er war von Natur aus eher
verwöhnt und reserviert, und die Vorstellung, mit Frauen trainie-
ren oder gar kämpfen zu müssen, kam ihm abartig vor. Aber
Susan war nicht gewillt, ihn anders zu behandeln als die übrigen.
»Schauen Sie«, sagte sie am ersten Morgen, als sie merkte, daß er
zögerte,»Sie werden einiges abbekommen; da können Sie genau-
sogut mit mir anfangen.« Als er dann zum Angriff auf sie ansetz-
te, warf sie ihn in hohem Bogen zu Boden, denn er war außer
Übung und nicht mehr fit und sie für ihn viel zu schnell.

In der ersten Zeit mußte er einiges einstecken, aber zu seiner
Ehrenrettung sei gesagt, daß es ihm nichts ausmachte. Im Gegenteil, mit jedem Tag, der ins Land ging, erwärmte er sich mehr für
den Job und trainierte mit wachsendem Geschick und steigender
Begeisterung, wobei ihm oft das Blut übers Gesicht lief.

Eines Morgens erfuhr dann unser Dasein fast eine Revolution:
mit der Ankunft von fast hundert deutschen Freiheitskämpfern
(GFFs), jungen Männern und Frauen, zumeist Juden, die dem
Naziregime entronnen waren, bei den Briten Asyl gefunden hatten und nun entschlossen waren, aktiv an der Befreiung ihrer
Heimat mitzuwirken. Ein kleiner Konvoi von Dreitonnern fuhr
in Birdham vor, und heraus sprang ein buntes Gemisch junger
Männer und Frauen. Auf den ersten Blick ähnelten sie den anderen britischen Commando-Einheiten, denn sie trugen den Khakikampfanzug mit den Abzeichen vom Combined Operations
Commando; bei näherem Hinsehen zeigte sich jedoch, daß sie
zum großen Teil dunkelhäutig waren und durchfurchte Gesichter
hatten – und hinter der Fassade starken Selbstvertrauens schienen sie unsicher, von Heimweh geplagt.

Aus allen Ecken des Stützpunkts kommend, drängten sich fast
hundert Mann von Op. JB auf der Zufahrt und nahmen die Neuankömmlinge auf dem gegenüberliegenden Rasen in Augen-

schein. Die granitharten Feldwebel der Royal Marines empörte schon die bloße Vorstellung, jetzt deutsche Juden ausbilden zu müssen, und beim Anblick dieses planlos herumlaufenden Haufens rollten sie mit den Augen. Dann trat der Anführer der Deutschen vor. Der gut dreißigjährige, nur knapp 1,60 Meter messende Winzling fiel sofort durch seine giftgrünen Augen und sein dichtes schwarzes, vorzeitig ergrautes Kraushaar auf. Mit festem Tritt vortretend, stellte er sich Susan als Major Israel Bloem vor. Sie reagierte auf ihre typische Art, offen und direkt. Sie fragte, ob sie rübergehen und die Neuankömmlinge begrüßen dürfe. Bloem zögerte einen Moment, war dann einverstanden. So ging sie hin, sagte ein paar Worte auf deutsch und schloß mit »Schalom!« Das zeigte Wirkung. Eines der neuen Mädchen umarmte sie, und plötzlich fielen sich alle nach bester Birdham-Manier um den Hals. Selbst die rauhen Feldwebel entgingen dem nicht. Für sie kam zwar die bloße Vorstellung einer Umarmung in der Öffentlichkeit dem Hochverrat gefährlich nahe – aber irgendwie gaben sie dann doch nach.

Fleming, der vom Hauseingang her zugesehen hatte, murmelte vor sich hin: »Was zum Teufel ist hier los? Eine Schande ist das! Überhaupt keine Disziplin!«

»Ach Sie Armer«, rief ihm Susan zu, »Sie sind ja ganz leer ausgegangen.« Also küßte sie ihn auf die Wange, nahm ihn mit und ließ ihn die Mütze abnehmen. Bald war auch er von den jungen Deutschen umringt.

Freiheitskämpfer in die Subsektion aufzunehmen war Mortons Idee gewesen. Nachdem wir mit Bormann unser Ziel aufgefaßt hatten, stand fest, daß unser Kriegsschauplatz höchstwahrscheinlich Deutschland sein würde, und dort Gebürtige bei uns zu haben, bedeutete für uns einen gewaltigen Vorteil. Außerdem sah es ganz danach aus, daß wir Bormann, wenn überhaupt, in Berlin anträfen – im Mittelpunkt der alliierten Einkreisungsstrategie, die bereits die Überreste von Hitlers Drittem Reich umklammerte und sich immer enger um die Hauptstadt schloß.

7

VON DER ROLLE

Als Kommandant der Untersektion hatte ich eine Menge Papier-
kram zu erledigen, und als wir am Freitag nachmittag, dem
12. Januar 1945, das Training hinter uns hatten, saßen Susan
Kemp und ich im Büro, sortierten Antragsteller, Ausscheidende
und allerlei anderes Zeug. Um 17 Uhr kam die diensttuende
Nachrichtenhelferin Penny Wirrell mit den Abendmeldungen,
deren erste lautete:
> Höchst geheim. Sofortsache. Von Abteilung P 5 an »M«. Wie-
> derhole M. An Subsektionskommandanten. Bedauere Zwei-
> ter Offizier Patricia Falkiner WRNS (Deckname »Alice«) bei
> kürzlicher Aktion in Österreich getötet.

Weder Susan noch ich zuckten bei der Nachricht mit der Wimper.
Gefühle zu zeigen lag nicht in der Tradition der Royal Navy. Vollständige Gleichgültigkeit hieß das Spiel – Lässigkeit im großen
Stil. Ich wandte den Blick zu Penny, die eindeutig erschüttert war,
und reichte ihr die Meldung wieder. »Bitte ablegen«, sagte ich
still. Dann schaute ich auf die Uhr und fügte hinzu: »Es ist kurz
nach halb fünf, Miss Wirrell. Wo bleibt der Tee?«
Ich wußte, daß Susan erschüttert sein mußte, denn sie und Patricia waren sehr eng befreundet gewesen. Zudem war dies die erste
Verlustmeldung bei Operation JB. Mir selbst war, als führe mir
ein Messer ins Herz. Seit 1941 hatte ich Patricia geliebt. Zugege-
ben, wir hatten uns seit Monaten nicht mehr gesehen, aber das
hatte unserer gegenseitigen Zuneigung keinen Abbruch getan.
Plötzlich erfahren zu müssen, daß sie tot war, traf mich um so här-

ter, als ich nicht einmal wußte, daß sie mittlerweile zur Sektion M gehörte. Ich wußte nur, daß sie zuletzt in Bletchley Park gedient hatte. Meine Genesung hatte mehrere Monate gedauert, und anschließend war ich zu HMS »Fervent« versetzt worden. Dort besaß ich keine Ermächtigung, in Erfahrung zu bringen, was sie tat. Völlig zu Recht hatte Morton die Art ihrer Tätigkeit nicht offenbart, sondern mir nur gesagt, sie habe einen geheimen Spezialauftrag im Fernmeldebereich.

Patricia tot ... Ich konnte es nicht fassen. Der Mensch, der mir in der Welt am nächsten gestanden hatte, war nicht mehr da, das treue, inbrünstig liebende Mädchen, das mich in den ganzen vier gräßlichen, mir aufgezwungenen Jahren von Verrat und Schrekken hochgehalten hatte. Obwohl ich sämtliche Regeln von Anstand und Ehre an den Nagel gehängt hatte, hatte sie mich mit ihrem Verständnis, ihrem Mitgefühl und ihrer Liebe gestützt. Nun würde ich sie niemals wiedersehen.

Fern hörte ich Susan sagen, es sei Patricia gewesen, die die entscheidende Meldung aus Österreich abgesetzt und Op. JB auf den Weg gebracht habe. Noch wußte niemand, was genau geschehen war; irgend etwas mußte schrecklich schiefgelaufen sein. Aber Patricias Mut hatte die Meldung durchgebracht.

Noch ehe ich die volle Wucht der Katastrophe ermaß, faßte mich ein Zorn, der mich blind machte vor plötzlichem Haß. Warum hatte man sie so spät noch im Krieg in die Sektion M kommandiert? Wütend stellte ich diese Fragen. Warum hatte mir niemand gesagt, was sie tat? Warum hatte man mich belogen, damit ich es nicht herausfand?

Dahinter konnte nur Morton stecken. Ohne seine Anweisung konnte derartiges nicht passieren. Von Patricias Einführung in die Sektion über ihre ganze Ausbildung bis zu ihrem Einsatz und Tod – jeder Schritt mußte von ihm ausgedacht worden sein.

Offenbar saß ich ziemlich lange schweigend da, während Susan mir zu erklären versuchte, schließlich hätte ich unmöglich etwas wissen können, denn ich sei neun Monate weg gewesen. Sie selbst empfand den Schlag noch härter, weil man mich auf so herzlose Weise das Geschehen erfahren ließ. Sie durchlebte minutenlang einen »schweigenden Todeskampf«, wie sie später sagte. Dann

verließ ich abrupt den Raum und sagte, ich führe nach London. Eine Zeitlang blieb sie allein im Büro, versuchte, sich zusammenzureißen, und wünschte sehnlichst, sie könnte etwas für mich tun in einem Augenblick, da ich so dringend der Hilfe bedurfte. Schon mehrmals in der Vergangenheit hatte sie mitbekommen, wie mich die Gefühle übermannten. Sie kannte mich besser als ich selbst und spürte nun, daß ich mit meiner Disziplin und Selbstbeherrschung möglicherweise am Ende war. Sie sah darum eilig in meiner Unterkunft nach und stellte fest, daß mein Stoffgürtel mit dem .38er Smith & Wesson Revolver nicht an der üblichen Stelle lag. Das ist an sich nicht ungewöhnlich, denn während des Krieges war es üblich, daß Offiziere – zumal Commando-Offiziere – ihre Handwaffen überallhin mitnahmen. Jetzt aber war der Krieg fast schon zu Ende. Die Deutschen waren in die Knie gezwungen, und die Gefahr einer plötzlichen Landung deutscher Fallschirmjäger war praktisch gleich Null. Außerdem wußte sie, daß ich außerhalb des Stützpunkts nie eine Waffe mitnahm, außer zu Übungen oder im Einsatz. Als äußerst kühl denkender Kopf begab sie sich sofort wieder ins Büro, nahm den Hörer des roten Sicherheitstelefons und verlangte Fregattenkapitän Fleming in der Admiralität.
Inzwischen hatte ich mein 350er Ariel-Motorrad gegriffen und war nach Portsmouth gefahren, wo ich es in den Gepäckwagen eines Zuges nach London stellte. Dort angekommen, tastete ich mich gegen 19 Uhr mit dem Krad durch dickgelben Nebel nach Whitehall. Er war so dicht, daß ich fast auf die Sandsäcke vor dem Ministerium für Öffentliche Arbeiten auffuhr, die das Gebäude gegen V2-Raketen schützen sollten. Wie oft war ich diese Strecke leichten Herzens, frohen Mutes und diensteifrig gegangen oder gefahren. Heute bewegte ich mich langsam, nicht wegen des Nebels, sondern weil mein Geist und Gemüt überwältigt, meine Hingabe an die Sache ausgelaugt und zerschmettert war.
Ein Sergeant der Grenadiergarde prüfte im Dunkeln meine zwei Ausweise – meine Navy-Karte und den Sonderpassierschein zum Betreten des Cabinet War Room. Diese beiden Papiere verschafften mir Zugang zu den Generalstabschefs, zum Kabinettssekretariat, zum Premierminister und zu Desmond Morton – praktisch zum gesamten Oberkommando.

Als ich das düstere Riesengebäude betrat, überfielen mich plötzlich Erinnerungen ähnlich den Gespenstern, die die Hexen für Macbeth beschwören. Die Geister aller, die ich getötet hatte, standen auf und jagten mich. Meist hatte es sich um völlig brave und unschuldige Leute gehandelt, Verbündete, die ohne Schuld in die Fänge unserer Unternehmungen geraten waren. Sie alle waren jetzt tot, und Ursache dafür war mein eigenes verräterisches Handeln.

In den verschlungenen Eingeweiden dieses Gebäudes war ich für alle meine höchst unmoralischen Aktionen gebrieft worden. Hier hatte mir Morton im Sommer 1942 befohlen, der Abwehr unsere Pläne für den Angriff auf Dieppe auszuhändigen – ein Verrat, der viertausend alliierten Soldaten das Leben gekostet hatte. Später hatte ich versucht, mich meiner Schuld zu entledigen, indem ich alles dem Befehlshaber des Unternehmens, Vizeadmiral Lord Louis Mountbatten, beichtete – in der Hoffnung, man werde mich mit Schimpf und Schande davonjagen und vor ein Kriegsgericht stellen. Genau das Gegenteil kam heraus: Mountbatten hörte geduldig zu, sagte, er sei über meine Tätigkeit vollkommen unterrichtet gewesen, und gratulierte mir für eine »recht gute Leistung«. Meine Schuld blieb ungesühnt.

Jetzt nahm ich die Stufen bis zum Treppenabsatz. Diesmal prüfte ein Royal Marine meine Papiere gründlicher. Ich fragte, wo sich Major Morton aufhalte, und der Gefreite wies mich zum War Room. Hoch oben in einer Wand befand sich, von grünem Flanell umgeben, ein Schlitz wie zu einem Briefkasten. Ich schaute hinauf und erinnerte mich, wie ich Morton einmal auf die Sicherheitsmängel des Gebäudes genau an dieser Stelle hingewiesen hatte. Während wir hineingingen, hatte ich zu ihm gesagt: »Wissen Sie, die Sicherheit ist an dieser Stelle verflixt schwach.«

»Ach ja?« hatte er geantwortet. »Ich seh' schon. Probieren wir's doch mal. Gehen Sie mal schnell dorthin und versuchen Sie, durch die Tür da drüben zu kommen.«

Während ich es tat, öffneten sich schlagartig zu beiden Seiten des grünen Schlitzes unsichtbare Trennwände, und da standen zwei Mann von den Royal Marine Commandos, die ihre Maschinenpistolen auf mich gerichtet hielten.

Ich wußte also, daß mich auch jetzt zwei unsichtbare Männer beobachteten, als ich hineinging. Ich stieg die Wendeltreppe zwei Etagen hinunter. An ihr hing Churchills ganzes Herz, denn wenn er sie benutzte, gab er liebend gerne vor, er befinde sich in einem U-Boot, obwohl er genau wußte, daß U-Boote keine Wendeltreppen besitzen. Unten befand sich eine wasserdichte Tür. Wieder zeigte ich meinen Passierschein, dann war ich im »Loch«.

Ohne recht zu wissen, was ich tat, rannte ich ganz hinunter zum höhlenartigen, halbfertigen Fußboden, der sich etwa zehn bis fünfzehn Meter unter der Themse befand. Dort standen ein paar Pritschen für den Notfall. Am anderen Ende raschelten Ratten, deren Augen rot leuchteten im matten Widerschein der einsamen Birne, die von der Decke hing. Manchmal schoß Churchill mit seinem Revolver zu Zielübungen auf die Biester. Getroffen hat er nie, soweit man weiß, aber einmal war eine Kugel als Querschläger vom Betonboden und der Wand abgeprallt und hatte, sehr zum Unwillen von General Montgomery, General Ismay eine Akte aus der Hand geschlagen. Als ich daran dachte, kam mir kein Lächeln auf die Lippen, denn mich bedrängten schlimmere, gespenstische Gedanken. Mein Gewissen erinnerte mich an den Pazifik, an das niederländische U-Boot K-XVII unter Befehl von Korvettenkapitän Besançon. Die gesamte Besatzung hatte ich im Dezember 1941 umgebracht, indem ich zwei Röhrchen Cyanid und eine Packung hochexplosiven Sprengstoffs, als Whisky getarnt, in ihre Sauerstoffzufuhr einführte und zu einer Zeit hochgehen ließ, als ich mich wieder in Sicherheit befand. Die einzige Sünde dieser niederländischen U-Boot-Leute hatte darin bestanden, daß sie die japanische Flotte auf ihrem Weg nach Pearl Harbor gesichtet und darüber berichtet hatten. Die Meldung wurde unterdrückt, um sicherzustellen, daß der Angriff gelang und die Amerikaner in den Krieg eintraten. Man hatte es für sicherer gehalten, die Niederländer ihr Geheimnis mit ins Grab nehmen zu lassen.[1]

Kein Zweifel, der Krieg hatte mich zum Teufel und Massenmörder gemacht; beim Jüngsten Gericht stünde ich neben SS und

---

1 Ausführlicher wird dieser Zwischenfall im 9. Kapitel und im Anhang geschildert.

Gestapo aufgereiht, und wenn ich tausendmal sagte, ich hätte nur getan, was mir befohlen war, würde das gar nichts nützen. Und was mochte Patricia denken, nachdem jetzt mein ganzes häßliches Leben aufgeschlagen vor ihr lag? Vielleicht war es besser, daß sie tot war und mir mit meinen Verbrechen nie in menschlicher Gestalt in die Augen blicken mußte.

Allmählich wurde mir klar, daß ich mit der Wanderung durchs Unterdeck meinen Kummer im Zaum zu halten versuchte. Erneut packte mich die Wut und trieb mich wieder aufs Hauptdeck hinauf. Doch auch da übermannten mich wieder Erinnerungen. Ich schaute in eines der kleinen Eßzimmer neben Churchills Schlafräumen hinein. Vor einem Jahr, als ich von den Verletzungen durch die Gestapo einigermaßen genesen war, hatte mich Churchill rufen und in diesem Raum Bericht erstatten lassen. Als Überraschung hatte er dafür gesorgt, daß mich dort Patricia empfing. An genau der Stelle, an der ich mich jetzt befand, hatten wir Hand in Hand gestanden und miteinander geredet.

Bislang hatte ich immer Disziplin gehalten. Die in Ampleforth und Dartmouth eingedrillte Disziplin war mir bis ins Mark gedrungen. Während der Ausbildung und Einsätze konnte ich mich fast immer auf meine Selbstbeherrschung verlassen. Aber jetzt stand ich so unter Druck, daß ich kaum wußte, was ich tat; mir war, als reite mich eine fremde Macht und jage mich mit fliegenden Sporen voran. Wieder zeigte ich meinen Passierschein, diesmal dem Royal Marine an den Doppeltüren, die zum War Room führten. Drinnen saß Morton, in irgendwelche Papiere versenkt, allein an dem riesigen Tisch, der den größten Teil des Fußbodens in Anspruch nahm. Wie immer trug er einen makellosen dunklen Anzug. Er befand sich seitlich vor mir, so daß ich, während er las, seine linke Gesichtshälfte sehen konnte. Als ich eintrat, blickte er auf.

In der Vergangenheit war unser Verhältnis immer freundschaftlich, ja liebevoll gewesen. Aber an diesem Abend empfand ich nur eiskalten Haß.

Sofort pflanzte ich mich vor ihm auf und verlangte Rede und Antwort über Patricia. Er, der große Geheimdienst-Zampano, habe doch bestimmt von ihr gehört? Und wenn nicht, dann müßte ich vielleicht sein Gedächtnis auffrischen. Ohne auf seine Aufforderung zu warten, führte ich ihn kurz durch ihre Dienstzeit in Bletchley und bei der Sektion M. Ich beschuldigte ihn, sie zur Sektion gepreßt und dann, noch ehe sie eine Chance für eine richtige Ausbildung hatte, auf den gefährlichsten Kriegsschauplatz, nach Österreich, beordert zu haben. Damit sei er genauso schuldig an ihrem Tod wie ihre Mörder.

Als Morton zu antworten versuchte, herrschte ich ihn an, als hätte er kein Wort gesagt. Ich warf ihm vor, er habe mit allen Mitteln zu verhindern versucht, daß ich von ihrem Schicksal erfahre. Ich wisse, daß er ihr in Birdham befohlen hätte, mir zu schreiben, daß sie in Washington sei. Und was ihren Tod angehe, so sei es eine Schande, daß ich die Wahrheit zufällig hätte entdecken müssen.

Morton entschuldigte sich wenigstens für all das. Es sei geplant gewesen, mir mitzuteilen, daß sie in Washington bei einem Verkehrsunfall umgekommen sei. Daß die wahre Nachricht zu mir durchgedrungen sei, sei »ein unglücklicher Fehler« gewesen.

»Fehler?« begehrte ich bitter auf. »Wie konnte es zu dem Fehler kommen, wo Sie doch alles bis ins letzte Detail geplant haben? Das tun Sie doch immer bei Ihren Morden – oder, wenn Ihnen das lieber ist, Ihren Tötungsaktionen.«

»Hör mal!« setzte Morton mit erhobener Stimme in einer Mischung aus Sarkasmus und Gereiztheit an. »Falls du es noch nicht gemerkt haben solltest, der Premierminister und ich tun alles, um dem gräßlichsten und blutigsten Konflikt aller Zeiten auf dieser Erde ein Ende zu machen. Leute kommen unentwegt um. Bloß weil es jemanden traf, der *dir* nahestand, und die Sicherheitsvorkehrungen strikt verlangten, dir nicht Bescheid zu geben, kommst du hier hereingeplatzt und fängst an, dich der Insubordination schuldig zu machen und Drohungen auszustoßen. Mit welchem göttlichen Recht glaubst du eigentlich, dich so aufführen zu dürfen?«

»Weil«, sagte ich giftig, »Patricia Falkiner für mich das teuerste Geschöpf auf Erden war. Das ist offenbar etwas, was Sie nicht verstehen und Ihnen auch egal ist. Sie sind so verdammt ruchlos, Sie trampeln alles nieder, was Ihnen in den Weg kommt. Warum legen Sie nicht selber den Kopf auf den Scharfrichterblock und riskieren den wenigstens einmal?«

Sooft ich mich auch später fragte, ich konnte mich nicht erinnern, wie mein Stoffgürtel mit dem .38er Smith & Wesson Revolver im Halfter um meine Taille gelangt war. Ich wußte nicht einmal, daß ich ihn mitgenommen hatte. Noch weniger ist mir erklärbar, warum im kritischen Moment meine Hand auf dem Revolvergriff lag.

Ich sah, wie Morton den Atem anhielt. Oft war er ausdruckslos, verächtlich und arrogant, aber er konnte auch tapfer und zynisch zugleich sein.

»Wenn du mit dem Ding von da aus schießt«, sagte er leise, »dann kannst du gar nicht anders als ins Schwarze treffen. Aber da ich ohnehin schon eine Kugel im Herzen habe, kommt's auf eine zweite auch nicht mehr an.«

Ich ließ mich von seinem Zynismus nicht ablenken. Morton war der Onkel, den ich vor langer, langer Zeit so gut gekannt und so geliebt hatte. Aber der Mann vor mir war jetzt ein anderer; ich erkannte ihn überhaupt nicht. Ich merkte, daß mich der letzte Rest Selbstbeherrschung verließ. Tränen stiegen mir in die Augen, und ich spürte, daß die Situation auf der Kippe stand.

Ohne daß ich es wußte, hatte Fregattenkapitän Ian Fleming den Marines-Mann zwischen den Doppeltüren abgelöst. Nun hielt er seinen .45er Colt durch den Türspalt auf mich gerichtet. Wie er mir später erzählte, hielt er die unglaubliche Szene vor seinen Augen für so verfahren, daß binnen kurzem die eine oder andere Seite einbrechen mußte. Doch ehe er etwas unternehmen konnte, kam die Rettung aus ganz anderer Richtung.

»Christopher Robin!« Die vertraut tiefe Stimme erklang aus dem rückwärtigen Teil des Raumes. Erstaunt wandte ich mich um und sah, wie sich Winston Churchill mühsam aus einem Stuhl erhob und langsam auf mich zukam.

»Sehen Sie das denn nicht ein?« fragte er im Gehen. »Sie waren der letzte, dem man die Wahrheit sagen konnte über das, was Miss Falkiner tat. Das wäre für das Unternehmen tödlich gewesen. Sie kannten sie viel zu gut.«

Mittlerweile stand er unmittelbar vor mir, und meine Smith &

Wesson zeigte geradewegs auf ihn. Ohne eine Pause einzulegen, nahm er mir sanft die Kanone aus der Hand und steckte den Lauf in den Gürtel seines Arbeitsanzugs, watschelte dann um den Tisch herum wie ein fetter Cowboy und setzte sich in seinen Lehnsessel. Da gebe es noch etwas anderes, was ich nicht wisse, fuhr er fort, was aber ihm Nahestehenden tiefen Kummer bereitet habe. Es sei etwas, was aus Gründen der Sicherheit, über die wir gesprochen hätten, Morton daran gehindert habe, es irgend jemanden zu offenbaren, auch ihm, Churchill, nicht. Er habe es erst heute erfahren. Er schaute zum Geheimdienstchef, als erwarte er, daß dieser die Geschichte erzähle.

Erst schien Morton keine Lust zu verspüren, irgend etwas zu sagen, aber auf Churchills Drängen hin fing er zu reden an – in einem sanften, versöhnlichen Ton, den ich in all den Jahren bei ihm noch nicht gehört hatte. Er sagte, gleich nachdem Patricia und ich uns 1941 kennengelernt hätten, hätte ich sie eines Abends im oberen Empfangsraum verlassen. Morton habe sie dort angetroffen und zu einer Unterhaltung in sein Büro genommen. »Was ich ihr überdeutlich einprägte«, sagte er, »war, daß sie dir gegenüber nie unser Verhältnis erwähnen dürfe.«

Bei dem Wort zuckte ich zusammen. *Ihr* Verhältnis? Wovon zum Teufel redete er? Als er sah, daß ich ihn mit offenem Mund anstarrte, sagte Morton: »Du kennst doch meine Namen.« Ich war immer noch verblüfft.

»Na, komm schon«, drang er in mich.

»Morton«, begann ich, »Desmond, John, Falkiner...«

Ich hielt wie vor den Kopf geschlagen inne.

»Sie war ein Einzelkind«, hörte ich ihn sagen. »Ihre Eltern waren Kanadier, aber beide kamen in den dreißiger Jahren bei einem Autounfall um. Da wir eng befreundet waren, sorgte ich dafür, daß das Mädchen nach England kam. Sie wohnte bei anderen Freunden, die ihre Pflegeeltern wurden.«

Da er nicht verheiratet gewesen sei, sagte Morton weiter, habe er sie nicht adoptieren können; deshalb habe er ihren Namen in Falkiner ändern lassen und sei ihr Ersatzonkel geworden; er habe sie zum Katholizismus übertreten lassen und sei ihr Pate geworden, genau wie bei mir. Zu gegebener Zeit habe er sie im St. Mary's

Convent in Ascot untergebracht, genau wie meine beiden Schwestern. Aber während der ganzen Zeit habe ihn sein Geheimnisfimmel daran gehindert, jemandem davon zu erzählen. Unter seinen Enthüllungen erlosch der letzte Funke Wut in mir. Er bat mich zu glauben, daß er alles darangesetzt habe, Patricia aus dem Schußfeld zu halten. Erst als sie in Bletchley zufällig über die wichtigsten Geheiminformationen gestolpert sei, sei er gezwungen gewesen, sie ins Feld zu schicken.

Churchill erinnerte mich daran, daß ihre todesmutige Arbeit das Unternehmen James Bond in Gang gesetzt habe. Dann hielt er mir eine Vorlesung über die Moral von Geheimdienstoperationen und betonte, nach den gewöhnlichen Normen hätten wir alle – er und Morton ebenso wie ich – uns gleichermaßen des Foulspiels schuldig gemacht. Aber verzweifelte Umstände rechtfertigten auch verzweifelte Methoden. »Wenn Gott in seiner Weisheit Sodom und Gomorrha und das Leben von Tausenden seines Volkes vernichtet hat, dann haben wir in dieser großen, in seinem Namen geführten Auseinandersetzung ganz gewiß auch ein paar Rechte wie diese.«

Mittlerweile setzte die Reaktion ein. Mir wurde übel, und ich dachte im nächsten Moment zu kollabieren. Instinktiv streckte Morton die Hand aus. Meine Haltung zerstob, und ich umarmte ihn wie so oft in der Vergangenheit. Churchill sah zu, schneuzte sich geräuschvoll und murmelte, *ihn* umarme nie jemand so. Dann zog er meinen Revolver aus dem Gürtel, reichte ihn mir und sagte: »Vielleicht brauchen Sie den noch, um Herrn Schicklgruber zu erschießen. Außerdem, wenn ich ihn noch lange in der Hose trage, schieße ich mir womöglich noch den Pimmel weg.«

Minuten später war ich draußen – aber zuvor bekam ich noch eine gehörige Standpauke seitens meiner beiden Mentoren zu hören. Ein so wildes Betragen dürfe sich nie wiederholen, sagten sie. Jeder andere wäre längst verhaftet und stünde vor dem Kriegsgericht, und da gäbe es wegen des Schuldspruchs und der Strafe kein langes Fackeln. Sosehr Churchill mit mir wegen Patricia Mitleid empfinde, mit weiteren Gunsterweisen könne Christopher Robin nicht rechnen, weder von Tieger noch von Eule. Im Gegenteil, ich müsse mich jetzt zusammenreißen und mich so unerschütterlich wie ein Fels in der Brandung meiner Aufgabe widmen – wie es von alters her alle Schiffskapitäne getan hätten. Ich befehligte ein für den Wiederaufbau Nachkriegseuropas entscheidendes Unternehmen. Ich müsse mir der Bedeutung meiner Stellung bewußt werden und mich des von meinem Souverän verliehenen Ranges würdig erweisen.

Kurz bevor ich ging, legte Churchill seine weiche Pummelhand um mein Handgelenk und sagte, wie leid ihm das alles tue. In seinen Augen schimmerte es feucht.

Zwischen den beiden Doppeltüren gab Fleming die Wache wieder an den Marines-Mann ab. Er zog sich in die kleine Bar auf der anderen Seite der Halle zurück in der Hoffnung, ein doppelter Scotch werde ihm wieder die Sinne klären. Nie in seinem Leben hatte er derartiges erlebt, und er fühlte sich körperlich und seelisch wie gerädert. Ich auch.[2]

Draußen im St.-James-Park hatte sich mittlerweile der Nebel gelichtet, aber mein Herz war immer noch bleischwer, und ich kauerte eine halbe Stunde lang als armseliges Häufchen auf der unteren Stufe der Clive Steps und schluchzte haltlos. Ich fühlte mich so elend, daß ich daran dachte, meine Schwestern oder gar meine Mutter aufzusuchen, aber mein Zustand lag jenseits von allem, was sie tun oder verstehen konnten. Schließlich entschloß ich mich, zum »Prospect of Whitby« zu gehen, einem meiner Lieblingspubs im East End. Ich hoffte, daß mir dort glückliche Erinnerungen wieder Kraft einflößen könnten.

---

2 1978 nahm ich den Schriftsteller Brian Garfield mit ins »Loch im Boden«. Er arbeitete damals an »The Paladin«, einem ausgezeichneten Roman, der auf dem ersten Teil meines Kriegsdienstes basierte. Ich wollte ihm den alten Cabinet War Room zeigen, der mehr oder weniger im ursprünglichen Zustand, aber noch nicht für Touristen freigegeben war.
Ich erinnerte Brian daran, daß es von dort eine direkte Telefonleitung zu Desmond Morton gegeben und ich selbst ein Gespräch zwischen Churchill und Morton über diese Leitung gehört hatte. Der Kurator, der uns begleitete, verneinte das. Nur den Stabschefs und anderen VIPs habe er Direktleitungen gegeben. Ich erschrak; wenn mich mein Gedächtnis in diesem entscheidenden Punkt im Stich gelassen hatte, wieviel anderes mochte dann nicht in Ordnung sein? Ziemlich bestürzt folgte ich meinen beiden Begleitern in den Karten- und Telefonraum. Dann sagte Brian plötzlich: »Meinten Sie vielleicht das?« Er hielt einen völlig verstaubten Draht hoch, den er auf dem Boden hinter der Hauptkonsole gesehen hatte. Das eine Ende steckte im Gehäuse der Direktverbindungen zum War Room, und darauf klebte ein schmutziges Stück weißes Klebeband mit der verblaßten Aufschrift MORTON.

Als ich das Motorrad bestieg und nach Wapping losfuhr, bemerkte ich nicht, daß mir in einiger Entfernung ein Jeep folgte. Im »Prospect« herrschte der übliche Trubel. Ich nahm deshalb meine Flasche Black and Tan mit hinaus auf die rückwärtige Mole. Eine Zeitlang sah ich der Themse zu, die jetzt bei Ebbe, direkt unter mir, stromabwärts rauschte. Ich sah aufs Wasser hinunter; wäre die Oberfläche ruhig gewesen, hätte ich mein Ebenbild sehen und feststellen können, welch nutzloses Stück Nichts ich war. Aber die Wasser brausten tosend von Teddington und höher herunter, und ich wußte, wenn hier einer ins Wasser fiele, fände man seine Leiche frühestens bei Medway oder sogar erst bei Margate Sands. Unbewußt schob ich mich nach vorne, bis ich mit den Zehen, ja fast mit dem halben Fuß über dem tobenden Wasser stand.

Plötzlich erblickte ich in den Wirbeln Patricias Züge. Deutlich hörte ich sie vom Wasser her rufen: »Komm, Christopher! Hier bin ich. Komm zu mir. Dann sind wir wieder beisammen. Komm, Liebster...«

In der kalten Nacht rann mir der Schweiß über den Leib, und Schwindel schien mein ganzes Gemüt zu erfassen. Dann rief eine andere vertraute Frauenstimme von hinten meinen Namen. Jemand zog mich von der Kante zurück, und als ich die Halluzination abgeschüttelt hatte, erkannte ich, daß Susan Kemp meine Hand hielt.

In der Bar saßen wir einander gegenüber und schauten uns schweigend an. Sie las die Fragen in meinen Augen und beantwortete sie, ehe ich sie stellte. Ja, sie hatte sich gedacht, daß ich Hilfe brauche, und sei mir deshalb nach London gefolgt. Nein, weder Morton noch Churchill, noch Fleming hätten sie hergerufen. Niemand habe sie herbestellt.

Schließlich brachte ich es fertig, eine Frage zu stellen: »Hast du Fleming gesagt, ich sei nach London gefahren und habe meinen Revolvergurt mitgenommen?«

»Natürlich!« rief sie und lächelte plötzlich. »Ich bin doch deine Freundin und kein hirnloser verdammter Idiot, oder?«

Meine innere Qual legte sich allmählich. Als wir eine Stunde später den Pub Hand in Hand verließen, packte ich die Ariel-Maschine hinten in den Jeep, und wir fuhren über die London Bridge nach Süden in Richtung Portsmouth. Bedankt habe ich mich bei Susan für ihre Mühen im eigentlichen Sinne nicht, vielmehr fragte ich sie ziemlich abrupt, ob sie meine Stellvertreterin – oder wie man in der Navy zu sagen pflegt, die Nummer eins – bei Op. JB werden wolle. Morton und Fleming seien mit der Ernennung einverstanden, sagte ich. »Es liegt ganz bei dir.«

Nach kurzem Nachdenken sagte sie ja, aber nur aus Pflichtgefühl. Kaum scherzend meinte sie, den Job würde ohnehin keiner haben wollen.

8

IM FEINDLICHEN LAGER

Der Ausbruch brachte wieder Ordnung in mein Inneres und erleichterte auch in gewissem Maße mein Gemüt. Fleming kehrte für kurze Zeit in den Fernen Osten zurück, wiederum mit FEASTS. Seine Reise diente zum einen der Fertigstellung eines Projekts der See-Feindaufklärung, zum andern Tarnzwecken für Op. JB. Im Vertrauen sagte er mir jedoch später, persönlich sei es ihm vor allem darum gegangen, sich ein letztes Mal mit der hinreißenden Wren austoben zu können, die er in Australien kennengelernt hatte.

Ich selber gab mich in Birdham ernsthaft der Ausbildung hin und konzentrierte alle Kräfte auf das bevorstehende Unternehmen. Das Leben war körperlich anstrengend, denn an jedem dunklen Wintermorgen, den Gott uns gab, waren wir zum Frühsport und Dauerlauf draußen, gleich, ob es schneite, regnete, eiskalt oder neblig war. Das unbewaffnete Kampftraining lief auf vollen Touren.

Jetzt aber lagen unsere Übungen sandwichartig zwischen Zeiten, in denen wir bis zum Umfallen die Zustände des Dritten Reiches an seinen Überresten studierten. Dabei waren unsere Deutschen Freiheitskämpfer von unschätzbarem Wert, am meisten von allen ihr Anführer, Major Israel Bloem. Er war in vielerlei Beziehung bemerkenswert, damals dreiunddreißig Jahre alt, trotz seiner geringen Körpergröße gut gebaut und sehr agil. Ein besonderes körperliches Kennzeichen war, daß ihm beide Mittelfinger fehlten.

Bloem erwähnte diese Besonderheit nie, lehnte es sogar ab, darüber zu reden. Erst aus seiner Akte erfuhren wir, was passiert war.

1936 hatte ein Trupp SA-Leute (Braunhemden) seine fünfzehnjährige Schwester in München durch eine Straße verfolgt und gedroht, sie zu belästigen. Mit viel Glück war es ihm gelungen, die Braunhemden wegzujagen. Als sie es ein paar Tage später wieder versuchten, ging Bloem zusammen mit einigen Freunden wieder dazwischen. Aber etwa eine Woche danach kesselte dieselbe Bande ihn ein, beschimpfte ihn als »beschnittenen Judenbengel«, der ihr zweimal den Spaß verdorben habe, und hieb ihm die zwei Finger ab.

Dennoch war er ausgeglichen. Er war einfühlsam und durchaus gefühlsstark, nichtsdestoweniger aber auch sehr diszipliniert und somit für seine Leute genau der richtige Anführer. Sein militärischer Rang spielte keinerlei Rolle; seine Ausdauer, Stärke und Vitalität machten ihn im Verein mit einem ausgeprägten Sinn für Humor zu einem der Beliebtesten der ganzen Gruppe. Er war streng und achtete sehr auf Disziplin, aber da er stets völlig gerecht war, respektierten und mochten ihn seine Leute, liebten ihn fast. Sie sahen ihn genau so, wie er war: ein außergewöhnlicher Patriot und Nazifeind.

Als großer Vorteil erwies sich, daß er Feindnachrichten aus Deutschland schnell übersetzen und zudem ungeheuer viel nützliche eigene Kenntnisse beisteuern konnte. Wenn wir irgendein spezielles Detail brauchten, lächelte er zuvorkommend, hob den Finger zum Zeichen, daß er verstanden habe, und verschwand dann, um das Gewünschte herauszusuchen. Ein oder zwei Tage, manchmal auch nur ein paar Stunden später kamen Fremde mit zerknitterten Papierpacken in Birdham an, und kurz darauf klopfte auch schon Bloem bei der Sektion an und hatte die Antwort. Seine Informanten blieben geheim. Er war nie zu irgendeiner Auskunft über sie bereit, sondern sagte lediglich, er werde sie selbst unter Todesgefahr schützen. Wir achteten diese Haltung und drangen nicht weiter in ihn.

Fleming, der Anfang Februar zurückkehrte, war Feuer und Flamme für Bloem. Oft gingen die beiden zusammen »an Land«, unterhielten sich stundenlang im nahe gelegenen Pub und spielten eine Schachpartie nach der andern. Soweit ich weiß, hat er Bloem nie geschlagen.

Ich selber fand Bloem sehr umgänglich, obwohl ich mehr als zwölf Jahre jünger war. Daß ich die Befehlsgewalt innehatte, machte ihm überhaupt nichts aus. Er unterstützte mich mit allen Kräften, ohne je gönnerhaft zu werden. Immer redete er mich mit »Sir« an und salutierte, und wenn mir mal jemand aus seiner Einheit nicht mit dem nötigen Gehorsam und Anstand begegnete, zog er dem Missetäter, gleich welchen Geschlechts, mit seinem Offiziersstöckchen eins über den Hintern – eine disziplinäre Maßnahme, die nicht nur wirksam war, sondern von seinen Leuten auch bereitwillig akzeptiert wurde. Sie war ihnen lieber als eine Soldkürzung oder die Streichung von Urlaub.

Die Anwesenheit der Freiheitskämpfer in England blieb natürlich völlig geheim. Ein paar von ihnen waren blond und sahen »arisch« aus, aber die meisten waren dunkel und erkennbar jüdisch. Altersmäßig waren sie um die Zwanzig. Viele waren unter Lebensgefahr vor den Nazis geflohen, und manche hatten auch nach ihrer Ankunft in England Schweres durchgemacht. Für Leute, deren Eltern vor dem Krieg hergekommen waren, war das Dasein relativ einfach; um 1945 sprachen sie zumeist ordentlich englisch, hatten englische Schulen besucht und einen befriedigenden Bildungsstand erreicht. Mehrere davon waren Offizier geworden. Die Mehrzahl aber, die entkommen war, als der Krieg schon herrschte, hatte ganz anderes vorgefunden. Sie wurde brutalen Verhören unterzogen, um eventuelle Spione zu entlarven, und dann auf die Isle of Man verfrachtet, wo sie sich in den Internierungslagern nach Regel 18b zu Oswald Mosley und wirklichen Verrätern gesellen mußte. Erst nach Freigabe durch einen mittlerweile Offizier gewordenen Deutschen wie Israel Bloem durften die Emigranten zur militärischen Ausbildung unter Tarnung des Pioniercorps. Dem folgte eine weitere Deckausbildung bei Commando Nr. 10 – dem Alliierten Commando –, so daß sie, als sie bei uns ankamen, mit Schußwaffen umgehen konnten und den unbewaffneten Kampf beherrschten. Die rund hundert Leute, die nach Birdham kamen, hatten Bloem, John Morgan und andere persönlich ausgesucht. Mit der Freiwilligmeldung zu britischen

Commandos in Europa setzten sie sofort ihr Leben wieder aufs Spiel. Und wenn ihre Namen oder Familien bekannt würden, gerieten natürlich auch diese nicht nur während des Krieges, sondern auch nachher in große Gefahr. Wie viele ihrer Landsleute, die im besetzten Europa vor der Verfolgung Unterschlupf fanden, hatten auch sie sich bei der Flucht an SS-Würger herangepirscht, sie in Fallen gelockt und ihnen die Kehle durchgeschnitten. Es waren prächtige junge Leute, die ihren Überlebensinstinkt von Karl dem Großen, dem Hunnen Attila und von Abrahams Israel geerbt hatten. Sie betrachteten sich als Freiheitskämpfer Gottes, als Kreuzfahrer, die ihre deutsche Heimat liebten und entschlossen waren, die Nazis zu verjagen. Sie hatten sich zum Ziel gesetzt, unter Gefahr für Leib und Leben zurückzukehren, um ihr Volk zu retten, wohlwissend, daß ihnen, wenn man sie schnappte, Folterung, Verstümmelung und Zerfleischung drohte.

Bei allem Heldentum waren sie gefühlsbetont, unglücklich und unsicher. Sie standen ihrer Umgebung im Vereinigten Königreich mißtrauisch gegenüber. Sie befanden sich in der Fremde, fern der Heimat, und viele hatten überhaupt keine Heimstatt mehr. Es kam also vor allem darauf an, sie voll ins Birdhamer Leben zu integrieren, und das konnte niemand so gut wie Susan, die nun stellvertretende Kommandantin der Basis und des Unternehmens war. Mit ihren vierundzwanzig Jahren und ihrem Aussehen, Charme und Können nahm sie natürlich binnen kürzester Zeit die Männer für sich ein, aber ihre offenkundige Aufrichtigkeit machte sie bald auch bei den Frauen beliebt – und als sie auch noch ihr professionelles Geschick als Commando-Kämpferin sahen, unterstützten sie sie aus vollem Herzen. Als die deutschen Freiheitskämpfer erfuhren, daß sich Susan und ihre Wrens darauf vorbereiteten, mit ihnen nach Deutschland zu gehen und sich denselben Gefahren auszusetzen, gab es in Birdham keine unterschiedlichen Rassen, Religionen und Glaubensbekenntnisse mehr, wir wurden zu einer einzigen verschworenen Gemeinschaft.

So hart wir trainierten, so intensiv spielten wir auch, und nach Dienstende ließ die gesamte Besatzung ihrer guten Laune in wilden Spielen und Streichen freien Lauf. Bei manchen hatte man den Eindruck, sie benähmen sich absolut unverantwortlich, aber das war bloß ihre Art, den bevorstehenden Gefahren die Stirn zu bieten.

Fleming billigte diese Ausgelassenheit keineswegs. Im Grunde seines Herzens war er ernsthaft, und anfänglich schockierten ihn manche Vorgänge geradezu; aber obwohl er durch seine Ernennung zum Commodore und als Fregattenkapitän mein Vorgesetzter war, hielt er sich an die Marinetradition und redete mir nicht in die Führung des Schiffes hinein. Privat konnte er sagen: »Das ist verdammt lächerlich«, aber öffentlich enthielt er sich jedes Kommentars. Doch es dauerte nicht lange, da überwand er seine Hemmungen und machte bei den Späßen mit, heckte sogar noch skandalösere Streiche aus als jeder andere.

Es gab sportliche Wettkämpfe, Spiele, Dichterlesungen und herrliche jüdische Unterhaltungsabende. Bei besonderen Anlässen machten wir im Kamin der großen Halle Feuer und ließen uns Spießbraten und Glühwein schmecken – gerade die deutschen Mädchen hatten ein Händchen dafür, Nahrungsmittel zu besorgen. Wenn sie von ihrer Suche wiederkamen, hatten sie, trotz des herrschenden Nahrungs- und Getränkemangels, stets beträchtliche Mengen an Eßbarem im Gepäck. Daß es manche Leute auch miteinander trieben, bedarf keiner Erwähnung. Aber Susan behielt die Kontrolle, indem sie allen sagte, sie sollten sich diskret verhalten und Kondome benutzen, die kostenlos abgegeben wurden. Niemand konnte ein Versehen vorschützen.

Seltsamerweise hatten wir anfänglich nur wenige Musikinstrumente: ein paar Gitarren, eine Mundharmonika, eine Blockflöte, einen Stoß zerkratzter 78er Platten und natürlich das Radio. Aber es wurde getanzt und gesungen, was das Zeug hielt, und der übliche Navy-Tanzdielenklamauk durfte auch nicht fehlen.

Dann entdeckten wir im Keller einen alten Flügel, der völlig aus den Fugen gegangen war. Unverzüglich wurde er von den Freiheitskämpfern vereinnahmt, die ihn ins Erdgeschoß hievten und reparierten. Unter Anleitung eines Fachmannes und mit zwei oder drei halbwegs erfahrenen Helfern sowie ein paar Ersatzteilen, die wir beim Londoner Spezialisten Chappell (unter dem

Vorwand »operativen Bedarfs«) erstanden, besaßen wir innerhalb kurzer Zeit einen Bechstein erster Wahl.

Ein paar Leute konnten klimpern, der eine oder andere sogar recht gut. Aber Susan wußte, daß die Musik und das Klavier die andere Hälfte meines Lebens ausmachten.

Ich hatte schon mit vier Jahren zu spielen begonnen und in Ampleforth sogar erfolgreich die Aufnahmeprüfung für die Königliche Musikakademie (LRAM) ablegen können, bevor ich ins Königliche Marinecollege in Dartmouth übersiedelte. Dort wechselte ich aufgrund der allgemeinen Nachfrage und auf Befehl des Kapitäns von der Klassik zur gängigen Musik der damaligen Zeit. Später nahm ich bei einem Patienten meines Vaters, dem damals führenden Tanzpianisten Carroll Gibbons, richtige Klavierstunden. Sooft ich es bewerkstelligen konnte, besuchte ich ihn in seiner Suite im Savoy und übte unter seiner Leitung, manchmal sogar zweimal die Woche.

Ich war und bin Carroll zu ungeheurem Dank verpflichtet. Nicht nur weil er mir bestimmte Töne oder Melodien beigebracht hat, sondern weil er mir mit Fragen zur Interpretation, Körperhaltung und zu den Tonfolgen die Musik der vierziger Jahre erschloß. Zu Beginn jeder Stunde pflegte er zu sagen: »Anschlag, Angriff, Tempo und Klangperfektion. Hau nie drauf, das Klavier ist ein empfindliches Instrument.« Ebendieser scheinbare Widerspruch, »empfindsam angreifen«, war die Basis seines eigenen perfekten Könnens. Ihm zuzuhören und wie er spielen zu lernen war eine reine Wonne. Sein Unterricht spornte mich ungemein an und führte mich zu einer Beherrschung und Leistung, die ich mir nie hätte träumen lassen.

Wann immer ich in den Jahren danach durch London kam, schaute ich in St. James's am Spanish Place vorbei und traf Carroll auch gewöhnlich an. Er sagte nie »Hallo«, sondern flüsterte mir in seinem leisen, breiten Kanadisch Dinge zu wie: »Ich habe drei Ave Maria gebetet, daß du den Fuß vom Pedal nimmst und sich die Melodie ungehindert entfalten kann.«

Im Krieg spielte ich oft bei einer Kapelle der Royal Navy oder der Combined Services, und häufig saß ich in »Wrenneries« (Wren-Quartieren) am Klavier und spielte zum Tanz auf. Auch im Jokers' Club in Portsmouth habe ich öfter in die Tasten gegriffen, meist zur eigenen Entspannung. Manchmal besserte ich in strikter Verletzung der Navy-Dienstanweisungen meinen mageren Sold mit der Entgegennahme eines kleinen Honorars auf.

Die Musik war zum Bestandteil meines Lebens und Wohlbefindens geworden. Patricia und Susan, später auch Fleming – alle sagten, wenn ich am Klavier sitze, werde ich warmherzig und entspannt; meine Augen fingen an zu glänzen, und mein Gesicht bekomme Farbe. Für mich war dies eine Kunst und ein Beruf, der fast gleichwertig mit dem eines Matrosen war – aber stets stand die Royal Navy an erster Stelle.

Anfang 1941 machte ich zufällig eine Entdeckung, die später zu einem der bestgehüteten Geheimnisse des Nachrichtenkrieges wurde.

Eines Abends war ich mit Patricia im Jokers' Club, und während ich spielte, ging sie zur Bar und holte neue Drinks. Da sie nicht mehr wußte, was ich wollte, rief sie eine Frage zu mir herüber, und ich antwortete instinktiv mit im Rhythmus der Melodie versteckten Morsezeichen. Ich war sehr erstaunt, als sie ohne weiteres mit genau dem Drink ankam, den ich wollte. Plötzlich merkten wir, daß wir unser eigenes Geheimverständigungssystem erfunden hatten: Wir konnten einander sagen, was wir wollten, ohne daß jemand bemerkte, daß hier eine Funkmeldung vonstatten ging, geschweige denn den Inhalt verstand.

Eine Zeitlang fiel uns gar nicht auf, welches Potential in unserer zufälligen Entdeckung steckte. Wir erprobten das System, indem wir Liebesgrüße oder andere frivole Dinge austauschten, wobei wir nicht nur das Klavier, sondern auch andere Instrumente, sogar den eigenen Gesang benutzten. Eines Abends jedoch fand unsere Spielerei ein jähes Ende, als wir Morton eine Kostprobe gaben. Sofort stufte er den Creighton-Falkiner-Musikakt als »Streng geheim« ein. Er verbot uns, ihn weiterhin in der Öffentlichkeit auszuüben oder gar darüber zu sprechen, und als Patricia leichthin sagte, wie es denn mit Lizenzgebühren für unser Patent aussehe, fand er das gar nicht komisch.

Die Idee war so einfach, daß wir kaum glauben konnten, daß bislang niemand sie benutzt hatte, zumal ja der BBC-Weltdienst seinen täglichen Sendungen ins besetzte Europa die ersten Takte von Beethovens Fünfter voranstellte: da-da-da-dah, da da-da-dah. Das entsprach dem Morsezeichen für V wie Victory. Offiziell wurde unser System als Geheime Musikalische Telegrafie-Übermittlung, kurz SMTT, bezeichnet und von einigen Mitarbeitern in Frankreich mit beträchtlichem Erfolg benutzt.

Am einfachsten ging es mit dem Klavier, aber ein paar Leute schafften es auch mit der Flöte und anderen Instrumenten. Ein Musiker in England konnte einem Waffenbruder – einem französischen Widerstandskämpfer in einem Café oder einer Bar oder überhaupt jedem, der zuhörte und das Geheimnis kannte – eine einfache Meldung zukommen lassen, ohne Verdacht zu erregen. Natürlich mußten beide Seiten gute Musiker und Morser sein, und der Absender mußte volkstümliche Stücke verwenden, die in die Sendung paßten. Innerhalb der Musik wurden Morsezeichen im Zusammenhang mit einer bestimmten Note oder Notengruppe eingearbeitet. Oder sie wurden bei bestimmten Melodien eine Oktave höher oder tiefer gespielt. Später wurde das System weiter verfeinert und zu komplexen Tonfolgen entwickelt.

Unter strengster Geheimhaltung griff die BBC unsere Idee begeistert auf und benutzte sie für Geheimmeldungen. Viele entscheidende Mitteilungen an unsere Agenten in Europa, die sich nicht in Codes oder Gedichten unterbringen ließen, gingen per Instrument oder Gesang über den Äther. Es war unglaublich, aber kaum ein beteiligter Musiker wußte, welchen Dienst er oder sie dem alliierten Geheimkrieg erwies. Selbst der große Star Vera Lynn, der Liebling der Streitkräfte, sang, ohne zu wissen, was im Takt ihrer Darbietung steckte.

Eines meiner bewegendsten Erlebnisse in Birdham war der Wiederherstellung des Bechsteinflügels zu verdanken. Wir hatten ihn im großen Ballsaal aufgestellt, der gleichzeitig als Messe und als Kajüte diente. An einem Abend, als der Saal leer war, setzte ich mich an das Instrument, um es auszuprobieren und zu sehen, ob ich überhaupt noch Klavier spielen konnte. Seit neun Monaten hatte ich wegen der starken Verletzung meiner Hände durch die

Gestapo und, wichtiger noch, wegen Patricias Tod keine Taste mehr angerührt.

Wie ich so dasaß, zitterten mir die Hände, und der Kummer ob des Verlusts meiner Geliebten lag wie ein schwerer Schatten auf meinem musikalischen Genius. Dann schlug ich einen Ton an, dann noch einen und noch einen. Das Instrument war in glänzendem Zustand. Seit jeher hatte ich am liebsten auf Bechsteinflügeln gespielt, und dieser nahm es in der Qualität mit jedem anderen auf.

Ich nutzte mein Alleinsein voll aus. Das sanfte Bachsche »Amen« und das Adagio cantabile aus Beethovens »Pathétique« leitete zu Gershwin und »Summertime« über, von da ging es weiter mit »Showboat« und »Can't Help Lovin' that Man of Mine«. Das ganze Leid, meine Liebe und meine Hoffnungen strömten mir durch die Finger. Nie zuvor hatte ich so gut gespielt. Wie von selbst erklang die Musik, als säße ein anderer da, als sei ich nur Zuhörer.

Ich war so in die Musik vertieft, daß ich nicht die kleinste Pause einlegte und gar nicht merkte, wie hinter mir die dienstfreien Männer und Frauen von Op. JB langsam den Saal füllten. Die Töne lockten sie von überall her, aus den Wellblechbaracken und anderen Gebäuden der Umgebung. Sie sammelten sich wie die Ratten hinter dem Rattenfänger von Hameln. Als ich zu Ende war und mich umdrehte, sagte niemand ein Wort, niemand klatschte, alle sahen mich nur schweigend aus großen Augen an. Die Musik und die Entdeckung, daß ihr Kommandant Klavier spielen konnte, hatte ihnen die Sprache verschlagen. Einen Moment lang fehlten auch mir, fast überwältigt von der gefühlsgeladenen Atmosphäre, die Worte. Schließlich brach niemand anderes als Susan das Schweigen. »Wie wär's mit ›Pardon Me, Boy?‹« fragte sie. Ich rückte den Schemel zurecht und ließ meine Finger zu Glen Millers »Chattanooga Choo Choo« über die Tasten fliegen.

Bald raste der Saal. Die ersten begannen zu tanzen, ihnen folgten weitere, und bald wirbelten die Paare dichtgedrängt über das Parkett. Alle Hemmungen verschwanden, und der Abend trug nicht wenig zur Festigung der engen Familienatmosphäre in Birdham bei. Die Musik hatte schlagartig alle vereint. Bande tiefer Zuneigung wurden geschmiedet, und die festliche Stimmung machte mich zu einem der Ihren – was ich, Piano hin oder her, ja auch war. Von dem Augenblick an hatte der Bechsteinflügel während der Tanzabende, Konzerte und Musicalaufführungen der Sektion seinen festen Platz. Doch meine eigene Leistung wurde bald überstrahlt von Israel Bloems Vorstellungen, die die Leute erst richtig in Schwung brachten.

Anhand seiner Akte stellten wir fest, daß er vor dem Krieg klassischer Geiger gewesen war. Fleming brachte ein geeignetes Instrument mit, das er in London gefunden und ausgeliehen hatte, aber erst nach stundenlangem Zureden und vielen Privatübungen ließ sich Bloem zu einem öffentlichen Auftritt bewegen. Endlich war der ersehnte Augenblick gekommen; die Schiffsbesatzung versammelte sich nach dem Abendessen, um ihn zu hören.

Mit einem seiner GFF-Mädchen als Partnerin setzte er ohne Rücksicht auf seine fehlenden Finger zu Brahms A-Dur-Sonate für Violine und Klavier an. Eine Zeitlang war seine Bogenführung noch etwas zerfahren; er verpaßte ein paar Noten und patzte bei einigen Passagen. Doch dann schienen die technischen Probleme plötzlich wie weggeblasen, und er ließ sich von seinen Gefühlen tragen. Das Ergebnis war bezaubernd schön. Während er sein ganzes künstlerisches Talent erstrahlen ließ, überwältigte uns die Bewunderung für sein Können und seinen Mut.

Je enger die Alliierten den Griff um Deutschland schlossen, desto angespannter wurde die Atmosphäre in Birdham. Wie nicht anders zu erwarten, zeigten sich ein paar Männer und Frauen der Einsatzgruppe dem hohen Anspruch an Geschick, Eignung oder Disziplin nicht gewachsen. Da wir absolute Sicherheit brauchten, erhielt jemand, der versagte, kaum einmal eine zweite Chance. Mehrfach sah ich mich höchst widerstrebend gezwungen, die eine oder andere Ablösung zu befehlen.

Was mit den Abgelösten geschah oder wohin sie gingen, erfuhr ich nie. Die Schwierigkeit bestand darin, daß sie entscheidende Geheimsachen kannten, die unter allen Umständen auf absehbare Zeit geheimbleiben mußten. Ich nahm an, daß einige ins Internierungslager auf die Isle of Man kamen. Bei anderen zog ich es vor, lieber nicht weiter nachzudenken. Ich wußte, daß beim einen oder anderen Fall auch von der Höchststrafe die Rede gewesen war. Damit erhielten meine Entscheidungen wahrlich großes Gewicht. Ab 1. Februar galt absolute Urlaubssperre, falls wir plötzlich zum Einsatz kommen sollten. Ausgang gab es nur mit Sondergenehmigung. Am 5. Februar trafen die Fühler, die wir für eine erneute Kontaktaufnahme mit Ribbentrop nach Dublin ausgestreckt hatten, endlich auf ein befriedigendes Echo.

Am 8. Februar flogen Fleming und ich in einer Maschine mit portugiesischen Nationalitätszeichen von Croydon nach Lissabon. Auf diesem ersten Reiseabschnitt galten wir als Diplomaten, reisten als Kuriere des Foreign Office in Zivil. Dank unserer Diplomatenpässe wollte niemand in unsere Koffer sehen, in denen ein kleines Funkgerät, Batterien und Handfeuerwaffen lagen. Mit den Deutschen hatten wir es zuvor so ausgehandelt. Wie immer bei solchen Anlässen sah Fleming äußerst smart aus und trug die Krawatte des ehemaligen Eton-Schülers (schwarz mit hellblauem Schrägstreifen). Doch während des Zwischenaufenthalts für eine Nacht im Luxushotel Aviz bat uns ein deutscher Kontaktmann in die Herrentoilette im Untergeschoß, wo er Paßfotos von uns machte und mit peinlicher Sorgfalt unsere Maße nahm mit der Bemerkung, wenn er in unser gemeinsames Zimmer gekommen wäre, hätte ihn womöglich jemand erspäht und Verdacht geschöpft.

Erleichtert stellten wir fest, daß von den seltsamen Passanten, die häufig durch den Hotelflur gingen und auf unsere Zimmertür schielten, drei zur M-Subsektion Portugal gehörten. Eine davon hieß Caroline Hurst, eine blutjunge operative Wren, der Flemings ganze Bewunderung gehörte. Aber bei einer Mission dieser Art galt absolutes »Hände weg«, und wir schliefen wie die Murmeltiere. Am nächsten Morgen um 5.30 Uhr brachte uns – wir reisten wiederum als Diplomaten – eine schweizerische Maschine nach Basel. Dort stiegen wir in ein Kleinflugzeug um, das uns nach Zürich brachte. Dort begrüßte uns in aller Öffentlichkeit Ribbentrops Abgesandter. Es war der Mann, den ich außerhalb von Dublin getroffen hatte, der jetzt aber die Uniform eines SS-Obergruppenführers trug. Er hatte zwei seiner Leute mitgebracht. Wir fuhren in einem offenen Mercedes, an dessen vorderen Kotflügeln Naziflaggen wehten. Nach rund 75 Kilometern in nordöstlicher Richtung erreichten wir nahe des Dreiländerecks Schweiz/Österreich/Deutschland ein Schloß mit Blick auf den Bodensee. Auf dieser Etappe war Fleming ziemlich nervös und fragte mich unentwegt, wie wir meiner Meinung nach vorankämen. Ribbentrop hatte für uns offenkundig das Beste ausgesucht. Das Schloß war ein recht umfangreiches, mehrgeschossiges Gebäude, und seine Zimmer waren mit schönen, schweren Möbeln und großen Ölgemälden prachtvoll ausgestattet. Wir fragten uns, wem es wohl gehört haben mochte. Uns beiden kam gleichzeitig in den Sinn, daß es sich vermutlich um eine der Immobilien handele, die wir wiederzuerlangen hofften. Spätabends wurden uns reizvolle, sowohl hetero- als auch homosexuelle Sexangebote unterbreitet.

»Ich wollte es in Eton immer schon mal probieren«, flüsterte mir Fleming lüstern zu, als ein hellblonder Junge ihm Avancen machte. »Tun wir's doch jetzt!«

Aber da man nicht wissen konnte, wohin das schließlich führte, lehnten wir höflich dankend ab.

Am nächsten Morgen ließ ich Fleming allein im Schloß und fuhr mit meinem Gewährsmann wieder nach Zürich, wo mich Ribbentrops Abgesandter in eine Bank brachte. Im Büro des Filialleiters eröffnete er in meinem Namen ein Konto mit der Anfangssumme von 100 000 Pfund. Damals war das eine ungeheure Stange Geld, entsprach vielleicht heutigen drei Millionen. Nach Leistung mehrerer Musterunterschriften übergab man mir ein Stück Papier mit der geheimen Kontonummer (leider habe ich nie auch nur einen Rappen von dem Geld gesehen). Unterdessen wurde Fleming höflich, aber eindringlich auf seine Verbindung mit mir befragt, und er wartete mit unserer genau recherchierten Geschichte auf: Wir hätten schon oft zusammengearbeitet, er als der Planer im Hintergrund, ich als ausführendes Organ.

Wir verbrachten ein üppiges Wochenende, aßen, tranken, gingen

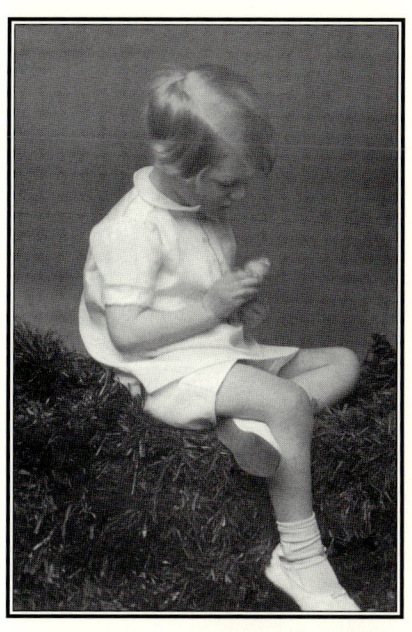

Christopher Robin...

Zwei Olympiasieger:
mein Vater (vorn) und
Harold Abrahams (Mitte)

Die Siegermannschaft
im Staffellauf bei den
Olympischen Spielen
von 1920 in Antwerpen.
Vorne rechts mein Vater

Ein alter Freund
meines Vaters:
Dickie Mountbatten
mit seiner
Frau Edwina, 1941

Mein »Onkel« Joachim von
Ribbentrop (links)
mit dem italienischen
Außenminister Graf Ciano

»Tieger« und »Eule« –
eine der höchst
seltenen Aufnahmen von
Morton (»M«) mit Churchill

MOST SECRET

10, Downing Street,
Whitehall.

October, 1954

Dear John,

    Lord Ismay has told me of your wishes but
I am afraid that it is still impossible for
anything to be done and you must not now speak
of these matters.   When I die, then, if your
conscience so allows, tell your story for you
have given and suffered much for England.
If you do speak, then speak nothing but the
truth, omitting of course those matters which
you know can never be revealed.   Do not seek
to protect me for I am content to be judged by
history.   But do, I pray you, seek to protect
those who did their duty honestly in the hope of
a future world with freedom and justice for all.

Yours sincerely,

Winston Churchill

John Ainsworth-Davis.

Brief Churchills –
Übersetzung
siehe Seite 278

Berlin in Trümmern

Martin Bormann

Broderick Hartley

Broderick Hartley

Bormann mit Hitler

Martin Bormann

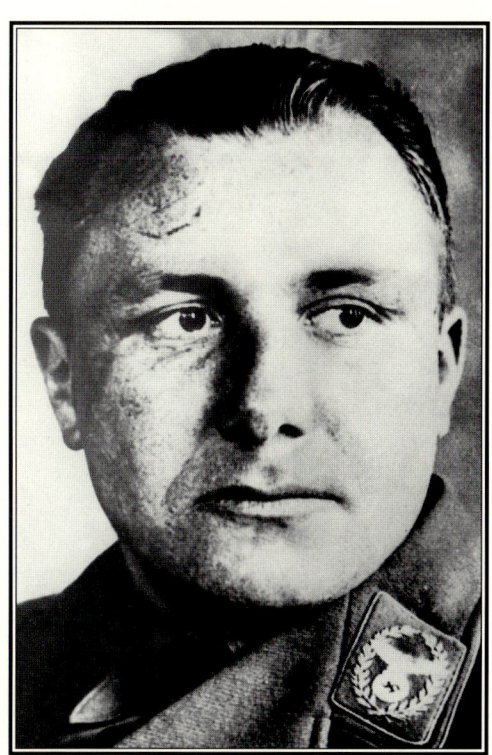

Hanne Nelson und
Broderick Hartley

Bormann-Verteidiger
Dr. Friedrich Bergold im
Nürnberger Prozeß

Dreharbeiten zu dem
vom Autor verfaßten und
1952 produzierten Film
Murder At 3 a.m.; der Autor
in einer Drehpause mit
Peggy Adams, dem Star
von *The Blue Lamp*

Am geliebten Klavier.
Erholungspause
während der Regie-
arbeit in den Studios
von Warner Bros.
in Hollywood

Brief von Ian Fleming –
Übersetzung
siehe Seite 279

Spielzeit 1957 am Broadway;
Auftritte in *Nude with Violin*
und *Present Laughter* mit
Noel Coward und Eva Gabor

Als Regisseur des 1967 in
der Tschechoslowakei
gedrehten Films *Judgement
in Prague* (unter anderem
mit Charles Aznavour,
Ann Field und Martine Carol).
Der Anlaß diente zugleich
als Tarnung für einen Geheimdienstauftrag, diesmal für die
Nato

spazieren und unterhielten uns. Der Krieg schien weit entfernt. Am Donnerstag, dem 13. Februar, fuhren wir den Hang hinunter und ums Seeufer herum nach Deutschland. Nach ein paar Kilometern auf der Straße nach Stuttgart hielten wir an einer kleinen Villa, in deren Garage wir unsere neu geschneiderten Waffen-SS-Uniformen anprobierten. Es war nicht Ribbentrops schlechteste Idee gewesen, uns als Mitglieder der Waffen-SS, dem militärischen Arm der Schutzstaffeln, und nicht der Allgemeinen SS auszugeben. Ribbentrop wußte, daß es um Bormann zahlreiche Schwarzhemden gab, die (neben anderem, wie etwa als KZ-Schergen) als seine Leibwache fungierten. Wenn wir in deren Uniformen dahergekommen wären, hätten sie sofort Verdacht geschöpft, weil sie uns noch nie gesehen hatten. Traten wir als Mitglieder der Waffen-SS auf, waren unangenehme Fragen viel weniger wahrscheinlich.

Ein Merkmal erregte besondere Aufmerksamkeit, nämlich mein Bart, obwohl er sauber und kurz geschnitten war. Bärte wurden bei der SS sehr ungern gesehen, aber wir hatten schnell eine Lösung und wendeten die Tatsache zu unserem Vorteil. Ich trug in der Öffentlichkeit einen dicken Verband um den Mund und führte ein fachkundig gefälschtes ärztliches Attest bei mir. So ließ sich, da ich kein Wort herausbringen konnte, problemlos verbergen, daß ich nicht deutsch sprach.

Der graugrüne Uniformstoff war ziemlich schwer, aber die Uniformen paßten, und in der Abgeschiedenheit der Garage übten wir ein paarmal gegenseitig den Nazigruß, indem wir, ohne eine Miene zu verziehen, »Heil Hitler!« riefen und dabei den rechten Arm mit nach unten gewandter Hand ausstreckten.

Als wir die Garage verließen, erhielten wir deutsche Kennkarten mit unseren Paßfotos und echten Stempeln. Minuten später befanden wir uns wieder auf der Straße zum 200 Kilometer entfernten Heidelberg. Am Straßenrand lagen ausgebrannte Fahrzeuge, die alliierten Luftangriffen zum Opfer gefallen waren. Wegen der Gefährdung, vor allem durch britische und amerikanische Beaufighter-Jabos, mußten wir die Hauptstraßen meiden, wanden uns mühsam durch die Stuttgarter Vororte und benutzten auf dem Lande Nebenstraßen.

Unterwegs wurden wir wohl dreißigmal angehalten. An jeder Straßensperre wurden unsere Ausweise geprüft, aber nie angezweifelt. Stellte jemand eine Frage an Fleming oder mich, antwortete jedesmal der Abgesandte an unserer Stelle, und sein Wort galt immer.

Spätabends erreichten wir Heidelberg und zweigten links in Richtung Weinheim ab. Auf einem kleinen Hügel über dem Städtchen stand eine elegante, zweigeschossige Villa, die uns eine Woche lang als Unterkunft dienen sollte.

Wieder genossen wir herrlichsten Luxus, aber trotz der Üppigkeit unserer Umgebung war uns unbehaglich zumute. Die Verzögerung ärgerte uns, wir wollten endlich weiterkommen und mußten aufpassen, daß uns, während wir uns innerhalb des Gebäudes aufhielten, nicht die Zunge durchging. Wichtige Dinge sparten wir uns deshalb für die langen Spaziergänge auf, bei denen uns stets zwei SS-Leute in angemessenem Abstand folgten.

Unsere Gastgeber und Bewacher entschuldigten sich häufig für das lange Warten und sagten, der Reichsaußenminister sei sehr beschäftigt, komme aber so bald wie möglich. Inzwischen verfiel ich, um mit Morton Verbindung aufzunehmen und ihn wissen zu lassen, wie wir vorankamen, wieder auf meinen alten Freund, das Klavier. Als wir in der Villa einen alten, einigermaßen bespielbaren Flügel entdeckten, äußerten Fleming und ich unsere Musikbegeisterung. Ich machte es mir zur Gewohnheit, abends zu spielen, wobei Fleming neben mir stand und auf mein Zeichen das Notenblatt wendete (er konnte keine einzige Note lesen). Unter dem Vorwand, wir müßten es stimmen, verkabelten wir es dann, indem wir den Übermittlungsdraht an einem Fuß nach unten, durchs Fenster und an der Mauer entlang in unser Zimmer führten. Dort stellten wir unter einem Schrankregal unser kleines Funkgerät auf und wanden die rund zweihundert Meter lange Antenne um die äußere Seite des Daches, indem wir bei Nacht einen umwickelten Haken auf den First schleuderten.

Diesmal variierte ich meine normale SMTT-Methode, verdrahtete drei bestimmte Töne und benutzte sie zum Morsen: Jeder Anschlag von Es und As über dem mittleren C sowie des darunterliegenden Des löste ein Morsezeichen aus. Jedesmal, wenn ich eine dieser Tasten drückte, ging ein Impuls zum Funkgerät hinauf.

An einem Abend unterhielt ich zu einer vorgegebenen Sendezeit unsere Gastgeber mit einem Potpourri, während Fleming in unserem Schlafzimmer die Verbindung mit der Kontrollstation der Sektion M im Bauernhaus bei Bletchley Park herstellte. Der Ruf lief über unsere eigene bewegliche Relaiseinheit, die dem alliierten Vormarsch durch Frankreich nach Osten folgte und jetzt bei Châlons-sur-Marne stand. Daß ich die aktivierten Töne anschlug, blieb von den Deutschen unbemerkt. Aber für Jane Lawson, unsere führende Expertin in Ver- und Entschlüsselungsfragen, war es genau die Musik, die sie hören wollte. Binnen sechs Minuten hatte sie meine Botschaft erfaßt, zehn Minuten später entschlüsselt, und acht Minuten danach lag sie in Mortons Händen.

Endlich, am Dienstag morgen, dem 20. Februar, wurde ich in die Bibliothek geführt, wo der alte Schulfreund und Patient meines Vaters auf mich wartete: Reichsaußenminister Joachim von Ribbentrop. Kaum hatten die SS-Wachen den Raum verlassen, bedachte er mich mit der denkbar herzlichsten Begrüßung, nahm meine rechte Hand in die seine und legte mir den linken Arm um die Schulter.
»Mein lieber John!« strahlte er. »Wie schön, dich zu sehen!«
»Oheim!« antwortete ich unfreiwillig mit dem zutraulichen deutschen Wort für »Onkel«, unter dem ich ihn als Junge gekannt hatte.
»Wie groß du geworden bist!« rief er erstaunt.
Ribbentrop selbst war groß und hatte mittlerweile einen kleinen Bauch angesetzt. Als ich ihn vor zwei Jahren zum letzten Mal gesehen hatte, waren wir noch ungefähr gleich groß. Doch zwischen meinem achtzehnten und einundzwanzigsten Lebensjahr war ich weitergewachsen und mit knapp 1,90 Meter rund fünf Zentimeter größer als er.
Immer noch mit der Hand auf meiner Schulter, führte er mich zu einem Sessel.
»Wie geht's deinem lieben Vater?«

»Gut, danke. Wenn er wüßte, daß ich hier bin, würde er Sie sicher grüßen lassen.«

»Gut. Wo ist er jetzt?«

»Er arbeitet wie immer im Krankenhaus in Cosford.« Ribbentrop wußte, daß mein Vater in die Royal Air Force eingetreten war – einer der wenigen Chirurgen, die das Flügelabzeichen des fliegenden Personals trugen. Aber ich dachte nicht daran, ihn wissen zu lassen, daß mein Vater derzeit mit einem der führenden Gesichtschirurgen, Archibald McIndoe, in East Grinstead und an anderen Lazaretten zusammenarbeitete. Dort wurden Leute mit schwersten Verbrennungen behandelt.

»Jetzt immerhin sicherer als London«, sagte Ribbentrop scheinheilig.

»Ach, ich weiß nicht«, erwiderte ich. »Eure verflixten fliegenden Bomben sind hübsch gefährlich.«

»Sind sie wohl. Tut mir leid.« Der Reichsminister klingelte und bat um Kaffee. Bis er gebracht wurde, machten wir weiterhin Konversation. Während ich ihm zuhörte, fühlte ich mich hin- und hergerissen zwischen den aufrichtigen Gefühlen der Zuneigung, die ich als Junge für den Mann gehegt hatte, und der Verachtung für das aufgeblasene, gewöhnliche Schwein, das ich jetzt, reifer geworden, in ihm erkannte. Ich bemerkte, daß er sich viel auf sein fließendes Englisch einbildete und lauter Unsinn redete. Doch dann, als ein Diener den Kaffee gebracht hatte und wieder gegangen war, wurde Ribbentrop urplötzlich ernst.

»Lieber John«, fing er vertraulich an, »was ich jetzt sage, ist nur für deine Ohren bestimmt.«

»Natürlich.«

Deutschland habe den Krieg verloren oder sei jedenfalls dabei, ließ er verlauten. Erregt schritt er auf und ab. Die Niederlage sei unausweichlich; es sei nur noch eine Frage der Zeit, bis das Dritte Reich zusammenbreche. Und wenn es soweit sei, wolle er untertauchen. Im Endchaos des Zusammenbruchs würde er einfach von der Bildfläche verschwinden.

Er hielt inne, schaute mich an und fragte dann jäh: »Kannst du helfen?«

Ich war so überrascht, daß ich nur herausbrachte: »Wie?«

»Indem du dafür sorgst, daß ich aus Deutschland herauskomme.«
Ich hob scheinbar zweifelnd die Hände. »Nun ja... Dazu brauchen Sie doch sicher keine Hilfe? Wenn Sie jetzt gehen, bevor es zu spät ist, könnten Sie doch einfach über eine Ihrer Gesandtschaften entwischen?«
»Vielleicht – aber da ist noch etwas.« Nun erläuterte er sein wichtigstes Ziel: sich der riesigen Schätze zu bemächtigen, die die Nazis im Ausland angehäuft hatten, damit er den Rest seines Lebens bequem und anonym verbringen könne.
»Wohin würden Sie gehen?« fragte ich.
»Südamerika vielleicht. Aber es gibt einen Mann, den ich bestechen muß. Irgendwie muß ich ihn unter meine Kontrolle bringen. Du weißt, wen ich meine?«
Adrenalin schoß mir ins Blut, aber ich setzte alles daran, keinerlei Erregung erkennen zu lassen. Ich schüttelte den Kopf.
»Bormann! Martin Bormann, den Sekretär des Führers. Er ist gleichzeitig Chef der Parteikanzlei und verfügt persönlich über die Auslandsguthaben der Partei. Schon von ihm gehört?«
Wieder schüttelte ich den Kopf. »Leider nein. Bormann ist in England unbekannt.«
»Macht nichts. Ich habe folgende Idee. Über dich möchte ich Bormann eine Möglichkeit zu entkommen anbieten. Dafür, daß ich ihn aus den Ruinen des Reiches heraushole, verlange ich fünfundzwanzig Millionen Mark. Aber sobald wir draußen sind, übergebe ich ihn den Engländern oder liquidiere ihn – je nachdem, was du vorschlägst.«
Ich zügelte meine Erregung sorgfältig und versuchte, besorgt dreinzublicken.
»Ich werde es dir großzügig lohnen«, sagte Ribbentrop schnell.
»*Äußerst* großzügig...«
»Ich muß meinen Kameraden fragen, ob das geht.«
Um Zeit zum Nachdenken zu gewinnen, fing ich an, den Charakter und die Leistungen von »James Bond« zu beschreiben. Vor allem habe er sich mit dem Aufbau der kleinen Einheit von Abtrünnigen und Verbrechern verdient gemacht, die er befehlige. Sie sei unerläßlich für jedes Unternehmen, bei dem höhere Nazichargen aus Deutschland herausgeholt werden sollten. Indem ich

diese Einheit erwähnte, brauchte ich nicht viel zu erfinden. Ich mußte die Story lediglich ausschmücken. Als er noch bei der Marine-Feindaufklärung arbeitete, hatte Fleming nämlich tatsächlich eine Gruppe befehligt – und tat es immer noch –, die weitgehend aus knallharten, abenteuerlustigen jungen Angehörigen der Royal Navy und Royal Marine Commandos bestand und die er seine »Indianer« nannte. Als sie nicht nur bei Aktionen gegen den Feind, sondern auch bei der weiblichen Bevölkerung im Umkreis ihres Stützpunkts beträchtlichen Erfolg hatten, änderte er passenderweise ihren Namen von »30. Angriffseinheit«, abgekürzt »30. AE«, in »30. UAE«, »30. Unanständige Angriffseinheit«, was bei der Admiralität für großen Aufruhr sorgte.[1]

Erst schien Ribbentrop von meinem Freund, Herrn Bond, wenig angetan. Je weniger Leute von unseren Plänen wüßten, desto besser, sagte er.

»Auf ihn können Sie sich absolut verlassen«, sagte ich. »Er hat, von allem anderen einmal abgesehen, Eton besucht.«

Das zeitigte genau die (im Grunde lächerliche) Wirkung, die ich bei einem Snob wie Ribbentrop erwartet hatte.

Ich schickte nach Fleming und stellte ihn vor. Sein Charme und seine natürliche Schauspielerbegabung wirkten wahre Wunder.

Ich schilderte ihm kurz Ribbentrops Vorschlag. Danach erging sich Fleming in schwärmerischen Worten über seine Privatarmee. Entspannt, sich selbst in den Schatten stellend, fast schon herablassend und häufig pausierend, stellte er seine Geheimeinheit als skrupellose Bande von Deserteuren hin, die sich uns angeschlossen hätte und bereit sei, gegen entsprechende Belohnung jeden dunklen Auftrag zu übernehmen. Auf Ribbentrops Frage, wie die Gruppe nach Deutschland eingeschleust werden solle und welchen Fluchtplan wir aushecken könnten, schnitt ihm Fleming das

---

1 Anfang 1945 war Fleming zum Rapport beim Seelord, Flottenadmiral Sir Andrew »Cuts« Cunningham, befohlen worden. Dieser sagte ihm, daß es wegen der Aktivitäten seiner »verdammten Indianer« Beschwerden gegeben habe. Fleming erhielt Order, die Einheit unverzüglich aufzulösen oder der Sektion M zuzuführen. Trotzdem brachte er es fertig, die Einheit bis zum Kriegsende zu erhalten.

Wort ab. Er sagte, aus Sicherheitsgründen könne er weder Plan noch Methoden ausplaudern. Zum Trost erinnerte er unseren Gastgeber jedoch daran, daß ich ihm in der Vergangenheit bei jeder Operation, in die der Reichsaußenminister verwickelt gewesen sei, absolut treu und wirksam gedient habe. Auch bei der nächsten Gelegenheit, betonte Fleming, werde ich mich nicht weniger verläßlich erweisen.

Ribbentrop schien das zu akzeptieren. Dann begann er eine ungewöhnliche Beichte. In den folgenden zehn Minuten hörten wir uns mit wachsendem Erstaunen an, wie er uns mit erregten Gefühlen von seinen Problemen berichtete. Mit vielen Nazigrößen komme er nicht gut aus, vertraute er uns an, und besonders schwierig sei sein Verhältnis zu Bormann. Bormann sei so ein hundsgemeiner Kerl! Und so gewöhnlich! Allein er, Ribbentrop, besitze in der ganzen Nazihierarchie Kultur und Manieren. Alle anderen seien ungebildet und gesellschaftlich minderwertig. Man sei ihnen nichts schuldig. Er hingegen sei ein Gentleman und Mann von Welt. Stehe nicht in Walhalla die Prophezeiung, daß er das Nazigold erben werde? Jetzt wolle er die Prophezeiung Wirklichkeit werden lassen (was er damit meinte, ist nie recht klar geworden). Wir stellten uns dumm und fragten, wo sich Bormann in den nächsten Wochen voraussichtlich aufhalten werde.

»In Berlin«, kam die Antwort. »Ganz bestimmt. Er ist fast immer bei Hitler in der Reichskanzlei. Manchmal fährt er nach Berchtesgaden, aber immer seltener. Am Ende, wenn eure Armeen die Schlinge zuziehen, wird er in Berlin sein. Er wird sich in einem der dortigen Bunker vergraben.«

In der festen Meinung, wir seien alle drei Gentlemen, schlug uns Ribbentrop ein – wie er es nannte – »Gentlemen's Agreement« vor. Wir gaben vor, nur allzugern mitmachen zu wollen, und sagten, wir würden schnellstens die Möglichkeiten für die Aufstellung eines Rettungstrupps erkunden. Sobald wir soweit seien, gäben wir ihm Bescheid und würden dann warten, bis er sich melde. Als wir uns verabschiedeten, faßte er meine beiden Hände, blickte mir tief in die Augen und wiederholte, er setze alles Vertrauen in mich.

An diesem Abend mußten Fleming und ich, nachdem Ribbentrop nach Berlin abgereist war, unsere Erregung mit Gewalt zügeln, bis wir endlich über die Hügel spazieren konnten. Als wir im sicheren Freien waren, konnten wir kaum an uns halten vor Erstaunen, daß Ribbentrop fast genau dieselbe Idee gehabt hatte wie wir selber und uns mit der Eröffnung seines Plans sogar noch zuvorkam. Daß Bormann von sich aus auf den Außenminister eingewirkt hatte, entzog sich praktisch unserer Kenntnis.

Natürlich hatten wir nicht die geringste Absicht, uns an unsere Vereinbarung mit Ribbentrop zu halten. In dem Gespräch hatten wir – beinahe simultan – beschlossen, ihn gleich zweimal hereinzulegen. Erst sollte Ribbentrop Bormann übers Ohr hauen, dann würden wir und die Sektion M Ribbentrop und Bormann gemeinsam aufs Kreuz legen, indem wir beide schnappten und die Nazischätze obendrein. Dieses Vorgehen lag eindeutig im Rahmen des Mandats, das wir von Morton und dem Premierminister erhalten hatten.

Während der Wanderung stellte Fleming seinen klaren Kopf unter Beweis, indem er schnell und kraftvoll sämtliche denkbaren Abläufe skizzierte. Um die Position zu ergattern, die er einnehme, müsse Bormann ein ganz gewiefter Kunde sein, meinte er. Es könne durchaus sein, daß Bormann Ribbentrop – und uns – zu täuschen plane. »Wenn wir ihn überhaupt erwischen«, sagte Fleming, »müssen wir ihn mit Ketten an uns fesseln.« Mein offenbar enges Verhältnis zu Ribbentrop habe ihn beeindruckt, und er rechne sich für uns gute Chancen aus. Die Gefahr sei lediglich, daß die Dinge zu schnell in Bewegung gerieten. Noch hätten die Alliierten den Rhein nicht überschritten, und auf den Deutschen laste noch nicht die ganze Wucht der Einkesselung. Unsere potentiellen Opfer hätten demnach noch viel Zeit und Spielraum. »Wir müssen so tun, als seien wir nicht leicht zu haben«, riet Fleming. »Falls uns Bormann wirklich ruft, dürfen wir nicht den Anschein erwecken, als seien wir besonders scharf darauf.«

An diesem Abend unterhielt ich die Gesellschaft im Hauptsalon wieder am Klavier, während Fleming den Funkkontakt nach England herstellte. Dann setzte ich in einer langen und nervenaufreibenden Morseübertragung einen Lagebericht an Morton

ab. Das gelang, und wir erhielten Order, sofort zur Basis zurückzukehren.

Mit Ribbentrops Gewährsmann hatten wir bereits vereinbart,
daß wir innerhalb vernünftiger Grenzen zu jedem von uns
gewünschten Zeitpunkt abreisen dürften, um auf unserer Seite
die nötigen Vorkehrungen in Gang zu setzen. Wir begaben uns
daher am nächsten Morgen auf den Weg und waren drei Tage
später, am 24. Februar, wieder in Birdham.

Der Köder war gelegt, nun warteten wir, daß einer anbiß.

9

WASSERKRAFT

Fünf unserer Freiheitskämpfer stammten aus Berlin, und mit ihrer Hilfe studierten wir eingehend die Stadt. Am meisten jubelten wir über die zahlreichen Wasserwege. Es gab ja nicht nur die Spree und die Havel, sondern auch einige Seen wie den Großen Müggelsee und den Wannsee, dazu zahlreiche Kanäle, die die natürlichen Wasserwege zu einem engmaschigen Netz verwoben. Auf Leute wie uns, denen das Leben zu Wasser im Blut lag, wirkte das Ganze ungemein reizvoll. Es war ideales Kajakland.

Alle Informationen, die wir auftreiben konnten, waren im wahrsten Sinne Wasser auf unsere Mühlen. Auch alte Reiseführer aus dem Vorkriegsberlin, in denen der Große Müggelsee »ein Wasserparadies« genannt wurde, fanden Verwendung, zeigten sie uns doch, daß der See von bewaldeten Hügeln umgeben war. Natürlich lagen in den Gehölzen auch teure Villen verborgen, aber es gab offenkundig Platz genug, um Kajakboote und anderes Zeug zu verstauen. Irgendwo entdeckte ich, daß auf diesem See die Ruderwettkämpfe der Olympischen Spiele von 1936 stattgefunden hatten und bei den Zweierwettbewerben ein britisches Rudererpaar, Beresford und Southwood, die Goldmedaille errungen hatten. Das erinnerte mich an den Erfolg meines Vaters 1920 in Antwerpen.

Wir sahen, daß der in den südöstlichen Vororten gelegene Große Müggelsee von Ost nach West annähernd drei Kilometer lang und etwa zwei Kilometer breit war. Damit bot er genügend Platz, um mit einem Wasserflugzeug wie der Catalina darauf starten und wassern zu können. Die Spree floß an seiner Südostecke hinein und kam im Nordwesten wieder heraus, verlief dann mitten durch Berlin und weiter zur Havel im Westen. Diese floß südlich aus Berlin hinaus, durch den Großen und Kleinen Wannsee und um zahlreiche Inseln – lauter weitere Wasserparadiese. Dann schlängelte sie sich weiter an Potsdam vorbei durch Brandenburg in die Elbe.

Da das alles ideal für Kajaks oder Kampfkanus geeignet erschien, kamen wir schon früh auf die Idee, das Unternehmen vom Wasser her aufzuziehen. Ein Entführungstrupp konnte sich unauffällig über Spree und Havel nach Westen (stromabwärts) absetzen und dann auf der mächtigen Elbe in nordwestlicher Richtung weiterfahren, bis er auf die vorrückenden alliierten Truppen traf. Für ein Unternehmen dieser Art besaßen wir die nötige Mannschaft, Ausrüstung und Erfahrung. Da gab es nicht nur die ausgezeichnet ausgebildeten Commandos von Navy und Marines, sondern auch eine Unterabteilung der Royal Marine Special Boat Section, die »Cockleshell-Helden«, sowie die Überreste meiner ehemaligen Einheit COPP. Die Anschleichmethoden vom Wasser her, die diese Leute nicht kannten, waren auch nicht der Rede wert.

Für Ortungszwecke besaßen wir die neuesten Karten der Royal Geographical Society. Wir erhielten sie druckfrisch, noch ehe sie sonstwer zu Gesicht bekam. Auf der Rückseite jedes Blattes standen präzise Angaben über die Lage ziviler und militärischer Kontrollposten sowie von Krankenhäusern, Waffenlagern, Luftschutzbunkern, Toiletten und anderen wichtigen Einrichtungen. Daneben verfügten wir über Karten der Admiralität mit zusätzlichen Details, die unsere Spürhunde vor Ort ausfindig gemacht hatten, sowie deutsche Marinekarten, die unsere Freiheitskämpfer nicht nur entwendet, sondern – noch wichtiger – in einer Stromabwärtserkundung bis hinunter zur Elbe auf den neuesten Stand gebracht hatten. Da wir uns bei Nacht bewegen wollten, brauchten wir zusätzliche Informationen: Beispielsweise waren nächtliche Kompaßortungen auf den Seen unmöglich, da die natürlichen Anhaltspunkte nicht zu sehen waren. Wir mußten uns deshalb auf Pfadfinder vor Ort verlassen, die an bestimmten Stellen warteten und uns weiterlotsten.

Mit zunehmender Information bauten wir ein riesiges Reliefmodell der Berliner Wasserstraßen mit einem Diagonaldurchmesser von drei Metern, in das jeder See, Fluß oder Bach, jede Brücke, jeder Kanal und jede Schleuse so präzise wie möglich eingesetzt wurde.

Dann prägten wir uns jedes Detail so ein, daß wir zum Beispiel auch ohne Karte immer wußten, auf welcher Brücke wir uns gerade befanden. Außer Fleming, Susan und mir kannte niemand den genauen Zweck unserer Aktion. Daß wir jemanden in Berlin schnappen und auf dem Wasserwege herausschleusen wollten, war klar, aber die Identität der Zielperson blieb absolut geheim.

Viel Mühe verwandten wir auf die Kajaks, die uns in Bündel verpackt nach Birdham geliefert wurden. In dem einen Paket lag zusammengefaltet die Bespannung mitsamt den Vorratstaschen an ihrer Innenseite und den Dichtungstaschen für jeden Sitz; das andere Bündel enthielt das Holzgerüst, die Paddel, Deckbretter, Seile und so weiter. Hinzu kamen aufblasbare Schwimmvorrichtungen, die an die Bündel festgebunden wurden und nach dem Abwurf über Wasser ein Absaufen verhindern sollten. Das gesamte Einsatzpersonal wurde so lange gedrillt, bis jeder ein Kajak binnen fünf Minuten auf- und abbauen konnte. Dreimal wurde auch nachts und zweimal unter Wasser geprobt. Im Gegensatz zu den robusteren Kajaktypen, die die Special Boat Section benutzte, hätten diese sehr anfälligen Boote (Länge: 3 Meter; Höchstbreite: 75 Zentimeter) im offenen Meer selbst geringem Wellengang und kleiner Windstärke keine Minute standgehalten. Aber für ruhige Flüsse und abgeschirmte Binnengewässer waren sie ideal und so leicht, daß zwei Leute sie notfalls problemlos aus dem Wasser heben und über Landhindernisse tragen konnten.

Je mehr wir trainierten, desto mehr wuchs die gesamte Untersektion zusammen, nicht zuletzt dank Flemings Führung. Nach eigenem Eingeständnis hatte seine körperliche Fitneß unter der Tätigkeit in Zimmer 39 gelitten. Aber das machte er dadurch wett, daß er sich mit unglaublicher Begeisterung in unser hartes und gefährliches Training stürzte, sich oft genug Blasen und Verletzungen zuzog, aber schnell wieder fit und leistungsfähig wurde. Bei unseren unbewaffneten Einzelkämpfen warf ich ihn anfänglich ohne weiteres nieder, aber am Ende schenkten wir uns gegenseitig nichts mehr. Paradoxerweise fiel ihm der Kampf gegen die Wrens schwerer; wegen seiner natürlichen Hemmung konnte er die Mädchen selten hart angreifen, mit der Folge, daß sie ihm oft schwer zusetzten.

Am meisten verwirrte ihn Susan Kemp. Er fühlte sich sehr zu ihr hingezogen, wußte aber nicht so recht, wie er das sehr enge Verhältnis bewerten sollte, das sie offenbar mit mir hatte. Susan fand wie alle Wrens Fleming ebenfalls faszinierend, und die gesalzenen Wortwechsel der beiden ergötzten die ganze Familie.

Als sie eines Abends die Stirn hatte, ihn auf seinen Ruf als Schokoladenmatrose anzusprechen, gestand er ohne weiteres ein, daß man ihn in der Admiralität so genannt habe, konterte aber mit der Frage:»Möchten Sie ein Stück abbeißen?«

Wie aus der Pistole geschossen kam Susans Antwort:»Kommt drauf an: Milch oder Zartbitter?«

Beim Training hatte Fleming noch eine andere psychologische Sperre – beim Einsatz von Schußwaffen nämlich. Auf dem Schießstand ballerte er zwar munter drauflos, aber bislang hatte er sich nie dazu bringen können, jemanden zu töten. Er hatte es zwar versucht, aber nie fertiggebracht abzudrücken. Die Zeit würde uns lehren, wie es damit in Berlin bestellt sein würde.

Obwohl er in Birdham stationiert war, verbrachte er viel Zeit bei seiner 30. AE in Guildford und nicht wenige Tage in London, wo er mit Morton an den strategischen Plänen feilte. Eine Menge schwieriger Entscheidungen mußte im voraus gefällt oder jedenfalls überdacht werden. Was war zu tun, wenn unsere Verbündeten vor oder bei Beginn des Unternehmens, vielleicht sogar während der Flucht über die Havel, davon Wind bekämen? Und wie, wenn Bormann Ärger machte oder gar gefährlich wurde? (Das ließ sich relativ einfach lösen: Unsere Ärztin Jenny Wright würde ihm eine Beruhigungsspritze verpassen.) Was, wenn die Freiheitskämpfer entdeckten, wer unser Gefangener war? Sollten wir notfalls Bormann einfach umbringen und unsere Haut zu retten versuchen? (Die Antwort darauf lautete entschieden: Nein – jeder von uns war verzichtbar, Bormann aber auf gar keinen Fall.) Derartige Fragen wurden in unserer Führungsgruppe eingehend debattiert; hatte Fleming dann eine Entscheidung getroffen, wurde sie Teil der Einsatzregeln, deren strikte Durchführung mir dann formell oblag.

Während der ganzen Trainingszeit wurden Flemings persönliche Tarnung und Sicherheit mit ausgeklügelten Maßnahmen gewahrt. Für die gesamte übrige Aufklärungswelt befand er sich immer noch bei den Marine-Feindnachrichtenabteilungen des Commonwealth in Indien, Fernost, Australien und Neuseeland. Gelegentlich flog er auch mal nach Jamaika. In keinem amtlichen Dokument gab es auch nur eine Andeutung darüber, daß er von einer Basis bei Portsmouth aus eine streng geheime Operation befehligte.

In die von Morton entworfene Führungsstruktur fügten er und ich uns problemlos ein. Wie beim Geschwader-Commodore auf einem Kriegsschiff lag das strategische Gesamtkommando bei Fleming, aber ich als Einsatzkommandant führte die Untersektion ohne jede Einmischung von oben. Wir kamen von Anfang an gut miteinander aus, und im Laufe der Wochen entwickelte sich unser Verhältnis zu echter Freundschaft und gegenseitiger Achtung. Der Altersunterschied von sechzehn Jahren war Nebensache. Oft verbrachten wir im Pub fröhliche Abendstunden damit, uns gegenseitig mit unserer Genealogie auszustechen. Fleming stammte einerseits von John of Gaunt[1] und andererseits von den alten schottischen Königen ab. Mein Stammbaum hingegen reichte über die Bankiersfamilie Coutts zu Robert Creighton, im 17. Jahrhundert Bischof von Bath und Wells, zurück. Auch Red Comyn, den Robert the Bruce erschlagen hatte, und Karl der Große tauchten in meiner Ahnenreihe auf. Auf der mütterlichen McQuarrie-Seite ließ sich die Linie zu einem Großonkel zurückverfolgen, Lachlan Macquarie, der Gouverneur Südaustraliens gewesen war. Schließlich konnte ich auch noch König MacAlpine von Schottland aufweisen. Als wir Red Comyn als gemeinsamen Ahnherrn entdeckten, brachen wir in ungläubige Rufe des Erstaunens aus.

---

1 Herzog von Lancaster und später von Aquitanien; spielte im 14. Jahrhundert aufgrund seiner umfangreichen Besitzungen eine bedeutende Rolle am englischen Hof. (Anm. d. Übers.)

In den ersten Wochen war mir Flemings Charakter ein Rätsel. Dann sah ich eines Tages einen Film, in dem Leslie Howard als Scarlet Pimpernel brillierte. Plötzlich spürte ich die außerordentliche Affinität meines Chefs mit der Gestalt auf der Leinwand. Mit seinem Gestotter, seiner Arroganz, seiner Upper-Class-Haltung und seinem Snobismus war Fleming in vielerlei Beziehung ein typischer Old Etonian. Aber nach und nach merkte ich, daß er – vielleicht aus Scheu – diese Merkmale zur Tarnung seiner Person absichtlich übertrieb und sich unter seinem etwas ruppigen Äußeren ein warmherziger, hilfreicher, entschlossener und tapferer Mann verbarg. Mit anderen Worten, er war eine moderne Ausgabe von Sir Percy Blakeney, dem stutzerhaften und scheinbar nichtsnutzigen Aristokraten illustrer Abstammung mit seinem albernen Gelächter und aufreizenden Gestotter. Im Roman der Baronin Orczy rettete er während der Französischen Revolution äußerst verschlagen und unglaublich mutig französische Adlige. Oberflächlich betrachtet mochte man Fleming zwar für einen Schokoladenmatrosen halten, aber hinter dieser harmlosen Fassade wurde deutlich, daß er zur Führung der gefährlichsten Geheimunternehmen fähig war. Er war der Aristokrat, der die Operation James Bond anführte, ich war sein Gefolgsmann, der Sir Andrew Foulkes unserer Tage.

Voller Begeisterung über meine Entdeckung ließ ich meine Schwester ein besonderes Siegel anfertigen, das eine kleine, sternförmige Blume darstellte. Bei nächster Gelegenheit, als Fleming in Birdham ein Papier unterschrieb, fragte ich ihn, ob ich das Siegel aufdrücken dürfe. Ich entzündete ein Streichholz, hielt es an den Docht der Siegelwachsstange und drückte dann den Stempel in die Wachstropfen auf dem Papier.

Er schaute hin und murmelte: »Großer Gott! Was hat dich bloß auf *die* Idee gebracht?«

Er wußte es aber genau. Bis dahin war ihm nie aufgegangen, daß er eine Reinkarnation von Sir Percy Blakeney war, aber in dem Moment, da ich die Wahrheit enthüllt hatte, begann ein völlig neues Verhältnis zwischen uns.

Eines Abends setzten wir uns mit einem Glas Cognac vor das Kaminfeuer in der Bibliothek und lehnten uns in die auf den Dielen aufgestapelten Kissen. »Du bist zu verschlossen, Christopher«, fing er an. »Es ist immer besser, wenn man die Dinge rausläßt und mit jemandem bespricht, dem man traut, weil er einen mag. Also, wie war das mit K-XVII?«

K-XVII! Seit Dezember 1941 hatte ich den Namen nicht mehr gehört. Die ganze, schreckliche Episode war mir durch den Kopf geschossen, als ich Churchill im »Loch im Boden« aufsuchte, aber niemand hatte sie mir gegenüber jemals erwähnt. Jetzt plötzlich war sie wieder da. Bevor ich etwas sagen konnte, fing Fleming an und packte eine ganze Menge Details aus.

»Fünf Minuten nach Mittag, am 28. November 1941, nähert sich das niederländische U-Boot K-XVII unter Befehl von Korvettenkapitän Besançon einer Position im Pazifik, 43° 30' nördlicher Breite und 155° 20' östlicher Länge, rund 280 Meilen nordöstlich der Tankanbucht in Japan. Dort sichtet es eine Flotte japanischer Kriegsschiffe, die einen dreischenkligen Zickzackkurs fahren. Kapitän Besançon berechnet daraus einen Echtkurs von 88°. Damit treffen sie nach 800 Seemeilen auf Hawaii und Pearl Harbor...«

Ich starrte ihn sprachlos an. Woher wußte er das alles? Dann merkte ich, daß er mit den Fingern auf die Dielen trommelte. Er schlug die Morsezeichen für »NC6« an, ohne Trennzeit zwischen den Buchstaben und der Nummer, wie beim Seenotruf SOS. Dennoch erkannte ich sofort den Takt eines vertrauten Geheimcodes: die Kennung meines Marineführungsoffiziers bei der Operation SUBEND.

»Ja, Christopher«, sagte Fleming leise. »Ich war dein Führungsoffizier. Ich war NC6. Ich hab' bei dir auf den Knopf gedrückt. Aber ich kannte dich nicht, und auch nicht deine Seite der Geschichte.«

Ich erzählte ihm also, was vorgefallen war. Ich erzählte ihm, wie ich die Vernichtung von K-XVII samt Besatzung mit ansah, mit der ich in den Tagen davor so gute Bekanntschaft geschlossen hatte. Ich schilderte ihm, wie auf meine Weisung hin mit Cyanid und hochexplosivem Sprengstoff gefüllte Behältnisse an Bord genommen worden waren – getarnt als Weihnachtsgeschenke von Königin Wilhelmina und unserem Admiral der U-Boot-Flotte, Sir Max Horton. Vom sicheren Beobachtungsposten eines Berwick-Flugbootes aus hatte ich dann zugesehen – das Flugboot erschauerte plötzlich –, wie in einer gewaltigen Explosion riesige Wasserfontänen, vermischt mit Trümmern von Vorratskisten, menschlichen Gliedmaßen, Öl und allerlei Ausrüstungsgegenständen hochschossen. Es war, als hätte ein gigantisches Meeresungeheuer unter Wasser ein U-Boot verschlungen, seinen menschlichen und mechanischen Inhalt zerkaut und dann urplötzlich wieder ausgespien. Ich fragte mich, wie lange das Öl die Haie fernhalten werde. Ich fragte mich, wie viele niederländische Mütter und Väter um ihre jungen Söhne trauerten. Vor allem aber fragte ich mich, was sie sagen oder tun würden, wenn sie erführen, daß ihre tapferen U-Boot-Männer nur deswegen ihr Leben lassen mußten, weil die höchsten Verantwortlichen in England und Amerika nicht sicher waren, ob sie den Mund halten würden.[2]

Jetzt, in Birdham, übermannte mich die Erinnerung, ich konnte meine Tränen nicht zurückhalten und lag völlig zerschlagen auf dem Fußboden.

Fleming war sofort auf den Beinen. Eilig holte er mir einen weiteren Cognac und setzte sich neben mich.

»Um Himmels willen, Junge«, sagte er. »Nimm es doch nicht so schwer, mein lieber Kamerad.«

Dann, als wolle er mich trösten, offenbarte er mir, daß er nicht nur bei der Leitung des Unternehmens, sondern auch an der anschließenden Vertuschung mitgewirkt habe. Er sagte mir, er habe Königin Wilhelmina in ihrem Exil bei Reading anrufen und ihr den Vorfall erläutern, außerdem die Akten beim Navy-Oberbefehlshaber Fernost frisieren müssen.

Flemings Energie und Intelligenz feuerten alle in Birdham an, nicht zuletzt, weil er sich die Mühe machte, jeden einzelnen – Engländer, Franzosen, Deutsche – kennenzulernen und sich erzählen zu lassen, woher er kam und was ihn bewegte. Da er ausgezeichnet deutsch sprach, konnte er sich mit den Freiheitskämp-

2 Zum Hintergrund dieses Vorfalls vgl. Anhang.

fern in ihrer Muttersprache unterhalten. Damit gewann er ihr besonderes Vertrauen. Unter seiner festen, aber gütigen Führung blühten die einzelnen auf. Zu Susans fähigsten Wrens gehörte Caroline Saunders, Dritter Offizier. Der lange, empfindsame Rotschopf schien fast nur aus Armen und Beinen zu bestehen, war alles in allem attraktiv, aber ein wenig knochig wie ein ausgewachsenes Füllen. Mit ihren zwanzig Jahren war sie so alt wie ich. Kürzer geraten und (mit sechsundzwanzig) älter, aber nicht minder einsatzstark, war die sommersprossige, braunhaarige Oberärztin Jenny Wright. Sie war mit allen Commando-Wassern gewaschen, gleichzeitig eine überlegt handelnde Ärztin und bestach ihre Umgebung mit urplötzlichen Humorausbrüchen. Eine ausgezeichnete Kraft auf der Nachrichtenseite war Penny Wirrell, Dritter Offizier, eine kleine und eichhörnchenhafte Schottin mit neugieriger Spitznase und Maushaar. Sie verstand ihr Geschäft und bewachte eifersüchtig jedes Stück ihrer Ausrüstung.

Bei den Freiheitskämpfern hatte Israel Bloem in seiner Stellvertreterin, Hauptmann Hannah Fierstein, eine bewundernswerte Stütze. Nur knapp 1,50 Meter groß, hatte sie die Figur eines Püppchens und wirkte fast immer wie eine nichtsnutzige Schulgöre, obwohl sie mit sechsundzwanzig zu den ältesten zählte. Die Philosophieabsolventin der Sorbonne war im unbewaffneten Kampf und in der Waffenbeherrschung ein As. An Zähigkeit nahm sie es mit allen auf. Einmal, als Bloem ihr wegen unhöflichen Betragens eins überzog, wurde sie in der Sektion augenblicklich berühmt – sie griff prompt nach seinem Stock und schlug zurück.

Von der äußeren Erscheinung her auffälliger war Leutnant Christa Shulberg, die trotz ihres Namens keine Jüdin war. Mit ihren eins sechzig, dem silberblonden Haar und der Wespentaille glich sie einer nordischen Amazone. Sie vereinigte große Kraft und Ausdauer mit einnehmender Weiblichkeit. Sie war kraftvoll und doch sanft, entschlossen und doch gehorsam und stets auf das Wohl der anderen bedacht – was sie einmal während einer Handgranatenübung unter Beweis stellte.

Wir übten mit Plastikhandgranaten vom Typ 62. Man zündete sie, indem man eine Kapsel abschraubte und das darunterliegende, mit einem Gewicht versehene Band abrollen ließ. Dadurch wurde eine Metallkugel freigesetzt, die einen elektrischen Kontakt schloß und damit die Zündung auslöste. Ein blutjunger Commando-Kämpfer hatte die Kapsel abgeschraubt, die Handgranate fallen lassen und nun, vor Panik bewegungsunfähig, nur noch angestarrt. Wäre sie explodiert, hätte sie gut und gern alle Anwesenden töten können. Aber Christa warf sich auf sie, hielt das Band fest und schrie allen anderen zu, sie sollten in Deckung gehen. Dann stand sie auf, wickelte das Band wieder fest ins Innere und schraubte die Kapsel drauf. Nachdem sie die Handgranate langsam und vorsichtig wieder im Arsenal verstaut hatte, traktierte sie den Übeltäter mit dem Stock, bis er wieder zu sich kam, brach dann in Tränen aus und rannte weg. Später meldete sie sich bei Bloem zum Rapport wegen Schlagens eines Untergebenen. Da er nicht wußte, ob er sie verhauen oder für eine Tapferkeitsmedaille vorschlagen sollte, entschloß er sich, beides zu tun.

Mitte Februar befahl Bloem vier von seinen Leuten, die schon in der Nähe des Großen Müggelsees in Berlin waren, mit der ortsansässigen Bevölkerung verstärkt Kontakt aufzunehmen und mögliche sichere Unterkünfte ausfindig zu machen, in denen der Haupttrupp bei der Ankunft Unterschlupf finden konnte. Außerdem sollten sie den Zustand der Wasserstraßen erkunden und nach England berichten. Ihre Funkrufe setzten sie an Relaisstationen in Westdeutschland ab.

Unablässig kamen in Birdham Informationen an, nicht nur aus Berlin, sondern von Agenten in ganz Europa, innerhalb und außerhalb der noch von den Deutschen gehaltenen Gebiete. Meistens führte Fleming die Morgenbesprechung, auf der die neuen Erkenntnisse diskutiert wurden. Oft auch leitete Morton sie persönlich. Für ihn stand immer ein Schlafraum und ein Büro bereit, und häufig blieb er über Nacht. Mit sichtlichem Vergnügen wartete er nach dem Abendessen in der Regel mit einer Geistergeschichte auf. Dabei störte es ihn offenbar überhaupt nicht, daß die meisten Zuhörer sie schon x-mal gehört hatten. Eine Lieblingsgeschichte spielte in einem Landhaus, das er selbst erworben hatte – obwohl mehrere frühere Bewohner im nahen

See Selbstmord begangen hatten. Als er einmal dort übernachte-
te, habe er einen Alptraum gehabt, bei dem etwas sehr schnell auf
ihn zuzukommen schien. In die Ecke getrieben und unfähig zur
Flucht, sei er schweißgebadet aufgewacht. Einer Eingebung fol
gend, sei er durch den Flur gegangen, um sich die Liste der früheren Hausbewohner anzusehen – dabei stellte sich heraus, daß
nunmehr am Ende auch sein Name stand. Er habe umgehend seinen alten Freund, Reverend C.C. Martindale SJ, hergerufen und
gebeten, den bösen Geist zu exorzieren. Als der Priester die Worte:»Im Namen des Vaters, *hinweg!*« rief, hätten sie einen Schrei
gehört, gefolgt von einem Platschen im See – und danach habe es
nicht mehr gespukt.

Der Sonntag, 4. März 1945, war ein rabenschwarzer Tag. Ein Son-
derbote brachte Susan ein streng geheimes Priorität-eins-Päck-
chen, das eine österreichische Widerstandsgruppe geschickt hatte und eine unter Eid zu Protokoll genommene Aussage von
Hans Gerhardt enthielt. Gerhardt, Student und früheres HJ-Mit-
glied, hatte seinerzeit Patricias Folterung und Tod miterlebt. Die
vierundzwanzigseitige Aussage enthielt Ort, Datum, Uhrzeit,
eine vollständige Schilderung des Vorgangs sowie die Namen und
Ränge der SS-Schergen.
Susan war schwer schockiert, gleichzeitig voller Bewunderung
für Patricias Tapferkeit. Einerseits hätte sie die scheußlichen
Details am liebsten nie erfahren, andererseits war sie aber auch
froh, denn nun lag für jeden zum Lesen Ermächtigten auf der
Hand, welche Leistung Patricia vollbracht hatte.
Ich las das Protokoll ebenfalls. Bar jeder Empfindung, verfaßte
ich meinen Bericht und meine Empfehlungen, darunter eine, die
auch jeder andere gegeben hätte. Nie hätte ich gedacht, daß ich
eines Tages so ruhig am Schreibtisch sitzen und über meine
Geliebte schreiben würde:»Ich schlage den Zweiten Leutnant
Patricia Falkiner für das Sankt-Georgs-Kreuz vor.« Jetzt aber
schrieb ich genau diese Worte und empfahl sie damit für die höchste Tapferkeitsauszeichnung, die eine Frau erhalten konnte. Ich
fügte meinem Bericht eine Kopie von Gerhardts Aussage bei und
schickte ihn Morton.

Unter sechs Augen sagte ich zu Fleming und Susan, wenn unser Unternehmen und der Krieg vorbei seien, würde ich Morton um eine Untersektion bitten, mit der ich den Standartenführer und seine Bande zur Strecke bringen könne. Ihre Namen kannten wir nunmehr. Fleming war ebenfalls der Meinung, daß die SS-Mörder zur schlimmsten Verbrechersorte gehörten und vor Gericht gestellt werden müßten.[3]

Am folgenden Tag, es war Montag, der 5. März, nahm ein deutscher Kurier mit Caroline Hurst, Dritter Wren-Offizier, in Zürich Kontakt auf; Caroline war ein ungewöhnlich intelligentes und attraktives Mädchen und hatte in Cambridge einmal in der Zweierregatta gesiegt. Während des vergangenen Jahres hatte sie in Spanien und Portugal Dienst getan und großen Unternehmungsgeist und Mut bewiesen. Vor kurzem war sie zu unserer Untersektion in der Schweiz gestoßen, wo sie sich als Freundin von mir ausgab. Nun trat der Kurier an sie heran mit dem Vorschlag, ich solle wieder nach Deutschland kommen und erst Ribbentrop, dann Bormann treffen, der offenbar Interesse für die Vorschläge des Reichsaußenministers gezeigt hatte. Treffpunkt sollte Berlin sein.

Die Nachricht löste bei der Sektion M sofort emsiges Treiben aus. Binnen einer knappen Stunde waren Morton, Fleming und ich uns einig, der Aufforderung Folge zu leisten. Gleichzeitig beschlossen wir aber, unverzüglich eine Vorausaktion einzuleiten. Zwei Tage vor unserer Abreise sollte die Gruppe JBV (»James Bond Vorauskommando«) mit dem Fallschirm über dem Müggelsee abspringen, der erste Trupp der Sektion M also in Berlin Stellung beziehen.

Zum Vorauskommando sollten auch zehn Männer und Frauen von den Deutschen Freiheitskämpfern gehören, von denen fünf in der Stadt aufgewachsen waren. Hinzu kamen eine zwanzigköpfige Mannschaft von den Royal Marine Commandos des Spe-

---

3 Nach dem Krieg gelang es der Sektion M tatsächlich, den Standartenführer ausfindig zu machen. Er befand sich bereits wegen anderer Verbrechen in Haft und wurde schließlich von einem Sondergericht zum Tode verurteilt.

cial Boat Service (davon fünf Minenräumspezialisten) sowie zehn operative Wrens und Navy-Commando-Leute der Sektion M selber – alles in allem fünfzig Männer und Frauen mit zwanzig Kajaks und der einschlägigen Ausrüstung. Als erstes mußten sie mit dem Fallschirm sicher im See landen, Schlupfwinkel ausmachen und mit Birdham Funkkontakt aufnehmen.

Die zwei Männer und zwei Frauen, die Bloem vor Ort angeworben hatte, hatten ihnen hervorragend den Weg geebnet. Dieses starke Quartett hatte im vergangenen Monat fast jeden Quadratmeter des Müggelsees, seiner Inseln, seiner Nebenwasserwege, Wälder und umliegenden Wohngebiete erkundet. Ihr besonderes Interesse hatte dem Berliner Vorort Rahnsdorf am südöstlichen Seeufer gegolten, wo die Spree in eine Vielzahl kleinerer Teiche und Kanäle mündete.

Verstecke für Kajaks und andere Boote gab es in diesem Gebiet massenweise. Hier hatten die Vorausspäher auch den besten Kontakt zur Ortsbevölkerung gefunden und fast fünfzig Leute rekrutiert, die bereit waren, aktiv Hilfe zu leisten. Desgleichen war es ihnen gelungen, auf einem der bewaldeten Hügel über dem Nordufer des Sees Freunde zu gewinnen. Dort bot ein bestimmtes Haus nicht nur einen glänzenden Überblick; es eignete sich auch ideal für die Unterbringung des Langstreckenfunkgeräts, das der JBV-Trupp mitbringen sollte.

Nach den Berichten des Erkundungstrupps bildeten Minen und Blocksperren ein besonderes Problem, und zwar sowohl im Müggelsee als auch in den Flüssen und Kanälen, die mit Pfählen und anderen Hindernissen bespickt waren. Unsere Späher hatten die Gefahrenzonen in dem großen See nach besten Kräften gekennzeichnet, bedurften aber zur weiteren Klärung der fachkundigen Hilfe. Desgleichen hatten sie die abgeworfenen Vorräte versteckt: Wir hatten große Mengen Büchsennahrung zur Verwendung an Land sowie kleinere Packungen eingeschmuggelt, die sich für die Verladung in die Kajaks eigneten – Corned beef, Büchsenfleisch, Wurst, Bohnen, Trockenei und -milch, Obst in Dosen, Rum, verdauungsfördernde Mittel und so weiter.

Befehligt wurde der JBV-Trupp von Hannah Fierstein. Zwar war das Personal der Freiheitskämpfer, der Sektion M und des SOE gewohnt, daß Frauen das Kommando führten, nicht aber die Royal Marine Commandos und die Männer vom SBS. Dennoch sträubte sich niemand, weil jeder Hannahs außergewöhnliche Fähigkeiten kannte – sowohl im Hinblick auf ihre Leistungen als Einzelkämpferin als auch auf ihre Führungsqualitäten. Morton und Fleming hatten erkannt, daß die Auftaktaktion auf dem Müggelsee umfangreiche Verbindungen mit der ortsansässigen Bevölkerung voraussetzte und darum ganz besonderes Fingerspitzengefühl verlangte. Niemand eignete sich da zur Leitung besser als diese kleine, aber ungemein entschlossene Frau.

Der Abflug des Vorauskommandos war für Donnerstag abend, 8. März, geplant. Am Vorabend machten Fleming und ich bei Einsetzen der Dämmerung unseren üblichen Gesprächsrundgang um das Anwesen in Birdham, als wir plötzlich im Unterholz jemanden schluchzen hörten. Da kauerte Hannah und heulte unglücklich vor sich hin. Als sie uns erblickte, versuchte sie wegzulaufen, aber wir hielten sie auf und fragten, was los sei. Nach einiger Überredung sagte sie, immer wieder von Schluchzen geschüttelt, der Krieg habe schon fast ihre ganze Familie weggerafft. Die SS habe ihre Mutter, ihren Vater und ihre drei Schwestern umgebracht, und sie wisse nicht, was aus ihren beiden Brüdern geworden sei. Dieser schwere Verlust habe sie plötzlich übermannt.

Indem sie über die Tragödie redete, fand sie wieder ihr Gleichgewicht, und auf dem Rückweg zum Haus fragte Fleming, warum sie so weit hinausgegangen sei. Ihre Antwort überraschte und beschämte uns. Als Kommandant des Op. JBV habe sie es für falsch und demoralisierend gehalten, vor versammelter Mannschaft die Nerven zu verlieren. Deswegen sei sie weggegangen, um sich ordentlich auszuheulen und die Trauer abzuschütteln, wie es jeder guten jüdischen Mutter oder Kommandantin zieme.

In der folgenden Nacht, am 8. März, führte sie ihre Gruppe zum Fallschirmabsprung über dem Großen Müggelsee – und kam dabei als einzige ums Leben. Alle anderen entgingen unter Anleitung der wartenden Freiheitskämpfer den Minen und Sperren, aber Hannahs Fallschirmmechanismus hatte geklemmt, und während sie sich krampfhaft zu befreien versuchte, war sie ertrunken. Sofort übernahm ihre Stellvertreterin, die gestrenge Christa Shulberg, das Kommando, und innerhalb einer halben Stunde hatte sich die gesamte Truppe, in kleine Gruppen aufgeteilt, sicher versteckt.

Ebenso wichtig: Das starke Kurzwellenfunkgerät wurde in dem sicheren Unterschlupf auf dem bewaldeten Hügel am Nordufer aufgebaut. Über eine Relaisstation stand schon bald der Kontakt zu Birdham. Sektion M hatte in Berlin Fuß gefaßt. Aber der Verlust einer unserer Besten gleich zu Beginn des Unternehmens war ein harter Schlag.

10

IN DEN RUINEN DES REICHES

Am Sonnabend, dem 10. März 1945, flogen Fleming und ich nach Madrid und von dort nach Zürich. Der zweite Hopser, der teilweise über das nördliche Mittelmeer führte, bescherte uns einige Sorgen. Weit unter uns patrouillierte die Royal Navy, und wir wußten nur zu gut, wie leicht einem Geschützoffizier der Finger am Abzug durchging, wenn ein unidentifiziertes Flugzeug gesichtet wurde.

Mittlerweile standen die Alliierten massiv am Rhein, weshalb sämtliche Zugänge nach Berlin von Westen her blockiert waren. Der Weg durch Bayern wäre ebenfalls gefährlich gewesen. Caroline Hurst hatte deshalb dafür gesorgt, daß uns ein Auto in die liechtensteinische Hauptstadt Vaduz brachte.

Auf den höheren Alpenhängen lag noch dicker Schnee, aber die Täler waren schon frei. Auf den Straßen herrschte wenig Verkehr. Von Vaduz wurden wir über die österreichische Grenze nach Vorarlberg gefahren, wo uns dieselben Beamten des Auswärtigen Amtes begrüßten, die uns schon bei der vorigen Reise in Empfang genommen hatten. Sie holten unsere Waffen-SS-Uniformen heraus, wir zogen sie an, und ich legte meinen üblichen Verband um den Mund. Dann brachten sie uns zu einem Feldflugplatz bei Feldkirch, wo zwei hochflüglige, einmotorige Kleinflugzeuge mit offenem Cockpit warteten.

Fleming und ich starrten sie verblüfft an. Sie trugen die Erkennungszeichen der Luftwaffe und die hervorstechenden schwarzen Balkenkreuze auf dem Rumpf. Dennoch kamen sie uns sehr bekannt vor.

»Lysanders!« rief Fleming. »Aber nein, das kann nicht sein.« Doch sein erster Eindruck hatte nicht getrogen. Es handelte sich tatsächlich um Westland-Lysander-Maschinen Mark 1, die in Dünkirchen erbeutet worden waren. Während des Krieges hatten wir solche Maschinen mit hervorragendem Erfolg dazu verwendet, um SOE-Agenten des Nachts in Frankreich abzusetzen oder von dort herauszufliegen. Da dieses Flugzeug auf sehr kurzen Pisten starten und landen und sehr leise in Baumwipfelhöhe fliegen konnte, war es für verdeckte Aktionen geradezu ideal. Offenbar schätzten auch die Deutschen seine Eigenschaften, denn sie hatten in die zwei Maschinen gleich hinter dem Pilotensitz ein zusätzliches Sitzabteil eingebaut.

Fleming und ich zwängten uns in eines der rückwärtigen Abteile, er vorn, ich hinten, wobei ich die Beine an ihm vorbei vorstreckte. Unsere beiden Begleiter bestiegen die andere Maschine, und los ging's. Wir flogen dicht über dem Talboden zwischen den zu beiden Seiten aufragenden Bergen hindurch. Obwohl man uns mit guten Fliegeranzügen aus Leder ausgestattet hatte, war die Reise ungemütlich kalt, und der Lärm machte eine Unterhaltung fast unmöglich. Am meisten besorgte mich, daß es Fleming in den Fingern juckte, das unmittelbar vor ihm montierte .303 Lewis-MG auszuprobieren. Zumeist folgten wir den Hauptstraßen, landeten gelegentlich auf einer, um einem natürlichen Bedürfnis nachzugehen oder aufzutanken. Wir flogen praktisch auf Nullhöhe in Richtung Nürnberg und Zwickau und nahmen erst beim Anflug auf Berlin etwas Höhe auf.

Als wir über der Stadt waren und auf Tempelhof zusteuerten, beeindruckte uns der Umfang der Zerstörung, die die britischen und amerikanischen Bombenangriffe angerichtet hatten. Hunderte und aber Hunderte Gebäude ragten nur noch als Skelett in den Himmel, Straßenzug um Straßenzug wurde von Kratern und Trümmerhaufen blockiert. Rauch stieg auf, und über Hitlers Hauptstadt schien der Hauch des Todes zu schweben. Ich hatte das Gefühl, als habe der Herr nun endgültig Sodom und Gomorrha heimgesucht. Offenkundig befand sich die Stadt in voller Auflösung, und ein Blick genügte, um zu erkennen, daß eine Untergrundaktion nur auf wenig organisierten Widerstand stoßen würde.

Mehr noch als die Ruinen faszinierten uns die Wasserwege, die wir so eifrig studiert hatten. Sie waren alle da. Auf unserem Weg von Südwesten konnten wir die Havel, den Wannsee, die Spree, die zahlreichen Kanäle sehen. Mitten in der ruinenbestandenen Landschaft zeichnete sich unsere vorgesehene Fluchtroute wie ein helles Silberband ab. Fleming zeigte, unentwegt rufend, mit dem Finger auf die Wahrzeichen, die er erkannte. Aber mich erregte das nicht weiter. Vielmehr empfand ich fast Demut bei der Entdeckung, daß das Wasserstraßensystem – das das Rückgrat unseres Unternehmens bildete – ein Naturphänomen und Werk Gottes war. Außerdem war ich fest entschlossen, absolut kühl zu bleiben und nicht in übermäßige Erregung zu verfallen.

Auf der letzten Schleife vor der Landung gewahrten wir in der Ferne auch kurz den Müggelsee als große, zinngraue Wasserfläche, und während des Landeanflugs dachte ich an Hannah Fierstein. In der letzten Meldung, die wir in England noch erhielten, hatte Christa Shulberg berichtet, daß das JBV gut vorankam; sie hatten einen guten Kontakt zu den Chefs der Anti-Nazi-Gruppen vor Ort aufgebaut, und ihre Kajaks und Waffen lagen bestens versteckt. Auf welchen Zustand das Hitlerreich mittlerweile reduziert war, wurde uns schlagartig bewußt, als unser Pilot die Landung versuchte. Viermal schwebte er ein, und viermal mußte er durchstarten, weil er zwischen den Bombenkratern die benötigte Kurzstrecke nicht finden konnte. Schließlich setzte er die Maschine auf einer Piste außerhalb des Flughafenbereichs auf. Doch als wir Geschwindigkeit verloren, geriet das Steuerbordrad in ein Loch, das Flugzeug machte einen scharfen Knick, so daß die Spitze der rechten Tragfläche abbrach.

Halb erfroren und völlig durchgeschüttelt, sprangen wir eilig heraus. Nach kurzer Wartezeit holte uns ein SS-Offizier in einem riesigen, zerbeulten grauen Mercedes mit zerrissenem und durchlöchertem Stoffdach ab und brachte uns ins Auswärtige Amt in der Wilhelmstraße, etwa fünf Kilometer weiter nördlich. Den Plan von Zentralberlin hatte ich mir so gründlich eingeprägt, daß ich den Fahrer die gesamte Strecke über hätte lotsen können – aber immer wieder mußte er einen Umweg fahren, weil Krater und Trümmer die Straße blockierten. Leichengeruch hing in der Luft.

Das war wohl großenteils die Hinterlassenschaft des letzten Flächenangriffs der Amerikaner, der in der Nacht des 24. Februar stattgefunden hatte. Zivilverkehr gab es praktisch keinen, lediglich Militärfahrzeuge, meist Kräder mit Beiwagen, transportierten allerlei Lasten. Aber überall waren Menschen zu Fuß unterwegs: Greise, Frauen und Kinder mit uralten Kinderwagen und zusammengezimmerten Kisten auf Rädern suchten mitleiderregend nach Nahrung, Wasser und Brennholz. Am liebsten hätten wir angehalten und ihnen von der Schokolade abgegeben, die wir bei uns hatten. Aber der Fahrer fuhr ohne Halt weiter, weshalb wir ihnen zuriefen und ein paar Tafeln auf die Straße warfen. Erschüttert sahen wir, daß sich die Menschen wie Ratten darauf stürzten und sich darum rauften. Uns hatten sie schon vergessen.

Die großen und eindrucksvollen Regierungsgebäude an der Wilhelmstraße waren sämtlich beschädigt, aber als wir außerhalb des Auswärtigen Amtes in einem Bombenloch parkten, kam ein unglaublich schnieker SS-Offizier in Diplomatenuniform heraus. Sein weißer Rock, seine schwarzen Reithosen und auf Hochglanz polierten Stiefel schienen mit der ringsum herrschenden Verwüstung nichts gemein zu haben. Sein gebelltes »Heil Hitler!« und die krachend zusammengeschlagenen Hacken wären der Ehrung eines großen Sieges würdig gewesen. Er geleitete uns am AA-Gebäude entlang und durch die Überreste eines Gartens in Richtung Tiergarten, ließ den Führerbunker zur Linken liegen und führte uns schließlich eine Betontreppe hinunter zu mehreren Stahltüren.

Erst dachten wir, es handele sich hier um den Bunker des Auswärtigen Amts. Erst später entdeckten wir, daß dieses Verlies zur Parteikanzlei gehörte und Martin Bormanns persönlicher Schlupfwinkel war. Innen war alles wie in einem Luftschutzbunker, zu beiden Seiten des Korridors lagen kleine, quadratische Räume, zum Teil mit nackten Betonwänden, doch in einigen Bereichen war der Beton gelb überstrichen worden. Große, rundverglaste Deckenleuchten warfen einen galligen Schein, und unablässig röhrte eine Belüftungsmaschine durch den ganzen Komplex. Wir wurden in einen Betonschlafraum mit zwei Feldbetten gebracht und ließen uns zeigen, was als Toilette gedacht war: ein zellenartiger Alkoven mit einem einzigen Hahn über einem Handwaschbecken und einem Loch im Boden fürs andere Geschäft. Nach halbstündigem Warten kamen zwei SS-Leute und führten uns ins eigentliche Auswärtige Amt hinauf.

Das einst großartige und elegante Arbeitszimmer Ribbentrops hing in Fetzen. Die großen Fenster waren zumeist geplatzt oder fehlten völlig, auf den Möbeln lag eine dichte Staubschicht, und aus einem Loch in der Decke tropfte Wasser. Doch wie der Wächter vor der Tür schien der Reichsaußenminister seine Umgebung nicht zu bemerken und verhielt sich, als sei alles völlig normal. Er trug seine übliche Uniform – weißes Hemd und schwarze Jacke.

Er sah bläßlicher und dünner aus als bei unserer letzten Begegnung, begrüßte uns aber freundschaftlich und führte uns an einen Tisch, auf dem etwas zu essen stand: kalte Wurst, Schwarzbrot und bitter nach Eicheln schmeckender Ersatzkaffee. Nachdem er die andern weggeschickt hatte, kam er schnell zur Sache.

»Alles in Ordnung«, sagte er eingangs. Bormann habe angebissen. Er sei einverstanden, Ribbentrop die fünfundzwanzig Millionen Schweizer Franken zu zahlen. Desgleichen habe er sich zur Einhaltung der von Ribbentrop in Weinheim eingefädelten Abmachung bereit erklärt, wonach Herr Bond und ich zusätzlich zu den bereits in Zürich liegenden 100 000 Pfund weitere 900 000 Pfund erhalten sollten. Jetzt aber werde die Zeit verflixt knapp. Im Osten rückten die Russen immer näher. Die Frage sei, ob wir es wirklich fertigbringen würden, hohe Nazis aus der Falle zu holen, bevor sie zuschnappte.

Wie abgesprochen erklärten wir beide, aus Gründen der Sicherheit könnten wir unsere Pläne erst auf den Tisch legen, wenn unsere Passagiere sie unbedingt erfahren müßten, also unmittelbar vor der Flucht. Ribbentrop hatte offenbar das Gefühl, als wollten wir ihn hinhalten; sein Gesicht nahm einen ungemütlichen Ausdruck an, und er fragte, ob wir ihm irgendwelche Beweise unserer Fähigkeiten geben könnten.

»Sicher«, sagte Fleming. »Ich nehme an, daß man gefahrlos hinausgehen kann?«

»Natürlich«, erwiderte Ribbentrop. »Aber wozu?«

»Werden Sie gleich sehen.«

Der Außenminister rief seiner Sekretärin etwas zu. Wir verließen das Büro, gingen eine Hintertreppe hinunter und ins Freie. Die Wachen an der Tür starrten ihn überrascht an, aber er ignorierte sie und ging auf Flemings Vorschlag weiter mitten in einen Bombenkrater. Dort nahm ich Funkkontakt mit unseren Leuten auf und rief: »JBC an JBV, over.« Sekundenschnell kam die Antwort. »JBV an JBC«, sagte eine Frauenstimme.

Es folgte ein kurzer und bewußt unprofessioneller Austausch von Witzen, als unterhalte sich ein Trupp marodierender und verräterischer Piraten mit einem andern.

»Wie steht's mit deinem Sexleben, Sarah?«

»Stirbt eines natürlichen Todes, danke, Liebling. Hier ist alles dicht.«

»Was, die Eingeborenen?«

»Zum Kuckuck, nein. Dein verflixter Pimmel röchelt. Fühlt sich an wie gallertige Knautsche ...«

Diesen Unsinn hatten wir vorher einstudiert, und jetzt ging er runter wie Öl. Ribbentrop wußte natürlich nicht, daß unsere Genossen nur fünfzehn Kilometer entfernt am Müggelsee saßen, und er konnte auch nicht wissen, daß bislang nur das Vorauskommando in Stellung gegangen war. Aber die Tatsache, daß wir Leute zur Hand hatten, schien ihn ungeheuer zu beruhigen. Er sagte uns, Bormann wolle uns irgendwann nachmittags sehen.

Wieder im klaustrophobieträchtigen Quartier, durchsuchten die beiden uns begleitenden SS-Offiziere unser Gepäck und nahmen unsere Funkgeräte und Handwaffen mit. Als Fleming aufbegehrte, sagten sie, bei der Abreise bekämen wir alles wieder. Dann warfen sie die Stahltür ins Schloß – wir waren Gefangene Nazideutschlands.

Zum ersten Mal schien Fleming beunruhigt. Noch nie habe man ihn eingeschlossen, schon gar nicht ein Feind. Ich hingegen empfand keinerlei Gefühle der Niedergeschlagenheit. Man hatte mich so oft ins Gefängnis geworfen, angekettet und überhaupt windelweich geschlagen, daß ich es kaum noch zählen konnte. Die Bedingungen hier in Berlin waren tausendmal besser als die im Schloß von Cherbourg.

Fleming betrachtete meinen Gesichtsausdruck und las wohl meine Gedanken. Das schien ihm wieder Mut zu machen. »Wenigstens wird es nicht so schlimm wie in Cherbourg«, sagte er. »Nein«, stimmte ich ihm zu. »Nichts kann je wieder so schlimm sein.«

Was ich nicht preisgab war, daß dieser Dienstag, der 13. März, mein einundzwanzigster Geburtstag war. Zum einen hatten wir ohnehin nichts zum Feiern, zum andern unterschied sich das Datum von dem in der Personalakte von Christopher Creighton eingetragenen Geburtstag.

Die lange Untätigkeit lastete schwer auf uns. Dummerweise hatten wir nichts zu lesen mitgebracht, und trotz des Lärms der Ventilatoren wollten wir nicht Tacheles reden – aus Angst, in den Wänden könnten Mikrofone versteckt sein. Da wir nichts anderes zu tun hatten, saßen wir auf unseren beiden Holzschemeln oder lagen auf den Feldbetten und redeten Blödsinn. Zum Glück hatte Fleming vorübergehend das Rauchen aufgegeben, nachdem ihm Susan und Doktor Jenny Wright zugesetzt hatten, wie schädlich es sei.

Endlich hörten wir irgendwann abends Schlüssel in der Tür klappern, danach ein Klopfen. Herein kam ein Mann mittleren Alters, gefolgt von einer jungen Frau. Wir erkannten unseren Besucher sofort wieder, denn in den letzten Wochen hatten wir täglich Fotos von ihm angestarrt: Martin Bormann. In einer Hand hielt er ein dickes Aktenbündel.

Er war kleingewachsen, hatte einen Stiernacken und wirkte mit seinen breiten, mächtigen Schultern fast wie ein Bulle. Sein kurzgeschorenes Haar, das von der Stirn leicht zurückwich, war mit Pomade fixiert, und über seinem linken Auge lag eine vorstehende, häßliche Narbe. Buschige Brauen überschatteten kleine Schweinsäuglein, die hervorragend zu dem Codenamen paßten, den wir ihm verpaßt hatten. Er hatte fast schon eine Hakennase mit breitem Höcker, seine Oberlippe war schmal und grausam. Ich bemerkte, daß er kurze Stummelfinger hatte, die wie sein

Handrücken auf der Rückseite dunkel und dicht behaart waren. Alles in allem erweckte er den Eindruck eines unbegrenzt starken und bösartigen Mannes: Er war um einiges furchterregender als sein Namensvetter in »Pu baut ein Haus«.

Sein Betragen hingegen war sehr zivil. Er sprach leise und wartete nach jedem Satz geduldig, bis die Dolmetscherin die Übersetzung beendet hatte. Fleming tat es ihm nach, denn er dachte, es wäre vielleicht nützlich, wenn er seine fließenden Deutschkenntnisse verborgen hielt.

Ribbentrops Äußerungen fast wörtlich wiederholend, gab Bormann zu, daß der Krieg verloren sei. Auch er wolle irgendwohin fliehen, wo er in Sicherheit sei. Aber er müsse auch sicherstellen, daß niemand eine Hexenjagd beginnen und nach ihm suchen werde. Die Welt müsse ihn für tot halten. Dazu müsse ein Doppelgänger für ihn gefunden werden.

»Sie meinen, Sie haben noch keinen?« fragte Fleming echt überrascht.

»Nein, keinen«, sagte Bormann.

»Aber der Führer hat doch wenigstens einen?«

»Natürlich.«

»Und warum dann nicht Sie?«

Bormann sagte daraufhin, er könne niemandem trauen – seiner jungen Dolmetscherin offenbar aber schon. In seiner jetzigen Stellung sei er Zielscheibe kleinkarierter Eifersucht, und seine Rivalen unternähmen alles, um ihn zur Strecke zu bringen. Jede Anspielung auf einen Doppelgänger oder gar die Suche nach einem hätte unliebsame Aufmerksamkeit erregt und den Verdacht geweckt, er habe etwas Abartiges vor.

»Die Frage ist also«, fügte Bormann hinzu, »ob Sie jemanden auftreiben können, der mir hinreichend ähnlich sieht und einer Prüfung standhält.«

Fleming zögerte, verwies dann darauf, daß uns wohl wenig Zeit für eine Suche bleibe. Das einzige, was er versprechen könne, sei, daß wir unser Bestes täten.

»Ihnen ist klar«, fuhr Bormann fort, »daß der Mann bei unserer Flucht umkommen muß. Seine Leiche muß irgendwo liegen, wo sie mit Sicherheit entdeckt wird. Das bedeutet, daß sie mir genau entsprechen muß – Größe, Gewicht und so weiter –, um einer gründlichen Obduktion standzuhalten.«

»Das sollte kein Problem sein«, meinte Fleming aalglatt. »Auch Ihre Sicherheit in England steht außer Frage. Sie ist gewährleistet. Die einzige Ungewißheit ist, ob wir den Doppelgänger schnell genug finden. Wir werden unser Bestes tun, natürlich.«

Bormann schien damit zufrieden, und das Gespräch wandte sich nun unserer Bezahlung zu. Er versicherte uns, daß unsere Abmachung honoriert werde. Ihm stünde massenweise Geld zur Verfügung, denn er allein habe Zugang zu sämtlichen Auslandsguthaben der Nazis. »Seien Sie unbesorgt«, sagte er zu Fleming. »Ich werde dafür sorgen, daß die restlichen 900 000 Pfund auf Ihr Züricher Konto eingezahlt werden, sobald ich England sicher erreicht habe.«

Bevor er ging, übergab uns Bormann das Paket, das er bei sich trug. Es bestand aus vier dicken Aktendeckeln, die in einem gepolsterten Umschlag steckten. Dessen Öffnung war nur mit weißen Klebestreifen verschlossen. Es war ein sperriges, etwa acht bis zehn Zentimeter dickes Paket und enthielt seine ärztlichen und zahnärztlichen Unterlagen sowie eine Sammlung von Fotos und Berichten über ihn. »Nehmen Sie das«, sagte er. »Sie werden es brauchen. Aber bringen Sie es auch sicher wieder zurück.«

»Ist da alles drin?« fragte Fleming.

»Soweit ich weiß, schon.«

Bormann verabschiedete sich formgerecht und wollte gerade gehen, drehte sich aber im letzten Augenblick noch einmal um und sagte halb grinsend: »Das nächste Mal, Herr Bond, werde ich auf meine Dolmetscherin verzichten.«

Fleming war einen Augenblick wie vor den Kopf geschlagen. Noch ehe er antworten konnte, fuhr Bormann fort: »Jedesmal, wenn ich in den letzten Minuten etwas sagte, habe ich gemerkt, daß Sie alles verstanden hatten, bevor meine Helferin es übersetzte.«

Damit ging er endgültig und überließ uns dem Zweifel, für wen oder was er uns hielt. Glaubte er, daß wir echte Abtrünnige und Verräter waren, oder wußte er, daß wir Geheimdienstleute waren? Aber in beiden Fällen hatte es den Anschein, als habe er beschlossen, seine Zukunft in unsere Hände zu legen.

Bald nach seinem Weggang erhielten wir unsere Funkapparate und Waffen wieder, durften im Freien Luft schöpfen und unseren »Genossen« Bescheid geben. Ein Ruf an den Müggelsee bescherte uns die Mitteilung, daß Christa mit ihren Leuten bei der Ausforschung der Fluchtroute gute Fortschritte machte, die Spree aber an vielen Stellen durch Minen oder andere Hindernisse blockiert sei. Um uns da durchzuschleusen, brauchten sie fachkundige Helfer. Ich versicherte ihr, wir seien bald zurück, und Christa antwortete, uns so in der Nähe zu wissen, erleichtere sie sehr.

Am nächsten Tag machten wir uns auf denselben Umwegen wie auf der Hinreise wieder auf den Heimweg; irgendein Mechanikergenie hatte die abgebrochene Tragfläche der Lysander-Maschine wieder in Ordnung gebracht, und wir flogen im Schleichflug nach Österreich zurück. Dann fuhren wir weiter in die Schweiz und erwischten dort ein richtiges Passagierflugzeug über Lissabon nach Croydon. Die letzte Etappe legten wir wieder als Kuriere des Foreign Office zurück. Unterwegs hatte Fleming Zeit, Bormanns Dossier zu studieren; so fand er über ihn noch viel mehr heraus, nicht zuletzt die Tatsache, daß Bormann früher ein begeisterter Reiter war und sich einmal bei einem Sturz vom Pferd das Schlüsselbein gebrochen hatte.

»Das kompliziert die Sache sehr«, bemerkte Fleming nachdenklich. »Wenn jemand mal ein Skelett ausgräbt und annimmt, es sei Bormanns, wird man nach Beweisen für diesen alten Knochenbruch auf der rechten Seite suchen.«

Während des Flugs offenbarte mir Fleming leichthin, mein »Alter ego«, Marinehauptgefreiter John Davis, sei vor kurzem nach einem von Morton sorgfältig orchestrierten Haftaufenthalt aus Gesundheitsgründen aus der Marine entlassen worden. Seine fiktiven Gesetzesübertretungen seien Legion gewesen – Abwesenheit ohne Urlaub, Tragen falscher Auszeichnungen, generelle Disziplinlosigkeit –, und nun scheide der junge Verräter vollends aus seinem wenig ehrenvollen Dienst aus. Dennoch werde John Davis seine Tätigkeit als Doppelagent fortsetzen. Natürlich würde er das. Während wir nach Norden auf Cornwall zuflogen, fragte ich mich, wer wohl für mich die Haftstrafe in einem Navy-Gefängnis verbüßt hatte – vermutlich irgendein armes Schwein aus der Sektion M.

11

COUNTDOWN

Am Sonntag dem 18. März, waren wir wieder in Birdham und versammelten uns sofort zur Besprechung. Die Zeit wurde allmählich knapp. Zehn Tage vorher hatten die Alliierten mit der Überquerung des Rheins begonnen. Sie stießen schnell nach Osten vor. Die sowjetischen Armeen hatten auf ihrem Vorstoß nach Westen die Oder erreicht. Es lag auf der Hand, daß Deutschland höchstens noch ein paar Wochen durchhalten konnte.

Als erstes beschlossen wir, das JBV sofort um weitere hundert Männer und Frauen zu verstärken, darunter zwanzig Minenräumspezialisten von HMS »Vernon«, um die Freilegung unserer Fluchtroute zu beschleunigen. Die Zusammenstellung der Gruppe war verhältnismäßig einfach, denn unsere Leute waren bestens ausgebildet und jederzeit startbereit. Erheblich schwieriger war es, einen passenden Doppelgänger zu finden. Am besten war natürlich ein Deutscher, und Morton meinte, am ehesten fänden wir ihn in einem Kriegsgefangenenlager. Susan Kemp warf sofort die Frage der Moral auf: Durften wir einen Mann, auch wenn er Kriegsgefangener war, unter falschem Vorwand dazu bringen, sich in Unkenntnis dessen, worauf er sich einließ, zu seinem sicheren Tod freiwillig zu melden? Nun hatte die Sektion M zwar auf die meisten Quizfragen eine Antwort, aber diesmal wurde die Frage vertagt. Täuschung und Doppelbödigkeit hieß das Spiel, das Morton spielte.

Für die zwei nächsten Probleme hatte ich allerdings eine Lösung: Wir mußten uns der Dienste eines erstklassigen Zahnarztes und eines führenden Gesichtschirurgen vergewissern. Der in Mayfair in Park Street 88 praktizierende Mr. A. B. Aldred war ein glänzender Zahnarzt. Er hatte die Zähne meiner Familie behandelt, so weit ich zurückdenken konnte. Wie oft hatte man mich als Kind knieschlotternd zu ihm in die Praxis gebracht? Außerdem hatte er vielen Leuten, auch mir selbst, die Backenzähne für die T-Pille aufgebohrt. Ich bezweifelte keinen Augenblick, daß er nicht nur wie ein Grab schweigen, sondern auch das Gebiß des ausgesuchten Kriegsgefangenen so bearbeiten würde, daß es dem Zahnbild in Martin Bormanns Unterlagen denkbar nahe käme.

Was den Gesichtschirurgen betraf, so hatte ich in meinen frühen Jungenjahren ein Mädchen namens Venora gekannt, deren Vater mit meinem eng befreundet war. Ich erinnerte mich sogar, daß wir einmal – ich war damals zwölf und sie ungefähr sechs Jahre alt – zusammen in der Badewanne geplanscht hatten. Damals pflegten Kinder die Freunde ihrer Eltern mit »Onkel« anzureden, und dieser Ersatzonkel von mir war mittlerweile Commodore und arbeitete als Luftwaffenarzt im Queen Victoria Hospital in East Grinstead. Dort vollbrachte er an schrecklich verwundeten, verbrannten und über und über mit Narben bedeckten Fliegern wahre Wunder. Sein Name war Archibald McIndoe.

Da Fleming und ich mit der Spezialausbildung alle Hände voll zu tun hatten, machte sich Susan auf die Suche nach einem Doppelgänger. Ungeachtet ihrer moralischen Skrupel fuhr sie ohne Zögern mit dem Bormann-Dossier nach East Grinstead zu McIndoe. Der großgewachsene, freundliche und aufgeschlossene Neuseeländer war nicht nur ein äußerst geschickter Chirurg, sondern auch ein begeisterungsfähiger Mann mit einem großen Herzen. Als Susan die Badeszene erwähnte, lachte er schallend und war im Nu für das bizarre neue Vorhaben gewonnen. Er warnte jedoch, normalerweise lasse sich mit plastischer Chirurgie kein Gesicht so weit bringen, daß es wie ein anderes aussehe. Was immer er auch ändere, es blieben immer Unterschiede zurück, möglicherweise sogar äußerst problematische. Andererseits sehe eine Totenmaske nie so aus wie das lebende Gesicht, was seine Aufgabe wiederum vereinfache. Würde ein einigermaßen guter Doppelgänger gefunden, brächte er es vielleicht fertig, dessen

Gesichtszüge so zu verändern, daß sie im Tode denen Bormanns ziemlich ähnlich sähen. Nachdem McIndoe das Bormann-Dossier, vor allem die Fotos, geprüft hatte, erhielt Susan von ihm eingehende Angaben über den benötigten Gesichtstyp. Sie setzte sofort heimliche Anfragen in Gang, nicht nur im Vereinigten Königreich, sondern auch in Kanada, wo es viele deutsche Kriegsgefangene gab. Während in Großbritannien die Suche anlief, flog sie selbst nach Toronto und veranlaßte die Behörden, ihr Gefangene mit ungefähr den richtigen Maßen vorzuführen, um sie persönlich zu inspizieren.

Noch ehe ein Kandidat gefunden war, erhielten Fleming und ich eine unerwartete Aufforderung. Am 19. März kam eine Funkmeldung aus Reims, wo sich vorübergehend das Oberste Hauptquartier der Alliierten Expeditionsstreitkräfte (SHAEF) befand: Oberbefehlshaber General Dwight D. Eisenhower wolle uns unverzüglich sprechen. Das überraschte uns.

Zwar waren wir beide während des Krieges mehrfach mit Ike zusammengetroffen – ich zum letzten Mal vor einem Jahr anläßlich des Fiaskos bei Slapton Sands –, aber was er von uns in dieser Phase des Krieges wollte, war uns schleierhaft.

Jedenfalls flogen wir am nächsten oder übernächsten Tag in einer RAF-Maschine nach Reims und wurden von der amerikanischen Militärpolizei ins Collège Moderne et Technique gefahren, in dem SHAEF untergebracht war. Ohne weiteren Aufenthalt wurden wir in den ersten Stock geführt, wo uns Eisenhowers Stabschef, General Walter Bedell Smith, auf dem Treppenabsatz begrüßte. Er führte uns in ein Zimmer, das früher offenkundig als Unterrichtsraum gedient hatte.

Eisenhower war wie immer freundlich, und auch sonst hatte er sich nicht verändert: ein bißchen aufgedunsen im Gesicht, aber kraftsprühend, stets am Ball und von beeindruckender Detailkenntnis. Er lud uns zu einer Tasse Kaffee ein und kam geradewegs zur Sache.

»Okay, Jungs, was treibt ihr so?« fing er an.

»Ach, nichts Besonderes, General«, kniff Fleming.

»Quatsch, Ian! Mir macht ihr nichts vor.«

Mir sträubten sich die Nackenhaare, als ich Eisenhower sagen hörte, er wisse aus zuverlässiger Quelle, daß Churchill die Wiedererlangung gestohlener Nazischätze im Ausland plane. Als er auch noch völlig ungeniert die Sektion M und die Operation James Bond erwähnte, hatte ich das Gefühl, daß man mir die Verblüffung ansah. Fleming, der neben mir saß, blieb scheinbar ungerührt, aber ich spürte, daß auch er es als Schlag in die Magengrube empfand.

Eisenhowers Ton war zwar nicht aggressiv, aber absolut entschlossen. Er sagte unverblümt, bei einer Sache, bei der wie hier die britischen Interessen überwögen, traue er weder Churchill noch Morton über den Weg. Er wolle sichergehen, daß wiederbeschaffte Gelder, Kunstwerke oder Immobilien ausnahmslos den rechtmäßigen Besitzern zurückgegeben würden und nicht etwa in britischen oder genauer: Churchillschen Tresoren verschwänden. Wir versicherten ihm, genau dazu hätten sich Churchill und Morton verpflichtet. Wir gaben ihm unser Wort darauf, alles in unserer Macht Stehende für eine gerechte Regelung zu tun. Eisenhower entgegnete, er zweifle zwar nicht, daß wir es ehrlich meinten, aber die weitere Entwicklung liege nicht in unserer Macht; so ehrenwert unsere Absichten seien – sie würden von höherer Stelle überstimmt. Als Oberstem Befehlshaber in Europa liege die höchste Aufsicht über alle Operationen auf diesem Kriegsschauplatz bei ihm, und sein Wort könne nur durch eine gemeinsame Entscheidung des britischen und amerikanischen Generalstabs überstimmt werden. Op. JB sei eindeutig ein europäisches Unternehmen und falle damit unzweifelhaft in seinen Zuständigkeitsbereich. Er befehle uns deshalb, ihn über alles, was wir täten, auf dem laufenden zu halten.

Um für einen ungehinderten Informationsfluß zu sorgen, habe er einen persönlichen Verbindungsoffizier ernannt, der sich für die Dauer von Op. JB bei der Sektion M aufhalten werde. Es handle sich um Kapitänleutnant B. W. Brabenov, einen Geheimdienstoffizier mit langer Erfahrung sowohl im Außendienst als auch auf der Leitungsebene. Er beschrieb den Agenten als »Feuerball« teils russischer, teils deutscher Herkunft, der beide Sprachen als Muttersprache beherrsche.

Wir hatten keine Ahnung, daß Ike uns über den Löffel zu barbieren versuchte; noch weniger wußten wir, welch sagenhaften Trumpf wir mit diesem Kapitänleutnant Brabenov in die Hand bekamen.

Wir kehrten nach England zurück. Als Churchill von Morton tags darauf Flemings Bericht über unsere Begegnung erhielt, ging er in die Luft. Was ritt den Frechdachs Ike zu insinuieren, er, der Premierminister Großbritanniens, plane, die Nazitresore zum eigenen Vorteil auszurauben! Churchill war wütend, daß die Amerikaner von der Operation überhaupt Wind bekommen hatten. Da sie dazu neigten, Geheimnisse überall auszuplaudern, hatte er alles darangesetzt zu verhindern, daß sie davon erfuhren. Wie gewohnt, schüttete er seinen ganzen Ärger über seinen Geheimdienstchef aus.

Morton wies darauf hin, diesmal hätten nicht die Amerikaner geplaudert; das Geheimnis müsse vielmehr von britischer Seite verraten worden sein. Churchill, der zornig auf seine Chance gewartet hatte, sprang sofort darauf an.

»Genau!« brummte er wütend. »Sie sind doch mein Sicherheits- und Geheimdienstmann. Wenn nun unser tödliches Geheimnis den Weg zu General Eisenhower gefunden hat, wessen verdammter Fehler ist es dann, wenn nicht Ihrer, he?«

Der Premierminister verlangte einen schriftlichen Bericht von maximal einer Seite, wie es zu der Indiskretion gekommen sei. Doch Morton, der solche Stürme schon oft durchgestanden hatte, hielt den Kopf gesenkt und lächelte nur mehrdeutig vor sich hin. Natürlich war er es, der die Information an die Amerikaner gegeben hatte. Er hielt es für besser, daß sie Bescheid wüßten. Wenige Tage zuvor hatte er insgeheim sein Pendant auf amerikanischer Seite, den OSS-Chef (Office of Strategic Services) General W. J. »Big Bill« Donovan, unterrichtet, und dieser hatte sowohl Eisenhower als auch Präsident Roosevelt in Kenntnis gesetzt.

Im weiteren Verlauf des Tages ereilte Fleming und mich eine weitere, nicht gerade willkommene Überraschung. Morton rief uns in sein Büro im Ministerium für Öffentliche Arbeiten und sagte, wenn wir für die Endphase von Op. JB nach Deutschland gingen, würden sich unserer Truppe noch zwei Heeresoffiziere anschließen. Nach der Landung würden sie sich für eine eigene Spezialaktion absetzen, benötigten aber den Begleitschutz von zwanzig unserer verläßlichsten Marine Commandos. Über ihren Auftrag ließ er uns im dunkeln, sagte aber, sie besäßen keinerlei Commando-, ja nicht einmal eine Kampfausbildung. Desgleichen seien sie nicht ermächtigt, auch nur das Geringste von Op. JB zu erfahren; sie kämen lediglich in die Sektion, um bei uns ausgebildet, nach Deutschland gebracht und am richtigen Ort abgeliefert zu werden.

Nach diesen Worten ließ Morton zwei Männer hereinbringen und stellte sie uns vor. Der eine war der damals achtunddreißigjährige Major Anthony Blunt. Er trug die Uniform der Heeresfeldpolizei und sagte, er sei dem MI 5 zugeteilt. Der andere war Roger Hollis. Er erschien in einem Kampfanzug mit den Abzeichen eines Hauptmanns vom Army Intelligence Corps, war etwas älter als sein Kollege und wurde uns als Laufbahnoffizier beim MI 5 vorgestellt. Beide, sagte Morton, sollten nach Birdham kommen und während der noch verbleibenden Zeit mit uns üben.

Blunt war groß, aber schmächtig und zerbrechlich. Ich fragte mich sofort, wie er wohl unsere knallharte Ausbildung durchstehen sollte, ganz zu schweigen vom Einsatz selbst. Alles an ihm war zerfahren: Die Haare waren zu lang, die Krawatte schlaff, und seine Uniform sah aus, als komme sie gerade aus der Mangel. Fleming und ich empfanden sofort Widerwillen gegen ihn und dachten, er werde nur stören. Hollis hingegen war gut gebaut und tadellos gekleidet; er wirkte zäh und sah aus, als könne er problemlos auf sich selber aufpassen – obwohl er viel hustete, als habe er's mit der Lunge –; er schien freundlich und ausgesprochen umgänglich. Der Unterschied zwischen den beiden zeigte sich sofort in der Art, wie sie auf die Mitteilung reagierten, daß sie dem Befehl eines fast zwanzig Jahre jüngeren Mannes unterstellt sein würden. »Klasse«, sagte Hollis zu Morton. »Von dem werde ich sicher eine Menge lernen können.« Blunt hingegen schmollte: »Der ist doch noch ein Kind. Was kann der mir schon beibringen?«

In Birdham warf sich Hollis mit Leib und Seele in unser Training, aber Blunt gab sich überhaupt keine Mühe, kam ständig zu spät oder fehlte überhaupt. Innerhalb von ein, zwei Tagen hatte er sich zu einem ausgewachsenen Störfaktor entwickelt, der unser Programm durcheinanderbrachte. Dann, während einer Übung im unbewaffneten Kampf, war er unversehens unserer hübschen kleinen Schottin und Funkexpertin Penny Wirrell als Gegner zugeteilt. Seinem Gehabe nach glaubte er sie binnen kurzem erledigen zu können – doch es kam ganz anders: Er flog nur so durch die Gegend und landete unsanft im Gras, meist mit Penny über sich. Nach ein paar Minuten wurde ihm das zuviel. Während einer Kampfpause packte ihn plötzlich die Wut: Er trat sie von hinten und schlug ihr mit der Faust ins Gesicht. Sofort brüllte der Aufsichtführende: *»STILL! Absolut niemand rührt sich!«* Es sprach sehr für die eingefleischte Disziplin der Sektion, daß Blunt nicht sofort zusammengeschlagen wurde. Vermutlich merkte er gar nicht, wie haarscharf er in diesem Augenblick der völligen Zermalmung entgangen war oder was sonst mit ihm geschehen wäre, wenn unsere jungen Commandos hätten Hand an ihn legen können.

Dafür verordnete ihm Penny strengen Arrest, doch zuvor wurde er mir, Hollis im Schlepptau, von zwei Offizieren vorgeführt. Als Blunt sah, daß ich die Befehlsgewalt innehatte, polterte er los, ich sei kein höherer Dienstgrad, er unterstünde mir nicht. Hollis versuchte ihm klarzumachen, Major und Korvettenkapitän seien zwar rangmäßig gleich, aber Marinedienstgrade gingen immer vor. Außerdem sei mir das Kommando in Birdham offiziell übertragen worden. Damit hätte ich Befehlsgewalt über jeden in der Subsektion, selbst über nominell höhere Dienstgrade.

Ich wollte mit der Anhörung fortfahren, aber Blunt schrie und protestierte weiter. Als ich ihm befahl, ruhig zu sein und sich zusammenzureißen, sprang er einen Schritt vor und schlug mir ins Gesicht, während er weiter beleidigende und unflätige Bemerkungen ausstieß. Ich hatte keine andere Wahl, als ihn in strengem Arrest zu halten und unter absoluter Geheimhaltung nach London bringen zu lassen. Dort verpaßte ihm Morton einen scharfen Tadel und warnte Blunt, wenn er sich nicht gemäß der Heeresvorschrift verhalte, werde er ihn nach Regel 18b auf unbe-

stimmte Zeit inhaftieren lassen (nach den Kriegsnotstandsvoll-
machten bedeutete dies die Internierung ohne Gerichtsbeschluß
auf der Isle of Man).

Blunt kehrte etwas geläutert nach Birdham zurück, aber hinter
der Mission, die ihm und Hollis oblag, waren andere Kräfte am
Werk. Das wurde plötzlich deutlich, als eine Meldung vom Oberbefehlshaber Südostasien eintraf:

AN: KORVETTENKAPITÄN C. CREIGHTON. HÖCHST GEHEIM. SOFORT.
KENNUNG CR3. HOLLIS/BLUNT OPERATION LEBENSWICHTIG FÜR
MICH UND MEINE FAMILIE. ERBITTE ÄUSSERSTE UNTERSTÜTZUNG
FÜR SIE. BESTE WÜNSCHE. MOUNTBATTEN, KOMMANDIERENDER
ADMIRAL.

Nach Rücksprache mit Morton funkte ich zurück, ich befehligte
eine höchst geheime Operation ersten Ranges, die zwar Hollis
uneingeschränkt unterstützt habe, Blunt hingegen nicht. Meinem
Funkspruch schloß Hollis einen eigenen an, in dem er meine Aussage bestätigte. Doch noch ehe unsere Meldung Birma erreichte,
erhielt ich schon eine weitere, diesmal aus London, mit dem Vor-
spann »HÖCHST GEHEIM, A I, SOFORT CITISSIME NACHTS«, die mich
für den nächsten Abend um 21 Uhr zum Rapport in Mortons
Büro beorderte.
Mir schwante nichts Gutes. Ich nahm deshalb die wichtigsten
Dokumente mit und achtete auf absolut pünktliches Erscheinen
im Gebäude des Ministeriums für Öffentliche Arbeiten. Wie
üblich, betrat ich es von der Parkseite her und ging rechts durch
den Flur zu Zimmer 60. Zu meiner Überraschung sah ich dort
zwei bewaffnete Offiziere der Royal Marines vor der Tür Wache
stehen. Nach peinlicher Prüfung meiner Ausweise klopfte ich an
die Tür und hörte eine ruhige Stimme »Herein« sagen.
Als ich eintrat, erblickte ich Flottenadmiral König Georg VI., der
in Marineuniform an Mortons Schreibtisch saß. In diesem schäbigen Zimmer dem herrschenden Monarchen gegenüberzustehen
war zweifellos eine Überraschung. Aber da ich über meinen
Vater den König bereits als Kind kennengelernt und später mit
seinen Töchtern in der Tanzschule von Madame Vacani getanzt
hatte, fiel ich nicht in Ohnmacht. Zudem hatte ich während des

Krieges schon zweimal vor ihm gestanden, um ihn von Operationen zu unterrichten, an denen ich teilgenommen hatte. Auch er hatte als Offizier in der Royal Navy gedient, ohne daß je irgendwelche Vergünstigungen erbeten, gewährt oder erwartet worden wären. Als Prinz Georg hatte er wie ein normaler Marinekadett Dienst getan und sich der gewöhnlichen Ausbildung und Disziplin unterworfen; das ging so weit, daß einmal ein Stock auf seinem Hinterteil abbrach und er die Schmach erdulden mußte, abzuwarten, bis ein neuer zur Hand war. Da ich genau dieselbe Tortur mitgemacht und mich einmal mit ihm darüber unterhalten hatte, fühlte ich mich ungeachtet des riesigen Rangunterschieds nicht gehemmt.

Diese unerwartete Gegenüberstellung warf mich also nicht um. Ich wußte, daß er als Souverän und Chef der Navy von jedem anderen Marineoffizier, der mit ihm in Kontakt kam, wie ein normaler höherer Flaggenoffizier behandelt werden wollte. Meine jetzige Reaktion war also ganz einfach. Meine Mütze wanderte unter den linken Arm. Ich nahm schnell und lautlos Haltung an und sagte:»Creighton, Sir. Sie haben mich rufen lassen.« Dem ließ ich, im übrigen den Körper aufrecht haltend, ein straffes Kopfnicken folgen, eben die bei Hof und im Dienst übliche Coburg-Verbeugung. Der König schüttelte mir die Hand, bedeutete mir, mich zu setzen, und sagte, er bedaure hören zu müssen, daß ich mich gegenüber Hollis und Blunt, die zum Teil auf seinen Wunsch hin tätig seien, quergestellt hätte.»Vielleicht verstehen Sie besser, wenn ich Ihnen unter strengster Geheimhaltung sage, in welcher Mission sie tätig sind«, sagte er freundlich. Ich bemerkte die geringfügigen Schwierigkeiten, die er mit dem R hatte, aber von dem Stottern, das ihn früher bei öffentlichen Reden geplagt hatte, war keine Spur zu entdecken.

Er vertraute mir an, er mache sich Sorgen wegen der Korrespondenz, die in Schloß Kronberg bei Frankfurt liege, das dem Hause Hessen gehöre. Deren Nachkomme sei übrigens Mountbatten. Seines Wissens enthalte die Sammlung auch Briefe von Königin Viktoria an ihre älteste Tochter, die Princess Royal und spätere preußische Kaiserin. Desgleichen könnten auch Briefe darunter sein, die seine eigene Mutter, Königin Mary, an ihre deutschen

Verwandten geschrieben habe. Da diese Dokumente rein privater Natur seien und familiäre Dinge beträfen, wolle er sie nicht veröffentlicht sehen.

Schlimmer noch: Er fürchte, weitere Briefe enthielten womöglich peinliche Hinweise auf nazifreundliche Tendenzen seines Bruders, des früheren Königs Eduard VIII. und jetzigen Herzogs von Windsor. Dummerweise gebe es für diese Annahme triftige Gründe, und ihm liege viel daran zu verhindern, daß die Korrespondenz in die falschen Hände gerate. Blunt und Hollis seien beauftragt, die Briefe ausfindig zu machen und herauszuschmuggeln.

Der König war offenkundig besorgt. Ich merkte, daß er eigentlich nicht glauben wollte, was er eben eingestanden hatte. Als er mich zu erläutern bat, was in Birdham schiefgelaufen sei, legte ich ihm Kopien der betreffenden Meldungen sowie den Bericht vor, den ich für Morton geschrieben hatte. Nachdem ich die Tatsachen offengelegt hatte, gab ich zu bedenken, vom Charakter her sei Blunt meines Erachtens für gefährliche Operationen völlig ungeeignet. Nach meiner Einschätzung könnte er sich in einer möglichen Gefahrensituation, wenn es richtig ernst würde, durchaus als unzuverlässig erweisen.

Der König blickte mich ein paar Sekunden streng an und fragte dann, ob ich zu dem stehe, was ich gesagt hätte.

»Jawohl, Sir.«

»Und?«

»Ich gebe zu bedenken, Sir, daß Ihnen ein solcher Amateur bei einer professionellen Kriegsunternehmung keine guten Dienste leisten wird.«

Das zu sagen, erforderte einen gewissen Mut, denn ich wußte, daß Blunt Beziehungen zur königlichen Familie hatte. Aber mittlerweile war mein Blut etwas in Wallung geraten, und ich bat um Erlaubnis, eine Frage stellen zu dürfen. Als der König nickte, fragte ich, ob Blunt sich bei ihm persönlich beschwert habe. Die Antwort hieß: »Ja, hat er.«

»Mit Verlaub, Sir, das ist an sich schon ein Verstoß gegen die militärische Disziplin.« Wie der König wisse, müsse jeder, der bei einer höheren Stelle Beschwerde einlegen wolle, die Eingabe über seinen Vorgesetzten vorlegen. In diesem Falle habe der Beschwerdeführer nicht nur mich, sondern auch Fleming und Morton übergangen.

Der König lächelte und nickte, schalt mich aber gleichzeitig wegen meines Eigensinns – ein Vorwurf, den ich nicht widerlegen konnte. Doch bevor ich ihn verließ, wünschte er mir noch viel Glück bei Op. JB, die er mit größtem Interesse verfolge. Drei Tage später wurden Hollis und Blunt aus Birdham abberufen – allerdings war es vorher noch einmal zu einem höchst beunruhigenden Zwischenfall gekommen. Unser Hauptbüro im Erdgeschoß des Herrenhauses enthielt diverse Geheimpapiere, darunter auch Einzelheiten über Op. JB. An der stets verschlossenen Tür hing die strikte Weisung, daß ohne Genehmigung des Kommandanten der Subsektion, und das war ich, niemand den Raum betreten dürfe.

Um 1 Uhr nachts hörte Susan in dem Bereich ein Geräusch, ging hinunter und fand Blunt in dem Büro. Er las gerade in den geheimen Papieren. Sofort nahm sie ihn wieder in strengen Arrest und ließ niemanden zu ihm, bis von Morton weitere Weisung eintraf. Zwei Tage später wurde Blunt unter Bewachung abgeführt. Er kehrte zu seiner alten Einheit zurück. Da er eine Sicherheitsermächtigung des MI 5 besaß, wurde gegen ihn nichts weiter unternommen, aber in unseren Augen war der Verstoß wirklich ernst. Einen Offizier zu schlagen war eine Sache, aber der vorsätzliche Verstoß gegen Geheimhaltungsbefehle eine völlig andere. Erst die Zeit konnte zeigen, ob uns Blunt größeren Schaden zugefügt hatte.

Während dieser höchst unerfreulichen Ereignisse war die Suche nach einem Doppelgänger auf beiden Seiten des Atlantiks weitergegangen. Schließlich war in Kanada das Glück auf unserer Seite. Erstaunlicherweise fand Susan den Mann, den sie suchte, nicht unter den Leuten, die ihr vorgeführt wurden, sondern ganz zufällig in einer der zahlreichen Gruppen, die in der Gegend von Toronto aufs Feld zur Arbeit geschickt wurden. Er stand in einer Reihe und arbeitete mit der Schaufel, wandte sich dann aber plötzlich um und schaute in Richtung der Besucher. Susans

Begleiterin Jenny Lewis zeigte instinktiv auf ihn und sagte: »Schau mal, da ist er – Ferkel!« Er hieß Otto Günther und wurde schnellstens nach England geflogen. Unterdessen waren auch in England zwei mögliche Kandidaten gefunden worden. Nach gründlicher medizinischer Untersuchung, einschließlich einiger Röntgenaufnahmen, entschieden sich McIndoe und Aldred für Günther; die anderen zwei kehrten ins Lager zurück. Während der folgenden zwei Wochen mußte unser erbarmungswürdiges Opfer eine chirurgische Korrektur nach der anderen über sich ergehen lassen. McIndoe verpaßte ihm eine Narbe über dem linken Auge (wie sie sich Bormann nach den Unterlagen bei einem Verkehrsunfall zugezogen hatte). Außerdem nahm der Chirurg weitere kleinere Anpassungen vor. Er betonte, die Eingriffe seien zwar schnell über die Bühne gegangen, aber bis die Wunden völlig verheilt seien und das Narbengewebe alt aussehe, werde es noch einige Zeit dauern. Wir könnten nur hoffen, daß noch mehrere Wochen ins Land gingen, bis wir losschlügen. Auch Aldred tat sein Bestes, Günthers Gebiß dem Bormanns (nach den Unterlagen) anzugleichen. Er zog ihm zwei Zähne, setzte eine Brücke und die erforderlichen Plomben ein. Beide Experten warnten uns aber, daß die Entsprechung immer noch alles andere als vollkommen sei und eine Obduktion durchaus verräterische Diskrepanzen zutage fördern könne. In dieser Phase ließ McIndoe eine blendende Bemerkung fallen. »Wir haben mit dem Mann jetzt alles getan, was in der plastischen Chirurgie menschenmöglich ist«, sagte er, »aber warum frisiert ihr nicht auch die Unterlagen noch ein bißchen?«

Die Lösung war so genial wie einfach. Zwei Fälschungsspezialisten der Sektion M nahmen sich Bormanns Unterlagen vor und trimmten sie in enger Zusammenarbeit mit McIndoe und Aldred auf die Erkennungsmerkmale Günthers. Einige Dokumente mußten verändert, andere völlig neu geschrieben werden. Die Fotos, Gebißpläne und Röntgenaufnahmen mußten exakt den Besonderheiten unseres Kandidaten entsprechen. Die Fälschungen waren alles andere als einfach, denn die Originalpapiere waren von unterschiedlicher Art und Entstehungszeit. Zum

175

Glück verfügte die Sektion M über ausgezeichnete Spezialisten. Viele hatten bis vor kurzem noch zum Vergnügen Seiner Majestät in diversen Strafanstalten eingesessen, und es gab kaum etwas, was sie nicht machen oder richten konnten. Die frisierten Unterlagen lauteten natürlich alle auf den Namen Martin Bormann, und wir waren zuversichtlich, daß – falls sie nach Kriegsende den Russen (oder auch den Amerikanern oder Briten) in die Hände fielen – niemand an ihrer Echtheit zweifeln würde. Zudem waren wir sicher, daß Bormann schon aus eigenem Interesse wirklich *alle* Unterlagen gesammelt hatte und keine Originale in Deutschland verblieben waren. Die einzige Unterlagensammlung nach dem Krieg – die *unsrige* – entspräche damit präzise dem Körper des unseligen Herrn Günther, den wir in den Ruinen Berlins zurückzulassen planten.

Was Susan zu Günther über seine Rolle gesagt hatte, wollte ich gar nicht genau wissen. Aber es sprach für sie, daß sie ihre eigenen Gewissensbisse überwand und ihn zum Mitmachen brachte, indem sie ihm für den Augenblick Vergünstigungen und nach dem Krieg eine schnelle Heimkehr nach Deutschland in Aussicht stellte.

Während Günther weiter präpariert wurde, kam es in Birdham zu einer spannungsgeladenen Szene, als uns Fleming Befehle erteilte, die die Zukunft des Mannes betrafen. Wir drei saßen am großen Tisch in der Bibliothek. Fleming wandte sich mir zu und sagte: »Ich bekräftige: Du entführst Martin Bormann mit oder ohne dessen Zustimmung aus Berlin und bringst ihn nach England. Des weiteren ergreifst du alle erforderlichen Maßnahmen, damit es so aussieht, als sei Bormann in Berlin beim Fluchtversuch ums Leben gekommen. Diese Befehle führst du mit allen Mitteln aus, die du für notwendig hältst, ungeachtet aller Gesetze oder internationalen Übereinkünfte.«

Ich murmelte »Aye, aye, Sir.«

Dann wiederholte Fleming an Susans Adresse, daß sie bei dem, was sie dem Doppelgänger sage, um seine Mitarbeit zu erlangen, absolut keinen Ermessensspielraum habe: »Er muß glauben, daß ihm nichts passiert.«

Sehr leise antwortete Susan: »Aye, aye, Sir.«

Günthers Schicksal war uns allen klar. Zudem sah ich schon, daß es mir zufallen werde, ihn zu töten.

Die Atmosphäre in unserer kleinen Gruppe war zum Zerreißen gespannt, und plötzlich zeigte Fleming völlig untypisch Gefühle, stand auf, reichte jedem von uns die Hand und hielt sie fest.
»Nun«, sagte er, »das wär's.«
»Ja«, sagte Susan, »das wär's wohl.«

In der ersten Aprilwoche brachten wir unsere Verstärkungen zum Müggelsee. Als sie alle um den See herum versteckt waren, hatte JBV eine Stärke von mehr als einhundertundfünfzig Männern und Frauen erreicht. Christa Shulberg hatte das Ganze bisher so hervorragend geleitet, daß wir nicht im Traum daran dachten, sie durch einen höheren Offizier abzulösen. Wir beließen die Befehlsgewalt bei ihr und beförderten sie zum Hauptmann. Zu ihrer Verfügung standen viele Leute, deren Muttersprache Deutsch war; mehrere konnten auch fließend Russisch. Die Verstärkungen brachten die verschiedensten Uniformen mit, die in allen denkbaren Situationen als Tarnung dienen konnten: SS, Wehrmacht, sowjetische Heeresuniformen, amerikanische und britische Militärpolizei, Royal Navy sowie zahlreiche Frauenuniformen, darunter deutsche, sowjetische und französische. Sie waren durchweg von den Schneidern der Sektion M hergestellt oder umgenäht worden.
Bei der Überprüfung unserer Pläne merkten wir, daß wir mit der Bezeichnung des Vorauskommandos als »JBV« einen Fehler gemacht hatten, denn bei schlechter Funkverbindung konnte die Buchstabengruppe leicht mit »JBC«, der Kennung des Kommandotrupps, verwechselt werden. Um gefährlichen Mißverständnissen vorzubeugen, tauften wir deshalb Christas Truppe in »JB7« um.

12

UNSER YANKEE DOODLE GIRL

Die Ankunft von Kapitänleutnant B.W. Brabenov war für mich einer der schönsten Augenblicke des Unternehmens.

Am späten Sonntagvormittag, es war der 6. April 1945, kam am Haupttor von Birdham ein Jeep mit kreischenden Bremsen zum Stehen. An den Türen prangten die Worte UNITED STATES ARMY, und drin saß einzig der Fahrer, eine attraktive junge Frau mit wohlgeformten Rundungen und hellblondem, sehr kurz geschorenem Haar. Sie trug eine Khakijacke und -bluse, auf ihren Schulterklappen glänzten die beiden Goldstreifen und der Stern eines Kapitänleutnants der US Navy. Über der linken Brust trug sie mehr Ordensbänder, als die gesamte Besatzung der Sektion M zusammenbrachte.

Dem Posten der Royal Marine Commandos am Tor, den auch der Angriff einer feindlichen Horde nicht hätte erschüttern können, gingen verständlicherweise bei dieser Erscheinung die Augen über. Die Frau stellte sich ihm als Kapitänleutnant Barbara W. Brabenov vom Feindnachrichtenbüro der United States Navy vor. Nach Prüfung der beiden Ausweise, die sie ihm hinstreckte, winkte der Posten sie durch; sie gab Gas und brauste zum Haupttor, während er ihr mit offenem Mund nachstarrte.

Sie brachte den Wagen am Vordereingang zum Stehen, sprang aus dem Jeep, nahm Haltung an und salutierte vor der weißen Fahne am Flaggenmast. Auf ihre Aufforderung hin rief der Türposten den Offizier vom Dienst, und als dieser erschien, stand sie wieder stramm, salutierte erneut und bat um Erlaubnis, an Bord kommen zu dürfen. Die Selbstverständlichkeit, mit der sie ohnehin schon an Bord gekommen war, machte den Offizier genauso sprachlos wie den Posten am Tor.

Es dauerte nicht lange, da merkten wir, daß wir uns etwas ganz Besonderes eingefangen hatten. Wir ließen uns sagen, daß sie während der letzten sechs Monate im Vereinigten Königreich und in den kürzlich befreiten Teilen Europas unter OSS-Chef General »Big Bill« Donovan gearbeitet habe. Mehr wollten wir nicht wissen: Solche Fragen stellte man nicht. Daß sie attraktiv und durch und durch weiblich war, fiel jedem sofort auf; etwas länger dauerte es, bis wir merkten, daß sie tüchtig, zäh, diszipliniert und erfahren war.

Sie stammte aus dem Staat New York, hatte die Uni absolviert und klang trotz ihrer russischen und deutschen Großeltern so absolut amerikanisch wie ein texanischer Cowboy. Ihr einziges Manko war die Salutierwut, die sie drinnen wie draußen gegenüber allem an den Tag legte, was auch nur entfernt einem höheren Dienstgrad ähnelte, so daß ihre Mütze kaum einmal zur Ruhe kam. Aber den Spleen trieb ihr Susan mit einem taktvollen Wort schnell aus. Im Handumdrehen nahm Brabenov Vernunft an und hielt sich ohne Übertreibung an die Königlichen Verhaltensregeln und die Dienstanweisung der Admiralität.

Strenggenommen war sie Verbindungsoffizier und hatte als solcher die Augen offenzuhalten und ihre Beobachtungen an Eisenhower zu berichten. Aber für jemand mit ihrer überbordenden Energie war das eine viel zu passive Aufgabe. Kaum einen Tag nach ihrer Ankunft in Birdham bestand sie darauf, an sämtlichen Trainingsübungen teilzunehmen. Sie warf sich mit solcher Inbrunst, Hingabe und Begeisterung in das Training, daß sie binnen achtundvierzig Stunden von ausnahmslos allen akzeptiert war. Weder war sie sich ihrer hinreißenden körperlichen Reize bewußt noch der Wirkung, die sie auf Männer hatte. Diese Unbekümmertheit machte einen nicht geringen Teil ihres Charmes aus. Im Umgang mit Waffen war sie eine Klasse für sich. Mit ihrer .38er Smith & Wesson konnte sie auf zwanzig Schritt Kugel um Kugel »jeder Mücke ins Arschloch jagen«, wie sie selber sagte, und an Schnelligkeit schlug sie jeden um Längen – keiner war schneller am Abzug.

Der einzige Schwachpunkt in ihrem makellosen Harnisch bestand darin, daß sie noch nie im Leben in einem Kajak gesessen hatte. Doch in Birdham hatten wir ein paar Weltmeister von der Special Boat Section. Bald schon entführten sie Barbara zu reißenden Flüssen in den Waliser Bergen und machten dort Wildwasserübungen mit ihr. Obwohl sie sich mächtig über gewisse körperliche Probleme beklagte – »Sie wurden ja auch noch nie in den Strudeln mit heraushängenden Brüsten herumgewirbelt« –, beherrschte sie ihr neues Beförderungsmittel in Rekordzeit, brachte sogar sämtliche Ausbilder an den Rand der Erschöpfung. Sie hatten geplant, sie zweimal durch die Stromschnellen fahren und zwei- oder dreimal zur Überwindung von Hindernissen Kajaks über Land tragen zu lassen – aber die Frau wollte alles zehnmal machen, und als sie gutgelaunt nach Birdham zurückkam, war sie so geschickt wie die meisten Fachleute, wenn nicht sogar geschickter.

Was unsere Planungen betraf, war sie eine wahre Goldgrube hinsichtlich ihrer Kenntnisse und ihres Verstandes. Überdies besaß sie den großen Vorzug, nie ein Wissen über Fakten oder Themen vorzutäuschen, das sie nicht hatte. Ihr Informationshunger war so unersättlich, und sie lernte so schnell, daß sie auch im Unterrichtsraum die meisten Ausbilder mit ihrer Neugier und Aufnahmegeschwindigkeit fast zur Verzweiflung trieb.

Da sie nie genug Dampf ablassen konnte, lehrte sie die Sektion ein Spiel namens »Cowboys und Indianer«, das dem in England bekannten »Franzosen und Engländer« fast aufs Haar glich. Dabei wetteiferten zwei Mannschaften, eine rote und eine blaue, um sieben Fahnen, die sich jeweils im markierten Gebiet eines Teams, genauer: in dessen Hauptlager befanden; Ziel war, sämtliche gegnerischen Fahnen zu rauben, ohne selbst geschnappt zu werden. Die amerikanische Spielart unterschied sich von der englischen nur insoweit, als man nicht zu Fuß herumrannte, sondern auf Pferden ritt.

Fleming und ich waren uns einig, daß sich mit dem Spiel unser Reaktionsvermögen und unsere Fitneß verbessern ließ – doch wo sollten wir die Pferde hernehmen? Brabenov hatte wie üblich die Antwort parat: Die Mannschaft wurde zu einer nahe gelegenen

Marinebasis »abkommandiert«, deren Offiziere die Jägervereinigung vor Ort dazu überredet hatten, für ein geringes Entgelt ihre Pferde benutzen zu dürfen. Und schon spielten wir eine Kreuzung aus »Cowboys und Indianer« und »Franzosen und Engländer«. Angeführt wurden die beiden gegnerischen Mannschaften von Fleming und Susan, drei Wrens waren die Schiedsrichter zu Pferd. Einmal dauerte das Spiel volle zwei Tage und wurde die ganze Nacht über zu Fuß weitergespielt.

Doch Spiele, Übungen und Ausbildung konnten nicht ewig weitergehen. Der Einsatzzeitpunkt näherte sich immer schneller. In der zweiten Aprilwoche lag Hitlers Reich in den letzten Zügen; am 10. April erreichte die Zweite US-Panzerdivision bei Magdeburg, rund 160 Kilometer westlich von Berlin, die Elbe, und im Osten trennten den sowjetischen Oberbefehlshaber Marschall Schukow nur noch hundert Kilometer von der Hauptstadt. Zu diesem Zeitpunkt stand schon fest, daß die westlichen Alliierten im Augenblick nicht über die Elbe hinaus vorstoßen würden – was nichts anderes bedeutete, als daß Berlin von den Russen eingenommen würde.

Nicht minder klar waren die Auswirkungen auf Op. JB. Wir wußten zwar seit einiger Zeit, daß wir es mit Deutschen zu tun haben würden, von denen ein paar freundlich, die meisten aber alles andere als das waren. Jetzt dämmerte uns, daß wir wahrscheinlich auch mit Russen fertig werden müßten: Aller Voraussicht nach würden wir Berlin nur durch einen Umklammerungskordon sowjetischer Truppen verlassen können. Wir wußten, daß den Russen nicht zu trauen war und sie selbst ihren eigenen Verbündeten gegenüber feindselig sein konnten. Es wäre also sehr vorteilhaft, wenn zu unserem Entführungskommando jemand gehörte, der fließend Russisch sprach. Im Vorauskommando gab es zwar schon ein paar Leute mit Russischkenntnissen, aber jetzt wandten sich unsere Gedanken ganz natürlich Brabenov zu.

Noch ehe wir etwas zu ihr sagen konnten, meldete sie sich bereits freiwillig zur Teilnahme an der Operation. Doch so gern wir sie auch an Bord nahmen – wir waren dazu nicht befugt. Eisenhower hatte sie als Verbindungsoffizier, gewissermaßen auch als Spion zu uns geschickt. Mochte er auch ihre Zuverlässigkeit, Vertrauenswürdigkeit und Eignung als seine persönliche Vertreterin loben – zum operativen Einsatz hatte er sie nicht ermächtigt. Fleming gab das zu bedenken, aber wie üblich wußte sie im Nu die Antwort: Ihr Chef, General Donovan, komme nach London. Er sollte dort sogar am nächsten Tag mit Morton zusammentreffen. Bestand da nicht die Chance, beide zum Abendessen nach Birdham einzuladen und die Angelegenheit auf der Stelle zu regeln?

Warum man Donovan »Big Bill« nannte, war kein Geheimnis. Er war ein wahrer Koloß, damals knapp unter sechzig. Als OSS-Chef nahm er eine fast spiegelbildliche Stellung zu der Mortons ein. War Morton nur dem König und dem Premierminister verantwortlich, so unterstand Donovan nur dem Präsidenten, also keinem Ministerium und keiner Regierungsinstanz. Beide hatten unkonventionelle Operationen durchzuführen, Informationen zu beschaffen und den Geheimschutz bei ihren jeweiligen Völkern zu gewährleisten. Beide waren der Obstruktion, Feindseligkeit, Bürokratie und Federfuchserei des Regierungsapparats entzogen. Jedem von ihnen stand eine äußerst geübte und erfahrene Geheim- und Kampforganisation zur Verfügung, die nicht nur Leute aller Ränge und Waffengattungen umfaßte, sondern auch Zivilisten mit den unterschiedlichsten Fähigkeiten und aus allen Schichten. Beide Organisationen besaßen die Mittel und Erlaubnis zur Gegenspionage und zu Sabotageakten, zu Mord und Totschlag, zu Propagandaaktionen – kurzum zu allem, was die regulären Streitkräfte am liebsten getan hätten, aber nicht tun durften. Donovan selbst fiel völlig aus dem üblichen Rahmen. Im Ersten Weltkrieg hatte er das 69. Regiment, die »kämpfenden Iren«, befehligt, war dann aber aus dem Militärdienst ausgeschieden und ein angesehener Anwalt geworden. Als Südstaatler, glühender Katholik und Republikaner war er in vielem das genaue Gegenteil von Präsident Franklin D. Roosevelt, der selbst Yankee, Protestant und Demokrat war. Trotzdem hatte er mit Roosevelt den leidenschaftlichen Glauben an Freiheit und Anstand gemeinsam. Er war für den Präsidenten nicht nur ein Agent, dem er uneingeschränkt vertraute, sondern auch ein sehr naher Freund. Auch Morton und Donovan waren alte Freunde und Partner. Auf den ersten Blick wirkten sie sehr unterschiedlich: Morton war still und mürrisch, Donovan hingegen ungestüm und draufgängerisch. Aber beide waren ungemein fähige Männer, hinter ihrer Fassade standen gemeinsame Ziele, und sie hatten während des Krieges stets eng zusammengearbeitet. Morton hatte Donovan nicht nur deswegen von Op. JB erzählt, weil er sich dazu verpflichtet fühlte, sondern auch, weil er dachte, möglicherweise könne der Amerikaner praktische Hilfestellung leisten – was er denn auch tat.

Auch Fleming und ich kannten Donovan schon seit langem. Wir hatten beide an Aktionen für ihn teilgenommen und zu unterschiedlichen Zeiten unter ihm im Camp X in Oshawa am Nordufer des Ontariosees in Kanada trainiert. Als er und Morton am Montag abend, dem 9. April, nach Birdham kamen, war es daher wie ein Freundestreffen. Brabenov begrüßte ihren General mit einem zackigen Salut, den er mit steifer Präzision erwiderte, aber damit waren die Formalitäten auch schon erledigt. Er nahm seine blonde Agentin in die Arme und küßte sie, und die beiden wirbelten zum fröhlichen Takt eines irischen Jig durch den Raum, zu dem Israel Bloem mit seiner Fiedel aufspielte. »Sie ist meine Beste«, verkündete Donovan vor versammelter Mannschaft, als sie aufhörten. »Einsame Spitze.«

An dem Abend war der Geheimkreis der Sektion M zum Abendessen versammelt: Morton, Fleming, Susan Kemp und ich bewirteten die beiden Amerikaner Donovan und Brabenov. Donovan unterhielt uns spannend mit ein paar Geheimdienstanekdoten, die unsere Lachmuskeln arg strapazierten. Morton trumpfte mal wieder mit seinen unvermeidlichen Geistergeschichten auf, die er, wie er behauptete, zum größten Teil selbst erlebt hatte. Da ich sie alle schon auswendig kannte, fand ich sie überhaupt nicht gruselig; alle anderen hingegen schon, zumal Morton darauf bestand, daß sämtliche Lichter gelöscht wurden und nur noch eine einzige Kerze auf dem Tisch blakte. Donovan bekreuzigte sich als guter irischer Katholik immer wieder und fragte, ob der Kardinalerzbischof von Westminster solchen Spiritismus toleriere. Morton setzte auf den Schelmen anderthalbe, indem er behauptete, der Kardinal habe nicht nur heimlich Erlaubnis erteilt, sondern zwei Geschichten stammten sogar von ihm.

Nach dem Essen zogen wir uns in die Bibliothek zurück und gingen anhand des Reliefmodells sämtliche Phasen unseres Entführungsplans durch: Am Abend, an dem das Unternehmen beginne, werde die Befehlsgruppe JBC über dem Müggelsee abspringen und von den Männern und Frauen von JB7 empfangen werden. Dann würden wir uns in gesicherten Häusern etwas hinlegen und in der nächsten Nacht mit Kajaks die Spree in nordwestlicher Richtung hinunterfahren; wir nähmen unseren Doppelgänger Günther mit und hätten einen kleinen Trupp Marine Commandos und Deutsche Freiheitskämpfer als Begleitschutz dabei.

Unser Ziel sei ein bestimmter Punkt am Ufer, etwa zwanzig Kilometer stromabwärts, kurz vor der Weidendammbrücke, wo der Fluß unter der Friedrichstraße durch und südwärts Richtung Tiergarten fließe. Dort gingen wir an Land, übergäben unsere Kajaks der Obhut unserer Begleiter, die daraufhin wieder zur Basis am Müggelsee zurückkehrten. Wir selbst begäben uns auf der Straße zu dem Treffpunkt, den uns die Deutschen nennen – vermutlich der Bunker der Reichskanzlei gleich an der Wilhelmstraße.

Sollte sich die Spree als unpassierbar erweisen, dächten wir an zwei Ersatzlösungen: einmal an den Spreekanal, der uns zur Museumsinsel führte, oder den Landwehrkanal auf der gegenüberliegenden Seite unseres Zielpunktes in Südwesten, den wir dort verlassen würden, wo er unter die Potsdamer Straße einmündet. Der erste dieser drei Annäherungswege genieße unseren Vorzug, da die Spree den bei weitem größten Wasserweg darstelle und somit ausreichend Manövrierraum biete. Aber wie dem auch sei: Alle Wege endeten ungefähr in einem Kilometer Entfernung vom Bunker, den wir dann innerhalb einer Viertelstunde erreichen könnten.

Danach wollten wir mit unserem Begleitschutz und dem Haupttrupp in Funkverbindung bleiben. Sei dann der Zeitpunkt für unseren Abgang gekommen, würden wir Bormann und Ribbentrop mitnehmen, Günther irgendwo in der Nähe der Reichskanzlei töten und seine Leiche an einer Stelle zurücklassen, wo sie mit Sicherheit gefunden würde. Schlußendlich würden wir wieder auf unsere Kajakbegleitung treffen und mit unseren beiden sehr hohen Gästen flußabwärts fahren.

Während wir die Einzelheiten durchgingen, wartete Donovan mit vielen guten Bemerkungen auf. Insbesondere fragte er, wie es mit der Freilegung der Wasserwege stehe. Die Antwort darauf lautete, daß sich dies als recht mühsames Unterfangen herausgestellt habe. Die Spezialisten von HMS »Vernon« hätten inzwischen, fast ausschließlich nachts, über fünfzig Minen und andere Sprengstoffhindernisse aus dem Müggelsee, der Spree und der Havel entfernt. Doch obwohl sie mit Infrarot-Nachtsichtgeräten arbeiteten, habe sich die Arbeit als höchst gefährlich erwiesen; vier Männer seien bereits getötet worden. Es habe sich als unmöglich herausgestellt, sämtliche gefundenen Minen zu beseitigen oder zu entschärfen. Viele befänden sich an Brücken oder Landestegen, wo sie durch Druck, Stolperdrähte oder vom Ufer aus gezündet werden könnten. Aber wenigstens wüßten wir zum größten Teil, wo sie sich befänden; dennoch müsse die Einsatzgruppe äußerst wachsam sein.

Abgesehen von den Minen seien einige Wasserläufe durch Holzausleger blockiert, und an vielen Stellen bildeten zerstörte Häuser oder Brücken unbeabsichtigte Hindernisse. Letzteres sollte keine ernsthaften Schwierigkeiten verursachen, denn wir könnten die Kajaks aus dem Wasser nehmen und sie über die Hindernisse heben oder um die Blockaden herum tragen. Was die Ausleger anbelange, hätten unsere Freilegungsmannschaften möglichst viele Breschen ins Holz geschlagen, sie aber so wieder abgedichtet, daß sie keinerlei Anzeichen einer Einwirkung aufwiesen. Innerhalb weniger Minuten könnten sie jedoch für das Durchschleusen der Kajaks problemlos geöffnet werden.

An zwei Stellen stromabwärts der Spree hätten unsere Leute riesige Benzintanks mit Sperrhähnen gefunden, von denen aus Rohre zum Fluß führten. Gleich daneben stünden noch aktive Entflammungskanonen, die offensichtlich dazu dienten, das ins Wasser abgelassene Benzin in Brand zu setzen. Solche Vorrichtungen seien uns nicht neu, denn ähnliche Vorkehrungen seien an der

Themse in London getroffen worden, um jeden Angreifer, der sich vom Wasser her näherte, unverzüglich in Flammen aufgehen zu lassen. Doch bei uns habe man sie installiert, um die Hauptstadt gegen den Feind zu verteidigen. In Berlin hingegen habe es den Anschein, als hätten die Nazis einen Verzweiflungsplan ausgeheckt, um die Menschen im Augenblick der Niederlage an der Flucht aus Berlin zu hindern. Wären die Anlagen benutzt worden, so hätten sie nicht nur alles Leben auf dem Fluß vernichtet, sondern wahrscheinlich auch die letzten Überreste von Hitlers Hauptstadt vollends verbrannt.

Während Fleming unsere Pläne Donovan vortrug, erzählte er vom Chaos, das nach allem, was man höre, in Berlin herrsche. Die öffentlichen Versorgungsbetriebe – Strom, Wasser, Verkehr – seien zum größten Teil ausgefallen. Nachts sei die Stadt, abgesehen von brennenden Gebäuden und den Mündungsfeuern der Geschütze, so dunkel, daß man kaum die Hand vor Augen sehen könne. Dennoch seien überall Menschen unterwegs, entweder auf der Suche nach Nahrung oder Brennbarem oder auf der Flucht vor den anrückenden Russen. Es sollte ohne weiteres möglich sein, uns beim nächtlichen Gang durch die Straßen unter die Menge zu mischen.

»Noch etwas ist zu unserem Vorteil, General«, sagte Fleming gewissermaßen zum Abschluß.

»Ach ja?«

»Nach unseren Berichten führt die Spree derzeit ungewöhnlich wenig Wasser. Vermutlich sind stromabwärts Wehre zerbombt worden. Wie auch immer, der Wasserspiegel liegt ganz tief, und wenn es oben zum Gefecht kommen sollte, dürften wir weit unterhalb der Geschoßbahnen liegen.«

Gegen Ende der Besprechung nahm mich Donovan beiseite und wiederholte, Brabenov sei seine absolut beste Agentin; er war völlig einverstanden, daß wir sie in unsere Einsatzgruppe aufnähmen. »Und noch etwas«, fügte er hinzu. »Sie kann auftreten.«

»Auftreten?« Ich wußte nicht recht, was er meinte.

»Sie hätte zur Bühne gehen sollen; sie ist so gut, daß sie die meisten Profis an die Wand spielt. Das könnte sich als nützlich erweisen.«

Nach getaner Arbeit gesellten wir uns im Erholungsraum zur übrigen Schiffsbesatzung. Mittlerweile war alle Welt fröhlichster Stimmung, und ich konnte nicht mehr an mich halten, setzte mich ans Klavier und stimmte George M. Cohans »Yankee Doodle Dandy« an, dessen Text ich ein wenig umdichtete:

She's a Yankee Doodle Dandy
A Yankee Doodle do or die
A real live lady from her Uncle Sam
And born on the fourth of July.
She's a Yankee Doodle sweetheart
A Yankee Doodle precious pearl.
Miss Yankee Doodle came to Birdham
To join the Royal Navy –
Barbara is that Yankee Doodle girl
Oh, Yes!
Barbara is our Yankee Doodle Girl.

Sie ist ein Yankee Doodle Dandy
Yankee Dudeldidei
Onkel Sams betörende Lady
Geboren am vierten Julei.
Sie hat ein Yankee Doodle Goldherz
Und strahlt in perligem Schein
In Birdham stieß sie zu uns
Und trat bei der Navy ein –
Unser Yankee Doodle Mädchen
Heißt mit Namen Barbara –
O yes!
Ist keine andre als Barbara!

Jetzt war, ganz nach traditioneller Birdham-Manier, kein Halten mehr. Überall im Raum umarmten und küßten sie sich, und alle warfen sich in das Höllenspektakel, ausgenommen Morton, der wie versteinert dastand und schweigend zusah.
Am Morgen trugen wir den Namen Brabenov in die Aktivenliste ein und verpaßten ihr ein Pseudonym aus A.A. Milnes Buch. Als

ich sagte, als einziges bleibe noch »Alice« übrig, entstand heulendes Gelächter (Alice ist in »Pu der Bär« Christopher Robins Kindermädchen). Mich aber erschütterte der Name, denn Alice war Patricias Deckname gewesen.

Die nächsten drei Tage dienten den Absprungübungen mit dem Fallschirm. Zu den achtundzwanzig Männern und Frauen, die als Kommandotrupp eingesetzt werden sollten, gehörten Bloem, neun seiner Fallschirmjäger, zehn Leute der Special Boat Section, Brabenov, Kemp, Fleming und ich. Die restlichen vier waren Otto Günther, der schon die ganze letzte Woche eine intensive Ausbildung am Fallschirm erhalten hatte, und drei Wrens, darunter Caroline Hurst, die eigens aus der Schweiz hergeholt worden war, da sie sowohl Russisch als auch Deutsch sprach.

Fleming, der noch keinen Absprungeinsatz hinter sich hatte, war verständlicherweise nervös, aber nachdem ihn Brabenov zweimal aus der Maschine geschoben hatte, gewann er schnell Selbstvertrauen. Er ertrage ja alles, sagte er, aber nicht, wenn sie ihn aus dem Flugzeug schubse.

Nachdem wir dergestalt unsere Fallschirmtechnik aufgemöbelt hatten, waren wir so bereit, wie man nur sein kann. Unsere Hauptsorge war, wir könnten zu viel trainiert haben und an Leib und Seele ausgelaugt sein. Am Freitag, dem 20. April, erhielten wir über Zürich aus Berlin die Nachricht, Fleming und ich sollten am 25. in der Reichskanzlei sein. Sofort kabelten wir zurück, daß wir pünktlich da seien. Wir befahlen den Fallschirmabsprung von JBC über Berlin für die Nacht des 23.

Am Sonntag morgen, dem 22., brachte Brabenov eine Meldung folgenden Inhalts:

STRENG GEHEIM A I SOFORT CITISSIME NACHTS VON SHAEF.

AN ALICE FÜR PU UND CHRISTOPHER ROBIN, OP. JB. KENNUNG CR3.

VIEL GLÜCK EUCH SAUKERLEN UND DENKT DRAN: ICH WILL'S BIS AUF DEN LETZTEN CENT WISSEN. OKAY? IKE.

Fleming drahtete zurück, alles in einem Wort:

IKEOKAYIKE.

13

FERKELS STALL

Der größte Teil unserer Ausrüstung, einschließlich der in Bündel verpackten Kajaks, war schon an JB7 vorausgeschickt worden. Ich besaß Unterwäsche zum zweimaligen Wechseln, Ölzeughosen, Schuhe, Bootsschuhe und einen »Ursula«-Anzug – das war die nach einem U-Boot benannte, wasserdichte Spezialkleidung, die so umgearbeitet worden war, daß sie wie die Uniform patrouillierender Waffen-SS aussah und sich zudem durch bloßes Wenden von Mütze und Jacke in die Oberkleidung der sowjetischen Wasser-Geheimpolizei verwandeln ließ. Die Mütze trug außen den SS-Totenkopf; krempelte man sie um, wurde daraus eine russische Pelzmütze mit dem Zeichen einer sowjetischen Spezialspionagetruppe. Die Ursula-Jacke hatte einen Reißverschluß und Kragenknopf, auf beiden Seiten die für Heeresoffiziere typischen tiefen Rocktaschen sowie zwei Brusttaschen. Innen hatte die Jacke noch einmal zahlreiche ähnliche Taschen für den Fall, daß sie gewendet werden mußte. Unser Plan war, unter dem Anzug dünne britische Militärkleidung zu tragen, so daß wir, falls uns eine Gefangennahme drohte, alles übrige abstreifen konnten und damit der Erschießung als Spione entgingen.
Jeder führte ein Kampfmesser, einen .38er Smith & Wesson Revolver, zwei 36er Handgranaten, eine wasserdichte Uhr, ein Unterwasser-Schreibtäfelchen und eine Schwimmweste mit sich. Am Sonntag, dem 22. April 1945, brachen wir um etwa zwei Glasen der Nachmittagswache (13 Uhr) in Birdham auf, aber nicht als Gruppe. Vielmehr fuhren wir in zeitlichen Abständen mit sechs oder sieben Wagen zur RAF-Basis in Tempsford bei Bed-

ford, denn wenn wir alle zusammen einen Bus benutzt hätten, konnte jeder Beobachter erkennen, daß hier eine ganze Einheit unterwegs war. Günther wurde von einem Sergeant der Royal Marine Commandos begleitet, sein Kopf steckte in einem speziell hergestellten, einteiligen weißen Verband, so daß nur Augen, Nase und Lippen sichtbar waren. In der friedlichen Umgebung Englands wirkte dieser Kopfputz zwar unheimlich auffallend, aber JB7 hatte uns wissen lassen, in Berlin liefen viele Verwundete genauso verbunden herum, so daß Günther in der zerstörten deutschen Hauptstadt kaum auffalle.

In Tempsford bestiegen wir einen Wellington-Bomber der 161. Staffel, setzten uns auf die Klappsitze entlang der Rumpflängsseiten einander gegenüber und schnallten uns an. Wenige Minuten später waren wir in der Luft und auf dem Weg nach Braunschweig, das die Alliierten vor zwei Wochen überrannt hatten. Da wir ziemlich tief flogen, wurde es nie sehr kalt, aber das Dröhnen der Motoren machte jede Unterhaltung unmöglich. So hing jeder nur seinen eigenen Gedanken nach. Ich selbst war erregt, glücklich und mit unserem Arrangement zufrieden – an Stoff zum Nachdenken fehlte es nicht.

In Braunschweig wurden wir zu einem beschlagnahmten Haus gefahren, wo wir für die Nacht Quartier nahmen. Ich erinnere mich nur an wenige Einzelheiten. Das in einem Vorort gelegene Haus war groß und wies erstaunliche Bequemlichkeiten auf: heißes Wasser zum Baden und Duschen, gute Mahlzeiten, saubere Betten. Am nächsten Tag sollten wir erst nach Einbruch der Dunkelheit weiterfliegen, so daß wir dasaßen und ein weiteres Mal unsere Vorgehensweise durchgingen. Insbesondere besprachen wir nochmals den Alternativplan, der die Nutzung des Landwehrkanals vorsah. Etwa um 19 Uhr fuhren wir wieder zum Feldflugplatz und bestiegen die Wellington-Maschine.

Fleming wirkte eindeutig nervös. »Ist dir nicht mulmig?« fragte er, als wir einstiegen.

»Aber ja doch.«

»Und warum sieht man dir das nicht an?«

Darauf wußte ich keine Antwort. Ich hatte genauso Angst wie alle andern; immerhin flogen wir jetzt ohne jeden Jägerbegleitschutz mitten über feindliches Gebiet, denn die RAF-Planer waren zu dem Schluß gekommen, daß ein einsamer Bomber in niedriger Höhe am ehesten der Entdeckung entgehe. Aber es blieb ein Restrisiko. Obwohl die Luftwaffe schon schwer angeschlagen war, konnte sie immer noch Jäger aufsteigen lassen. Wir suchten jedoch nicht den Kampf, sondern wollten uns durchmogeln und auf dem rund 200 Kilometer langen, knapp halbstündigen Flug bis Berlin unentdeckt bleiben. Vor allem wollten wir uns bei der Landung im Zielgebiet kein feindliches Empfangskomitee einhandeln. Zwar war unsere eigene Truppe am Müggelsee recht umfänglich, aber es war einfach besser, wenn wir ohne Schußwechsel ins feindliche Gebiet schlüpfen konnten.

Als der Pilot Kurs auf Berlin nahm, stürzten Hoffnungen und Ängste auf mich ein. In der schwachen roten Nachtbeleuchtung saßen die JBC-Leute zu beiden Seiten aufgereiht, links von mir Susan Kemp, Fleming und Brabenov genau gegenüber. Wieder machte das Dröhnen der Motoren jedes Gespräch unmöglich, und meine Gedanken verdüsterten sich zunehmend. Vom Überfall auf den irischen U-Boot-Versorgungsstützpunkt abgesehen, befand ich mich zum ersten Mal gemeinsam mit anderen im Einsatz. Da ich sonst immer allein gewesen war, konnte ich mich jetzt nicht daran gewöhnen, so viele Leute um mich zu haben. Für jeden, den ich ansah, für jedes junge Gesicht, in das ich starrte, war ich verantwortlich, und zwar ich ganz allein. Sogar Fleming war jetzt meiner Obhut anvertraut. Mein Wort war Befehl, und nach den Gesetzen des Krieges stand auf Ungehorsam die Todesstrafe. Die rund hundertfünfzig schon an den Wasserläufen befindlichen Männer und Frauen von JB7 – und jetzt auch die achtundzwanzig des Kommandotrupps – würden jeden meiner Befehle sofort ausführen. Ihre Gesundheit, ihr Wohlergehen, ihr Leben – alles lag in meiner Hand.

Mit welchem Recht besaß ich solche Macht? Welche besonderen Eigenschaften konnte ich aufweisen? Während ich mir den Kopf zermarterte, überkam mich tiefste Niedergeschlagenheit. Mein Denken verlor sich, ich war kaum noch ich selbst, war wie gelähmt, und der letzte Rest von Mut schwand. Wieder schaute ich zu Brabenov und Fleming hinüber. Der Sitz neben ihnen war leer gewesen. Nun saß dort plötzlich ein Wesen, das ich nur allzu gut kannte, das mich gequält hatte, so weit ich zurückdenken konnte: mein schwarzer Engel, mein Todesengel.

Das Blinken der Alarmlichter rief mich in die Wirklichkeit zurück. Das Flugzeug neigte sich leicht nach unten. Der Motorenlärm ließ nach. Später erfuhren wir, als erstes hätten unsere Leute am Boden unsere Annäherung an dem Rauschen erkannt, das die Maschine in der Gleitflugphase verursachte.

Im Bauch des Bombers klickte sich Fleming, entschlossen, als erster zu springen, an die Leine. Als das grüne Licht »GO« aufflammte, warf er Brabenov einen stahlharten Blick zu. »Wenn du mich schubst«, sagte er, »bring' ich dich vors Kriegsgericht!« Dann sprang er zum ersten Mal in seinem Leben zu einem aktiven Feindeinsatz ab. Dicht hinter ihm hielt auch ich den Bruchteil einer Sekunde inne. »Heiliger Laurentius, heiliger Benedikt und lieber Schlachtengott«, murmelte ich tonlos, »wir springen.« Damit war ich auch schon draußen.

In der trüben Luft pendelnd, sah ich am nordöstlichen Horizont Artilleriemündungsfeuer aufblitzen: die anrückende Sowjetarmee. Sie war schon, wie wir aus den Berichten wußten, auf weniger als dreißig Kilometer herangekommen. Uns noch näher war das Stadtmeer von Berlin – es sah aus, als liege es unter einer pokkenartig von Bränden durchbrochenen schwarzen Decke. Genau unter mir schimmerte sanft die Fläche des Müggelsees. Aber viel Zeit zum Umschauen blieb nicht. Sehr schnell erkannte ich, daß ich das Wasser verpassen und am Südufer herunterkommen würde. Ich zog also die Knie an, um beim Aufprall abzurollen.

Ich landete dann tatsächlich auf Land, allerdings in einem Baum. Ich drehte den Freigabeknopf der Vergurtung im Gegenuhrzeigersinn, schlug kurz drauf und fiel heraus. Dann fuhr mir ein Stich durchs Herz. Ganz nahe bei mir, die Pistole auf mich gerichtet, stand eine große Gestalt in SS-Uniform. In einem Lichtstrahl erkannte ich die roten und schwarzen Abzeichen auf der Schulter. Doch noch ehe ich nach meiner Smith & Wesson greifen konnte, begann die Gestalt zu reden – mit einer Frauenstimme.

Es war Christa Shulberg, in voller Tötungsmontur. Nachdem sie mich geküßt und in ihrer Heimat willkommen geheißen hatte, verdarb sie wieder alles, indem sie strammstand und grüßte. Bei der Navy wird nachts nicht gegrüßt, und jeder reguläre Offizier reagiert instinktiv verärgert, wenn jemand einen so grundlegenden Schnitzer begeht. Ich war deshalb nicht ganz so liebevoll, wie es sich gehört hätte. Nachdem wir uns kurz vergewissert hatten, daß keine Gegner in der Nähe waren, zogen Caroline Saunders und ich uns bis auf die Unterkleidung aus, sprangen ins eiskalte Wasser und schwammen hinaus auf den See. Wir wollten sehen, ob die JBC-Leute auch planmäßig von den Kajaks aufgenommen wurden. Nach dem Verlust von Hannah Fierstein wollten wir unbedingt sofort wissen, ob alle wohlauf waren.

Alles war in Ordnung, alle waren unversehrt aufgelesen worden. Die Fallschirme wurden eingesammelt, zusammengerollt und verschnürt, auf eines der beiden Motorboote verladen, die JB7 gestohlen hatte, und in einem sicheren Haus versteckt. Wieder an Land, rubbelte ich mich mit einem Handtuch trocken, zog mich an und fuhr in einem Motorboot über den See ans Nordostufer. Dort stiegen wir im Schutz der Bäume den Hügel zum größten Haus hinauf, das unsere Freiheitskämpfer organisiert hatten.

Das zweistöckige, geräumige und unterkellerte Holzhaus dürfte das Landhaus reicher Berliner gewesen sein. Es stand etwa 200 Meter vom Nordostufer entfernt östlich von Friedrichshagen und nördlich von Rahnsdorf inmitten einiger Bäume auf einem Hügel. Unser Vorauskommando hatte gut daran getan, es für sich zu requirieren und als sichere Operationsbasis zu benutzen. Die Sicht war hervorragend, und der Ort eignete sich ideal für das starke Kurzwellenfunkgerät, das unsere Leute installiert hatten und ihnen erlaubte, rund um die Uhr mit Control von Sektion M in Bletchley Verbindung zu halten. Unser Voraustrupp hatte es sich mit Hängematten, Feldbetten, Bettzeug, Tauchsiedern und Kochgeräten bequem gemacht und eine Menge frischer Nahrung aus der Umgebung organisiert. Wie immer, wenn sie in der Minderzahl waren, ließen sich die Jungen von den Mädchen bemuttern, und als Susan ankam, war sie von der Atmosphäre sichtlich gerührt. Hier nun wurden wir herzlich begrüßt und spülten ein köstliches Mahl aus Corned beef, gebackenen Bohnen und irgendwie organisierten frischen Eiern mit reichlich Schnaps hinunter. Die Elektrizitätsversorgung war schon längst ausgefallen, aber ein Generator spendete Strom. Die Mädchen hatten blendend für alles gesorgt: Sie kochten auf Ölstövchen und größeren Holzrosten, und an Nahrung und Getränken schien kein Mangel zu herrschen. Die Funkverbindung mit England funktionierte gut, und bald wußte Bletchley, daß wir sicher angekommen waren. In der angeregten, lebensprühenden Atmosphäre konnte man kaum glauben, daß wir uns inmitten einer Stadt befanden, die dem Untergang geweiht war.

Hinter sorgfältig verschlossenen Verdunklungsvorhängen ließen wir uns auf den neuesten Stand bringen. Ein paar Freiheitskämpfer hatten sich mit Ortsansässigen angefreundet und bei ihnen unter dem Vorwand, sie seien vor den heranrückenden Sowjets auf der Flucht, Unterschlupf gefunden. Das war nicht schwer gewesen, denn die Russen waren überall verhaßt, und so konnte sich JB7 vieler Häuser und Anlagen in der Gegend bemächtigen. Mehr noch: Das Vorauskommando hatte unter den Banden von Waffen-SS-Leuten und anderen Nazis, die durch die Straßen zogen und in letzter Minute alte Rechnungen beglichen, Tod und Verderben gesät. Der offizielle Bericht, den Israel Bloem vorlegte, sprach von über dreihundert getöteten Feinden, denen meist die Kehle durchgeschnitten und die Augen ausgestochen oder auch die Hoden abgerissen worden waren. Mancher Nazi beging den größten und letzten Fehler seines Lebens, wenn er ein paar unschuldig wirkende Mädchen seines Weges kommen sah und sie für leichte Beute hielt.

Die GFF patrouillierten regelmäßig durch die Vororte in der Umgebung der sicheren Basis, vorneweg immer zwei Mädchen als Köder, dahinter in diskretem Abstand zwei Jungen. Üblicherweise machten sich die »Schwarzhemden« an die Mädchen heran und versuchten sie dann zu vergewaltigen. Zunächst wehrten sich die scheinbaren Opfer nur wenig, aber sobald sich die Angreifer entblößt hatten, zogen sie ihre Kampfmesser heraus und schnitten ihnen die Geschlechtsteile ab. Dann stachen sie ihnen in die Augen, hinter die Ohren oder ins Jochbein. Schließlich schwenkten sie triumphierend ihre blutigen Trophäen und schrien: »Das ist die Rache für meinen Vater (oder meine Mutter, meinen Bruder oder meine Schwester)!«, warfen die abgeschnittenen Körperteile auf die Leiber und spuckten zu guter Letzt noch darauf. Sie schämten sich für ihr Vorgehen beileibe nicht, sondern kehrten fröhlich heim und berichteten es Susan, die eines Abends sogar mitging. So rächten unsere Juden Folter und Mord an ihren Vätern, Müttern und Familien in den KZs. Der Haß auf die Nazis war so groß, daß Fleming und ich nach dem Kriege zu Churchills und Mortons Bestürzung Bloems Berichte mit den Worten gegenzeichneten:»Wir billigen dieses Vorgehen uneingeschränkt.« Während sich die übrigen in der Nacht etwas hinlegten, brachte ein kleiner Trupp sechs Kajaks zur Nordwestecke des Müggelsees und anderthalb Kilometer weiter die Spree hinunter. Dort versteckte er die Kajaks in einem verfallenen Schuppen gleich nördlich der Vorstadt-Ender-Insel. In den Tagesstunden des 24. April hörten wir uns die Lageberichte unserer Leute an. Ihre ermutigendste Entdeckung war, daß gleich neben dem AA-Bunker ausrangierte Eisenbahntunnels und andere unterirdische Gänge zum Bahnhof Friedrichstraße führten. Von da aus war es nicht mehr weit bis zur Weidendammbrücke, wo uns der Auffangtrupp erwarten sollte. Wenn diese unterirdischen Fluchtwege offenblieben, erleichterte das beträchtlich unsere Aufgabe, Bormann und Ribbentrop vom Bunker aus weiterzulotsen. (Allen war gesagt worden, daß wir zwei Männer aus der Stadtmitte entführten, aber um wen es sich handelte, war nur Fleming, Susan Kemp, Brabenov und mir bekannt.) Um 20.30 Uhr waren wir reisefertig. Nach einer letzten Kontrolle der Ausrüstung – Funkgeräte, Waffen, gefälschte Pässe, diverse Uniformen, Lebensmittel – gingen wir zum Ufer hinunter und bestiegen eines der Motorboote, das uns zu dem verfallenen Schuppen brachte. Dort stiegen wir in die Kajaks um. Der große, blonde John Morgan und ich fuhren voraus. Im zweiten Kajak saßen Sergeant David Jones vom SBS Royal Marine Commando sowie Günther, der immer noch seinen Kopfverband trug. Dahinter kam Barbara Brabenov mit ihrem Commando-Sergeant John Rawlins, danach Fleming mit Sergeant Peter Fletcher. In den zwei letzten Kajaks saßen Freiheitskämpfer, je ein Mann und eine Frau. Die Mädchen nahmen wir mit, weil sie äußerst wertvoll waren, wenn wir auf Polizei oder SS träfen; wer konnte uns notfalls besser aus der Klemme herausreden als zwei hübsche junge »Fräulein«? Indem sie an Land paddelten und dort verhandelten, konnten sie den Feind zumindest davon abhalten, das Feuer auf uns zu eröffnen – und wenn einer sie etwa verhaften wollte, wäre er sofort außer Gefecht gesetzt worden.

Nach über einem Jahr saß ich endlich wieder in einem Einsatzkajak und durfte spüren, wie es im Wasser Fahrt aufnahm. Als John Morgan und ich ins Dunkel hineinpaddelten, empfand ich Freude und Erleichterung. Alles fühlte sich vertraut an; ohne auch nur einen Augenblick überlegen zu müssen, war für mich die gesamte in den Spezialtaschen befindliche Ausrüstung griffbereit: Maschinenpistole, Handgranaten, R/G-Lichter, Kompaß, Erste-Hilfe-Tasche. Dichter Nieselregen verkürzte die Sicht, und das paßte uns hervorragend. Die Häuser am Flußufer waren dunkel; die einzige Lichtquelle waren Mündungsfeuer, explodierende Granaten und brennende Lager oder Fabriken. Die Kampfgeräusche kamen unregelmäßig und wie im Stakkato, schienen sich aber nach einiger Zeit zu einem anhaltenden Hintergrundgrollen zu vermengen. Ein Kajak hielt Funkkontakt mit Susan Kemp, die jetzt am Müggelsee das Kommando innehatte. Für die Verständigung zwischen den Kajaks benutzten wir unsere R/G-Leuchten, deren Infrarotlicht für den Feind unsichtbar war und auch nicht angepeilt werden konnte.

So nahmen sechs Kajaks mit Nordwestkurs den Weg durch die schwer heimgesuchte Stadt. Wir fuhren strikt in Kiellinie mit genau drei Bootslängen Abstand am Ostufer entlang. Rund zwanzig Kilometer hatten wir zurückzulegen. Da wir die Strömung nutzen konnten, berechnete John unsere tatsächliche Geschwindigkeit auf drei bis vier Knoten. Mit anderen Worten: Zwischen 0.30 und 1 Uhr sollten wir unser Ziel erreicht haben. Zu meiner Freude erwies sich die Spree als recht geräumiger Wasserweg, der stellenweise über fünfzig Meter breit war. Damit hatten wir einen beträchtlichen Manövrierspielraum. Desgleichen führte der Fluß wie vorausgesagt Niedrigwasser, so daß ein Großteil des Weges von drei bis fünf Meter hohen Böschungen oder Mauern gesäumt war – was an sich schon viel Sicherheit bedeutete, da nun das Geschützfeuer gefahrlos über unsere Köpfe hinwegging.

Zum größten Teil floß der Fluß durch dicht bebautes Gebiet; manchmal aber auch liefen Eisenbahngleise an ihm entlang, auf denen sich allerdings nichts bewegte. Zu Beginn unserer Strecke passierten wir backbord (also zur Linken) den Plänterwald und Treptower Park. Als Teil unserer Vorbereitung hatten wir für jeden bedeutenden Anhaltspunkt einen Codebuchstaben vergeben und uns die Punkte anhand des Modells in Birdham eingeprägt; sobald wir eine dieser Stellen passierten, notierten wir sie auf unseren Unterwasser-Schreibtäfelchen, wobei wir dem Code ein S für Steuerbord und ein B für Backbord voranstellten. Zu den zahlreichen Anhaltspunkten zählten natürlich auch die Brücken: die Waisen-, Fischer-, Kurfürsten-, Kaiser-Wilhelm- und Friedrichsbrücke (nach dem Krieg wurden sie zum Teil umbenannt).

Allmählich wandte sich der Fluß nach Westen, und nach drei Stunden türmte sich backbord die zerbombte Masse des Doms vor uns auf. Unser nächster Anhaltspunkt war die Kuppel des Bodemuseums, ebenfalls backbord. Dann kamen wir zügig zur Monbijoubrücke. Wir wußten, daß es nur noch Minuten dauern konnte, bis wir den Ausstiegspunkt gleich neben der Weidendammbrücke erreichten, den John zur Anlandung ausgesucht hatte.

Da war sie auch schon – ein riesiges Stahlgerüst, das vor uns in den Nachthimmel ragte. John steuerte lautlos zum Südufer und legte, noch eineinhalb Minuten vor Ablauf der geplanten Zeit, an einer fast fünfzehn Meter hohen Mauer an. Dank der Schwerstarbeit unserer Späher hing bereits eine Strickleiter da. Während John das Kajak stützig hielt, schlang ich die Gurte meines Beutels um, flüsterte »Goodbye« und stieg die glitschige Mauer zur Uferstraße hinauf. Unter mir glitt ein Kajak nach dem andern heran und spuckte seine Insassen aus, die lautlos im Dunkeln verschwanden. Brabenov hatte besonders schwer zu schleppen, denn außer ihren eigenen Sachen brachte sie auch die ärztlichen und zahnärztlichen Unterlagen mit, die uns Bormann geliehen hatte.

Binnen weniger Minuten war auch das letzte Kajak eiligst verschwunden, und der Fluß lag wieder scheinbar verlassen da. Unsere Commandos hatten nun jedoch noch ein hartes Stück Arbeit vor sich, denn sie hatten Befehl, wieder flußaufwärts zu paddeln und im Hauptlager am Müggelsee zu warten, bis wir sie für die eigentliche Ausbruchsaktion wieder herriefen.

Auf der Uferstraße fühlten wir uns viel exponierter als auf dem Fluß. Der Kanonendonner klang lauter, die Explosionsblitze schienen heller. Nun hatten wir über unsere dünnen Hemden mit den Insignien der Royal Navy unser Ursula-Zeug mit den Abzeichen der Wasser-Waffen-SS gestreift und die Mützen aufgesetzt. Der Trupp schien auf den Befehl Brabenovs zu hören, die die Rangabzeichen einer Brigadeführerin trug. Unter ihrer Führung und mit deutschen Maschinenpistolen im Anschlag, marschierten wir am Südufer des Flusses entlang in Schützenkette nach Westen los. Um kein gemeinsames Ziel zu bilden, hielten wir zwischen uns einen Abstand von drei Metern. Kaum hatten wir uns in Bewegung gesetzt, fiel uns der ekelhafte Gestank verfaulenden Fleisches an; an allen Ecken, in Schutzlöchern, Straßengräben, unter riesigen Schuttbergen verschüttet, lagen verwesende Leichen, und die ganze Luft war mit diesem Todesgeruch verpestet.

Viele Menschen waren unterwegs, gingen schnell, rannten bisweilen. Unter dem Pfeifen und Krachen der anfliegenden Granaten waren die Nerven aller zum Zerreißen gespannt. Kurz darauf erreichten wir die Friedrichstraße, bogen links in sie ein und gingen nach Süden weiter. Wieder orientierten wir uns anhand der Karte von Zentralberlin, die wir uns eingeprägt hatten.

Die erste Querstraße nach dem Bahnhof Friedrichstraße war die Georgenstraße, in die wir jetzt rechts einbogen. In diesem Augenblick kamen uns zwei Männer entgegen und rannten an uns vorbei. Eine MP-Salve von hinten streckte sie beide nieder. Wir sprangen in die nächsten Hauseingänge. Einer der Flüchtenden war sofort tot, aber der andere fing an zu brüllen, bis ihn eine weitere Salve zum Schweigen brachte.

In Sekundenschnelle stand ein fünfköpfiger SS-Wachtrupp bei uns. Weglaufen hätte das sichere Todesurteil bedeutet; also standen wir wie angewurzelt da. Als der rothaarige Anführer unserer ansichtig wurde, unsere Uniformen aber nicht sofort erkannte, brüllte er:»Herauskommen und Hände hoch!«

»Scheißkerl!«schrie Brabenov mit erstaunlich lauter Stimme fast auf Baritonhöhe.»Wie kannst du es wagen, mit einem höheren Dienstgrad zu sprechen, ohne Haltung anzunehmen und den Führergruß abzugeben?«

Der Deutsche zögerte einen Augenblick, nahm dann Haltung an und stieß hervor:»Heil Hitler, Brigadeführerin!«

Brabenov spielte sich glänzend auf, wollte schnarrend von ihm wissen, was er tue und wie sein Befehl laute. Als er erklärte, er sei zum Erschießen von Deserteuren beordert, sagte sie ihm, da sei er am völlig falschen Ort. Er müsse nördlich des Flusses suchen, näher bei den anrückenden Russen. *Dort* seien die Deserteure.

»Also«, schloß sie,»hauen Sie ab, bevor ich Ihren Namen notiere, und zwar dalli!«

Wieder salutierte der Mann. Als sich sein Trupp aus dem Staub machte, wandte sich Brabenov, immer noch in Fahrt, uns zu und brüllte:»Und ihr drei Scheißkerle, was wartet ihr noch!«

Eine Bravourleistung. Doch kurz darauf stießen wir auf etwas, was sogar für unser phänomenales Yankee Doodle Girl zuviel war. Beim Einbiegen in die Straße Unter den Linden trafen wir unvermittelt auf eine Gruppe von Frauen und Kindern, die gerade von einer Granate getroffen worden war. Die meisten waren tot, in Stücke gerissen. Dazu gehörte eine junge Frau mit gespaltenem Schädel. Sie lag in einer Blutlache, aber neben ihren bloßen Brüsten lag, noch lebend, ein winziger, wenige Monate alter Säugling. Auch er war blutüberströmt, und im Schein eines brennenden Gebäudes sahen wir, daß ihm ein Ärmchen von der Schulter gerissen war. Aus der Wunde pulsierte Blut, aber mit letzter sterbender Kraft suchte der Säugling instinktiv nach der Mutterbrust.

Brabenov kniete sich hin. Das Baby schien sie zu hören und griff mit der verbliebenen Hand nach ihr. Sie nahm es hoch, drückte es an sich und versuchte, die Wunde mit dem Taschentuch zuzudrücken; Sekunden später war sein Lebenslicht erloschen. Sie führte die Lippen an seine Stirn und legte es dann neben die Leiche seiner Mutter auf das Pflaster, kniete sich daneben und schlug ein Kreuz, wobei ihr sein Blut von den Fingern troff (reglos sah ich, daß sie das Zeichen nach Art der Orthodoxen von rechts nach links machte).

»O Gott«, ächzte sie. »Das ist zuviel für mich. Meine eigenen Leute kämpfen gegeneinander. Mein Vater und meine Mutter – Deutsche und Russen.«

Dann faßte sie sich wieder. Wir gingen weiter. Kurz vor dem Auswärtigen Amt ließ ich die Gruppe im Schutz eines Hauseingangs haltmachen und rief John Morgan über mein Funksprechgerät. Um 1.07 Uhr berichtete ich, wir seien nur noch drei Minuten von Ferkels Stall entfernt. »Bonne chance«, sagte ich noch, und dann »Over«.

»Romeo JBC«, kam Morgans Antwort. »Gott mit euch. JB7-1 bleibt auf Empfang.«

Damit war die Verbindung bis auf weiteres beendet. Unter der Erde konnte uns JB7 nicht erreichen. Sie mußten warten, bis wir uns wieder meldeten.

14

NAHKAMPF

Inzwischen war das Auswärtige Amt schwer beschädigt. Kein Fenster im ganzen Gebäude war heil geblieben, und in den prächtigen Mauern klafften riesige Löcher. Als wir hinter dem Auswärtigen Amt am Ostende des Tiergartens den Eingang zum Bunker der Reichskanzlei erreichten, brachten die Posten ihre Waffen in Anschlag; sie waren aber offenbar auf unser Kommen vorbereitet, denn als Brabenov ihnen sagte, wer wir seien, riefen sie jemanden herbei, der uns in die Tiefe begleiten sollte. Wir fanden uns im selben Luftschutzbunker wieder, in dem wir schon einmal waren, aber diesmal wurden wir alle in einen zellenartigen Raum geführt, und zu unserer Überraschung nahm uns niemand unsere Handwaffen ab.

Wir legten unsere schweren Seesäcke ab und betrachteten unsere neue Bleibe näher. Viel zu sehen gab es nicht. Im Raum standen vier Pritschen mit schmutzigen alten Matratzen, darauf je zwei graue Decken. Ein nackter Holztisch und vier Stühle ergänzten die Möblierung; in einem Alkoven, der mit einem Vorhang abgegrenzt war, befand sich ein Waschbecken mit einem einzigen Wasserhahn, auf dem Boden standen zwei Nachttöpfe.

Als Brabenov letztere entdeckte, reagierte sie wie immer schlagfertig. Sie tat so, als sei sie völlig aus dem Häuschen, hielt die Töpfe vor sich und rief: »O.k., Jungs, und wer teilt sich einen mit mir?«

Fleming und ich brachen in Gelächter aus. Günther verstand erst nach der Übersetzung, was sie gesagt hatte; dann mußte auch er lachen und meinte, das sei die hübscheste Aufforderung, die er je von einer Dame bekommen habe. Als er die Hacken zusammenschlug und sich verbeugte, erwiderte Brabenov das Kompliment mit einem gespielten Hofknicks.

Auf dem Tisch stand eine höchst karge Mahlzeit: ein paar Scheiben Wurst, Schwarzbrot, Suppe, miserabler Ersatzkaffee und ein Spirituskocher.

»Whoopie!« schrie Brabenov. »Ein Festessen!«

Während ich die Suppe warm machte, holte Fleming einen »Flachmann« heraus und bedachte jeden mit einem hochwillkommenen Schluck Cognac. Die Aussicht, in dieser Höhle Tage und Nächte verbringen zu müssen, war höchst ungemütlich. Als ich in den frühen Morgenstunden auf meiner Pritsche lag und krampfhaft versuchte, das Röhren des Belüftungssystems zu ignorieren, hatte ich keinen sehnlicheren Wunsch, als in der Freiheit draußen frische Luft zu atmen. Doch bis wir auf dem Fluß und wieder Herr unseres Schicksals waren, konnten wir unmöglich entspannen. Günther war kaum eingeschlafen, da schnarchte er so laut, daß Brabenov aufwachte, zu mir herüberkam und sich zu mir auf die Pritsche setzte. Als ich zu dem Unglücklichen hinübersah, den ich noch vor Wochenablauf würde töten müssen, spürte sie irgendwie meinen Kummer und hielt meinen Arm fest.

»Vielleicht sollte ich ihn jetzt töten«, flüsterte ich, »nachdem er etwas getrunken hat und nicht bei sich ist.«

Der Griff um meinen Arm schloß sich fester.

»Wenigstens bin ich am richtigen Ort«, sagte ich.

»Was meinst du damit?«

»Inmitten der Massenmörder.«

Brabenov wußte auch keinen Trost. Statt dessen schlug sie schweigend ihr Kreuz und erbat von anderswo Hilfe.

Der Morgen brachte die Bestätigung; unser Quartier glich nur allzusehr einem Zuchthaus. Man brachte uns etwas, das sich als Frühstück ausgab, und einer von uns mußte die Nachttöpfe in einen Eimer am Ende des Flurs kippen. Dann blieb uns nichts anderes mehr übrig, als zu warten, bis uns Ribbentrop rufen ließ. Das geschah gegen 9.30 Uhr. Fleming und ich ließen Brabenov und Günther in unserer Zelle zurück und wurden ins zerbombte

Auswärtige Amt geführt. Der Geschützdonner, den die Beton-wände und -decken des Kellers gedämpft hatten, klang auf Erd-bodenhöhe viel bedrohlicher, und die heransausenden Geschosse kreischten unerfreulich laut.

Ribbentrop, der bis zuletzt seine Würde wahrte, benutzte immer noch sein altes Büro, obwohl es nur noch ein Trümmerhaufen war: sämtliche Fenster fehlten, die Wände waren mit Splitterspuren übersät, die Stuhlbezüge hingen in Fetzen, und überall lag der Putz auf dem Fußboden. Seine Begrüßung war zwar ganz freundlich, aber man sah sofort, daß er unter ungeheurem Druck stand.

»Warum ziehen Sie nicht in den Keller?« fragte ich. »Wenn Sie hier oben bleiben, ist es nur noch eine Frage der Zeit, bis Sie ins Jenseits geblasen werden.«

»Das ist mir immer noch lieber, als da unten bei der ungebildeten, gemeinen Horde zu hausen«, erwiderte er hochmütig. »Und morgen bin ich sowieso weg.«

»Wirklich?« fragte Fleming. »So bald hauen wir schon ab?«

»Nein...«, sagte Ribbentrop gedehnt. Mit sichtlichem Unbehagen eröffnete er uns, daß er sich einen anderen Plan überlegt habe. Anstatt mit uns zu kommen, habe er seine Flucht aus Berlin über Graf Bernadotte und die Schwedische Botschaft arrangiert.[1]

»Aber Bormann verläßt sich weiterhin ganz auf euch«, sagte er schnell. »Er will euch gleich sehen. Er hat mich sogar schon sehr hübsch dafür entlohnt, daß ich die Davis-Bond-Flucht organisiert habe.«

Eine Zeitlang versuchte der Reichsaußenminister, Konversation zu machen, aber seine Gedanken waren deutlich woanders, und bald verabschiedete er sich. Beim Händeschütteln empfand ich keinerlei Gefühle, weder Verachtung für den aufgeblasenen Poseur noch Bedauern über den Abschied von einem alten

---

1 Ob Ribbentrop bluffte, weiß ich nicht. Zu guter Letzt kam er mit eigener Kraft aus Berlin heraus, offenbar in einem Kleinflugzeug, das auf der Avus startete. Nach einem erfolglosen Versuch, sich bei Admiral Karl Dönitz anzubiedern, den Hitler zum Nachfolger bestimmt hatte, tauchte Ribbentrop unter und wurde erst am 14. Juni 1945 in Hamburg von britischen Truppen verhaftet. Man brachte ihn vor das Nürnberger Gericht, das ihn im Oktober 1946 zum Tode verurteilte.

Freund der Familie. Vielmehr war ich froh, daß wir ihn bei der Flucht über den Fluß nicht am Hals hatten und uns ganz auf den Mann konzentrieren konnten, um den es uns vor allem ging.

Bevor wir gingen, schärfte ich Ribbentrop noch ein, daß wir während des Wartens die Erlaubnis brauchten, alle paar Stunden ins Freie zu gehen und mit unseren Leuten Verbindung aufzunehmen. Dem stimmte er bereitwillig zu und wies seine Wachleute an, uns hinauszulassen, wann immer wir wollten.

Als wir in unsere Betonhöhle zurückkamen, wartete Bormann schon auf uns. Er hatte sich mit Brabenov unterhalten, aber von Günther war weit und breit nichts zu sehen. Als ich fragte, wo er abgeblieben sei, erwiderte Bormann, er habe ihn wegbringen lassen, damit Günther die Person, die er zu verkörpern hatte, nicht sah. Außerdem wollte er sich seinen Doppelgänger selbst heimlich genau ansehen. Er bestätigte, die Ähnlichkeit sei hervorragend gelungen.

»In dem Fall«, sagte Brabenov, »sollten Sie besser Ihre Unterlagen wieder zurücknehmen.« Sie händigte ihm das Dossier mit den Papieren aus und erläuterte, sie seien sachkundig so verändert worden, daß sie mit Günthers Erkennungsmerkmalen übereinstimmten. Bormann schlug eine der Akten auf und murmelte nach kurzem Blick darauf: »Ausgezeichnet!«

Die Schlüsselfrage lautete natürlich: »Wann geht's los?« Aber darauf wollte er keine eindeutige Antwort geben. Vielleicht in zwei Tagen, sagte er. Vielleicht auch erst in fünf oder sechs. Sechs Tage in diesem Hühnerstall! Beim Gedanken daran wurden wir bleich.

»Warum können wir nicht jetzt abhauen, bevor die Russen die Fluchtwege zumachen?« fragte Fleming.

Bormann antwortete, was ihm Sorge mache, seien nicht die Russen, sondern die SS und die Nazigetreuen. Inzwischen seien schon eine ganze Menge Leute beim heimlichen Fluchtversuch erschossen worden. Wenn er selbst jetzt zu entschlüpfen versuchte, wäre die Gefahr, entdeckt zu werden, ziemlich groß. Er halte es für besser, abzuwarten, bis die Verwirrung im Endstadium des Zusammenbruchs ihren Höhepunkt erreiche. Dann werde jeder nur noch die eigene Haut retten wollen – und das sei dann der richtige Augenblick.

»Aber warum zum Teufel«, sagte Fleming ziemlich aufgebracht, »konnten Sie sich nicht hier in Berlin einen Doppelgänger besorgen und uns 'ne Menge Ärger ersparen?«

Erneut erläuterte Bormann geduldig, wenn irgend jemand mitbekommen hätte, daß er nach einem Doppelgänger suche, wäre er sofort in Verdacht geraten.

Je länger wir warteten, desto unerträglicher wurde die Spannung. Aus Bloems Berichten, die JB7 an uns weitergab, wußten wir, daß die sowjetischen Truppen inzwischen das Zentrum von Berlin fast umzingelt hatten; sie waren nur noch knapp fünfzehn Kilometer vom Müggelsee und kaum zwanzig vom Führerbunker entfernt. Unsere eigenen Ohren verrieten uns, daß sich die Schlacht verschärfte; die gedämpften Explosionsgeräusche der Granaten ertönten fast ununterbrochen. Wenn wir nicht innerhalb der nächsten zwei Tage verschwanden, kamen wir überhaupt nicht mehr heraus. Die Wartezeit war immer schwerer zu ertragen – aber wir mußten einfach bis zum bitteren Ende durchhalten. Mir fiel es vielleicht noch am leichtesten, denn ich war ans Leben im U-Boot gewöhnt und empfand weniger Platzangst als die andern. Meine Kampfgefährten hingegen reagierten auf unsere Einkerkerung in der jeweils für sie typischen Art: Fleming zeigte sich gegenüber Brabenov äußerst galant, und sie behielt ihre gewohnte übermütige Fröhlichkeit. Was uns durchhalten und das Eingesperrtsein ertragen ließ, waren die in Birdham mit Disziplin und Training geschmiedeten Bande der Freundschaft.

Man brachte uns rohe Lebensmittel, die wir, soweit es möglich war, abkochten und aßen. Aus der bloßen Tatsache, daß die Rationen immer magerer wurden, schlossen wir, daß der Druck auf Hitlers letzte Bastion von Tag zu Tag zunahm. Jeden Morgen leerten wir unsere Nachttöpfe in den Gemeinschaftseimer. Wir erfanden alberne Ablenkungen, gaben uns wilden Spielen hin und lachten eine Menge. Alle vier Stunden ging einer von uns ins Freie, nahm mit JB7 Verbindung auf und tauschte Neuigkeiten aus.

Um 9.30 Uhr am Morgen des 29. April erschien Bormann und bat um genaue Einweisung. Am nackten Holztisch sitzend, gingen wir unsere Pläne durch, ließen dabei allerdings einige wesentliche Punkte aus. Brabenov dolmetschte, während wir beschrieben, wie die Flottille stromabwärts fahren und jeder, einschließlich unseres Passagiers, die am besten zur jeweiligen Umgebung passende Uniform tragen sollte.

Zuerst schien Bormann unruhig. Er wußte, wie sehr die Wasserläufe vermint und blockiert worden waren, und bezweifelte, daß es uns gelingen könne, einen Weg zu bahnen. Doch nach und nach wuchs sein Vertrauen, als er hörte, wie tüchtig unsere Minenräumfachleute gearbeitet hatten, und als ich am Ende angelangt war, bemerkte er grinsend: »Durch Berlin fließt immer noch die Spree.«

»Stammt aus einem beliebten Lied«, erläuterte Brabenov und übersetzte die Zeile für uns. »Er hält es für ein gutes Omen.«

Bormann ließ uns wissen, er sei leidenschaftlicher Kanufahrer, und ich stellte zwei Stühle so hintereinander, daß wir unsere Sitzpositionen in einem Kajak simulieren und ein wenig üben konnten.

Am Sonntag morgen, dem 30. April, stand fest, daß der Bunker nicht mehr lange standhalten konnte. Droben im Freien tobte der Beschuß, und von unseren Funkkontakten wußten wir, daß die sowjetischen Truppen auf allen Seiten immer näher rückten. Spezialeinheiten hatten Auftrag, die wenige Meter von unserem Loch entfernte Reichskanzlei zu erobern. An diesem Morgen gab es weder Nahrung noch Wasser, so daß wir unsere eisernen Rationen – Kekse und Brandy – anbrechen mußten.

Am Nachmittag desselben Tages sagte Fleming etwa um 15.20 Uhr unvermittelt zu mir: »Ich kann dir nicht befehlen und befehle dir auch nicht, Ferkels Doppelgänger umzubringen.«

Brabenov kam sofort her, und zu dritt standen wir fest untergehakt mitten im Raum.

Mit amtlicher Miene fuhr Fleming leise fort: »Sie haben den Einsatzbefehl. Günther umzubringen ist eine rein taktische Angelegenheit. Sie fällt nicht in meinen strategischen Zuständigkeitsbereich. Aber Sie, Korvettenkapitän Creighton – Christopher –, tun alles, was in Ihrer Macht steht, um Martin Bormann sicher aus Berlin zu bringen und ihn auf dem Westufer der Elbe den Alliierten zu überantworten. Diesen Befehl führen Sie so aus, daß es den Anschein hat, als sei Bormann beim Fluchtversuch erschossen worden – und Sie tun das ungeachtet Ihrer persönlichen Sicherheit und Bequemlichkeit, ungeachtet Ihrer Prinzipien oder *der irgendeiner anderen Person.* Von Ihnen wird verlangt, Ihre Befehle und Aufträge ohne Rücksicht auf Rang, Status oder Tätigkeit einer Person und ohne Rücksicht auf die Regeln oder Verpflichtungen irgendeiner Organisation, einschließlich der Genfer Konvention, auszuführen. Einzig und allein nach Weisung der Sektion M. So lautet Ihr Auftrag unter dem Kriegsrecht.«

»Und auf Ungehorsam steht die Todesstrafe«, antwortete ich still.

»Etwas in der Art.«

Am selben Nachmittag, als Brabenov und ich von einem Funkkontakt im Chaos dort oben zurückkehrten, hatte sich die Haltung unseres Gastgebers völlig geändert. Bormann stand mit zwei SS-Offizieren da, die sich bedrohlich neben ihm aufgebaut hatten und ihre Revolver auf Fleming gerichtet hielten. Jetzt nahmen sie auch mich ins Visier.

»Was ist los?« fragte Brabenov ungerührt.

Bormann hielt eine Akte hoch, die er unter dem Arm gehalten hatte, und als ich darauf das Wort »ABWEHR« erblickte, wußte ich, was jetzt kommen würde. Als einstudierte Warnung an meine Begleiter zog ich kurz die Luft durch die Nase.

Bormann setzte in aller Ruhe zur Anklage an; Brabenov dolmetschte. Seit einiger Zeit schon habe er versucht, der Akten des früheren Abwehrchefs Admiral Canaris, der von der SS wegen seiner nazifeindlichen oder regimekritischen Tendenzen erschossen worden sei, habhaft zu werden. Endlich sei ihm das gelungen, und diese Akte – er schwenkte sie durch die Luft – sei die meinige. Sie offenbare meine Tätigkeit als britischer Doppelagent mit allen Details. Sie belege jenseits aller Zweifel, daß ich kein ab-

trünniger Deserteur, sondern ein Offizier der Royal Navy sei.
»Wie steht's mit *ihm*?« fragte Bormann und zeigte auf Fleming.
»Wie steht es mit diesem Ihrem Freund, dem sogenannten Herrn
Bond? Ist er etwa auch von der Royal Navy?«
Ich sah, daß jetzt beide Revolver mehr oder weniger auf mich
zielten. Eine kleine Richtungsänderung der Läufe hätte genügt,
um auch Fleming abzudecken. Aber sie zeigten auch nicht ent-
fernt in die Richtung von Brabenov, die die Deutschen lediglich
als Dolmetscherin ansahen – ein fataler Fehler. Anstatt einer
Antwort zog ich noch einmal die Luft durch die Nase.
Kaum daß einer mit der Wimper zucken konnte, hatte Brabenov
schon ihre .38er Smith & Wesson gezogen, den Hahn gespannt
und aus der Hüfte zwei Schüsse abgefeuert. Sie trafen beide SS-
Männer im waffenführenden Arm und setzten sie außer Gefecht.
In dem engen Raum war der Knall ohrenbetäubend, und es roch
nach Korditpulver.
Ehe sich die Deutschen von dem Schock erholen konnten, hatte
auch ich den Revolver gezogen und auf Bormann gerichtet. Er
zögerte einen Augenblick, nickte dann zum Zeichen, daß er sich
ergebe. Die SS-Waffen fielen krachend zu Boden. Die verwundeten Männer stöhnten und hielten sich den angeschossenen Arm.
Bormann und seine Begleiter konnten nicht fassen, wie schnell
und genau unser Mädchen geschossen und getroffen hatte. Fleming und ich waren überhaupt nicht überrascht, denn wir hatten
es in Birdham oft genug erlebt.
Dann bestätigte Fleming in fließendem Deutsch, wir seien
alle drei Navy-Offiziere, und er führe den Gesamtbefehl über
ein Unternehmen, das eigens dazu bestimmt sei, Bormann aus
Berlin heraus und nach England zu bringen. Dort warte unein-
geschränktes Asyl und genug Geld auf ihn, so daß er den
Rest seines Lebens bequem und sicher verbringen könne. Jetzt
habe er die Wahl: auf der Stelle zu sterben – oder mit uns zu
kommen.
Ein paar Sekunden lang starrte unser Opfer uns an, sprang mit
den Augen unablässig zwischen Fleming und mir hin und her.
Natürlich hatten wir keinerlei Absicht, ihn umzubringen, aber
das brauchte er nicht zu wissen. Nach allem, was er wußte, stand

er am Abgrund. Dann sagte er herausfordernd:»Als Gegenleistung wofür?«

Fleming sagte es ihm: als Gegenleistung für seine uneingeschränkte Mitwirkung beim Aufspüren und Aushändigen des ganzen Geldes, des Goldes, der Juwelen, der Grundstücksurkunden und anderen Vermögenswerte, die die Nazis heimlich außerhalb Deutschlands deponiert hätten und zu denen er Zugang habe. Außerdem werde von ihm verlangt, daß er britischen Befragungsoffizieren rückhaltlos sämtliche Einzelheiten seines Lebens und seiner Zeit bei der Nazipartei schildere. Diesmal gab es kein Zögern.»Ich bin einverstanden«, sagte er. Dann, als wir unsere Waffen wieder eingesteckt hatten, ging er zur Tür, öffnete sie und rief den Korridor hinunter. Kurz darauf kamen zwei Offiziere der Parteikanzlei herein, nahmen steif Haltung an und streckten den Arm zum Hitlergruß aus. Bormann flüsterte einem der beiden etwas zu, worauf sie die beiden Verwundeten aus dem Raum schoben. Deren Schicksal war uns allen klar: Sie hatten zuviel gehört, als daß sie am Leben bleiben durften.

Bormann sah mitgenommen aus. Fleming warnte ihn, ab jetzt äußerste Vorsicht walten zu lassen. Wir drei seien bei weitem nicht die einzigen, die von seinem Fluchtplan wüßten. Rund hundertfünfzig Leute der britischen Spezialtruppe in Berlin seien auf dem laufenden, und wenn auch nur einer unserer vierstündigen Funkkontakte ausbleibe, erführe die Naziführung binnen weniger Minuten von seinem Verrat, nicht zuletzt Goebbels (das stimmte zwar nicht, klang aber gefährlich).

Nach einem weiteren Moment nickte Bormann zustimmend. Fleming sagte abschließend:»Und die Abwehr-Akte kriege ich.«

Wieder trat eine Pause ein, ehe Bormann sie ihm aushändigte. Dann sagte er:»Sie brauchen sich nicht zu sorgen. Ich halte mein Wort.«

Rückblickend war ich der Meinung, daß Brabenov ein übermäßiges Risiko eingegangen war, als sie die zwei Schüsse abgab, sagte aber nichts zu ihr. Als ich das zweite Mal die Luft durch die Nase zog, hatte ich ihr nur bedeuten wollen, sie solle die beiden SS-

Männer ablenken, während ich mich auf sie warf und sie entwaffnete. Ich hatte nicht damit gerechnet, daß sie so jäh reagieren würde. Der Detonationsknall hätte das gesamte Nazihauptquartier anlocken können. Tatsächlich aber schien ihn durch den dikken Stahlbeton und die Stahlbewehrung niemand gehört zu haben – oder aber man hielt ihn, wenn er denn gehört wurde, für einen der Schüsse im zunehmenden Kampflärm draußen. Hätte Brabenov danebengeschossen, dann hätten die Kugeln als Querschläger weiß Gott wen töten können; aber sie war ein ausgewachsener Profi, im Schießen aus der Hüfte – oder überhaupt aus jeder Stellung – ein As, und hatte als solches keinen Fehler gemacht.

Während Fleming, Brabenov und ich im Bunker festsaßen, unterstand Susan praktisch die gesamte Operation – und niemand hätte geschickter und mutiger handeln können als sie. In dieser Nacht paddelte sie mit ihren Leuten runde acht Kilometer stromabwärts. Am Eingang zum Spreekanal, der vom Hauptfluß nach Westen abzweigte, zogen sie ihre Boote an Land. Immer noch befanden sie sich zehn Kilometer oberhalb der Stelle, an der sie uns aufnehmen sollten, waren uns aber immerhin schon einiges näher. In der letzten Funkmeldung am Abend berichtete sie, die Schlacht tobe über ihren Köpfen, doch die Spree fließe, von den Kämpfen scheinbar ungerührt, weiterhin majestätisch durch die Stadt. Vor meinem geistigen Auge sah ich die kleinen Boote in Kiellinie – präzise mit vier Bootslängen Abstand – stromabwärts gleiten und im Schatten der Uferböschung verschwinden, als Susan den Befehl gab, an Land zu gehen.

Ihre Flottille bestand aus zwölf Kajaks, von denen zwei so ausgebaut worden waren, daß sie das schwere Funkgerät aufnehmen konnten, über das wir mit dem Funkwagen der Sektion M an der Elbe Verbindung halten wollten. Vier Plätze waren für uns drei und unseren Stargast frei geblieben. Wenn unsere Abreise unmittelbar bevorstand, sollte die Flottille nachts stromabwärts kommen und möglichst nahe der Weidendammbrücke und des Bunkers in Deckung gehen. Wenn wir herauskamen, sollten sie ihre Deckung verlassen und uns aufnehmen.

Am Abend hörten wir über Funk vom Müggelsee, daß es überall

von Russen wimmle; ohne die unterirdischen Durchgänge zur Spree hatten wir kaum eine Chance herauszukommen. Um 20.30 Uhr kam Bormann nochmals in unsere Zelle und sagte uns, der Ausbruch finde am nächsten Abend, Dienstag, dem 1. Mai, statt. Erst dann werde die Hauptgruppe der Nazis den Bunker verlassen. Vorher könne er unmöglich weg.

Seit einiger Zeit schon fragte ich mich, was wohl mit Hitler sei, und als ich Bormann fragte, gab dieser rätselhaft zurück:»Der Führer ist tot.« Weiter sagte er nichts. Er erklärte auch nicht, was geschehen war, sondern ließ uns einfach stehen.

Wir alle fanden das seltsam und paradox. Sechs Jahre hatte der Krieg gedauert, und unsägliche Scheußlichkeiten waren begangen worden. Seit Monaten, ja Jahren hatten zahllose Verschwörer den Hauptschuldigen, Adolf Hitler, zu beseitigen versucht. Nun war er offenbar tot; aber sein Abtreten schien überhaupt nichts zu ändern. Immer noch bombten und schossen sich die Sowjets den Weg zur Stadtmitte frei. Immer noch starben Menschen zu Tausenden. In wenigen Stunden würden wir aufbrechen und den Halter einer milliardenschweren Nazibeute über den Fluß in Sicherheit bringen. Doch warum das alles? Und wozu? Die Antwort auf diese Fragen kannten wir nur zu gut. Wir handelten nicht aus Motiven der Vaterlandsliebe oder nach hohen moralischen Prinzipien. Wir taten es nicht für England oder Onkel Sam. Wie immer taten wir einfach, was man uns beigebracht hatte: Wir führten Befehle aus. Spätestens morgen nacht wären wir wahrscheinlich alle tot, erschlagen von unseren Verbündeten, den blutgierigen, triumphierenden, mordenden und vergewaltigenden Soldaten eines repressiven totalitären Regimes – doch ehe man uns das Lebenslicht ausblies, würden wir noch unser Bestes tun.

Durch die erzwungene Untätigkeit entspannte sich mein Geist nach einiger Zeit. Ein Gedanke stahl sich ein, den ich mit aller Kraft zu unterdrücken versucht hatte. Ich hatte gehofft, daß er bis zu dem Augenblick, da ich handeln mußte, in meinem Unterbewußtsein verharre. Aber nun kam er mit Macht über mich: Bald würde ich wieder töten müssen.

Ferkels Doppelgänger mußte sterben. Zudem mußte ich ihm binnen Minuten nachdem wir den Bunker verlassen hatten, den Garaus machen. Irgendwo im Niemandsland zwischen Bunker und Fluß mußte ich ihn erschlagen, seine Leiche irgendwo hinterlassen, wo sie einigermaßen gewiß gefunden würde. Eine Kugel ins Herz war die Lösung, auf die wir uns geeinigt hatten – ein einziger Schuß und keine weitere Verletzung, die seine Identifizierung als Bormann hätte erschweren können. Die Kugel durfte nicht aus einer britischen oder amerikanischen Waffe stammen. Deshalb hatten wir uns auf eine 9 mm Luger verständigt, die ich mit meinem .38er Smith & Wesson ins Halfter gesteckt hatte.

Brabenov (vielleicht auch Fleming) hatte gemerkt, daß mein schwarzer Engel zurückgekehrt war. Sie spürte, daß Niedergeschlagenheit und innere Qual mich plötzlich überschwemmten, sprang auf, holte ein Päckchen aus ihrem Seesack und reichte jedem von uns einen Riegel Hershey-Schokolade, die die Amerikaner besonders schätzten.

»Die habe ich für eine besondere Gelegenheit aufgespart«, verkündete sie.

»Guut!« sagte Fleming begeistert. »Ich liebe Hershey's.«

Ich stand auf und legte meine Hände auf Brabenovs Schultern:
»Brabenov, ma bien-aimée, tu es la meilleure.«

»Je t'en prie, mon brave«, flüsterte sie in ihrem angloamerikanisch-russisch-deutschen Französisch. »Und stünde nicht deine Navy-Disziplin im Wege – ich würde dich küssen.«

Aber Fleming reichte es jetzt, aus leicht ersichtlichen Gründen.
»Hört bloß auf, ihr zwei Sauhunde!« schrie er. »Sonst drehe ich durch.« Dann besänftigte er sich, und während wir geräuschvoll vor uns hinkauten, murmelte er: »Jetzt sind wir alle drei Schokoladenmatrosen.«

15

AUF DEM FLUSS

Am Dienstag abend, dem 1. Mai, war uns zumute, als hockten wir vor einem Marathonlauf in den Startlöchern; vor uns lagen Nächte schwerster Anspannung, von allen Seiten nahten immer drohendere Gefahren – wir dürsteten geradezu nach dem Startschuß. Bormann hatte noch einmal bestätigt, daß wir an diesem Abend aufbrächen, aber wir trauten ihm immer noch nicht ganz über den Weg. Es konnte durchaus sein, daß er uns aufs Kreuz legte und über einen Fluchtweg entwischte, den er selbst ausgeheckt hatte. Wenn er das tat, hatte er immerhin Aussicht, die von ihm eingelagerten Schätze zu genießen und ein luxuriöses Leben zu führen. Wenn er wollte, konnte er uns hier verhungern und verdursten lassen. Er konnte unser Schicksal auch in die Hände der Russen legen. Letzteres bekümmerte Fleming wenig: Wenn uns sowjetische Soldaten in einer Zelle entdeckten, dann nähmen sie uns aufgrund unserer Ausweise der Royal Navy mit etwas Glück ab, daß uns die Nazis als alliierte Offiziere in Haft genommen hätten. Sie übergäben uns dann auf die übliche Weise den britischen Behörden.

Doch Bormann wußte, daß er am besten auf uns setzte: Um 17 Uhr durfte ich den Bunker verlassen und mit dem Auffangtrupp JBPU (»James Bond Pick-Up«) Verbindung aufnehmen. Auf den letzten Stufen ins Freie merkte ich sofort, daß Berlin unmittelbar vor dem Exitus stand. Schon auf dem Weg nach oben verfolgte mich übelster Gestank, denn der Hauptabwasserkanal war geplatzt. Dieser Gestank vermischte sich nun ekelerregend mit dem der verwesenden Leichen. Das Kampfgetöse hatte solche Ausmaße angenommen, daß ich nach einem Loch in den Trümmern suchte, das mich wenigstens einigermaßen gegen den Höllenlärm, die Granatsplitter und herabregnenden Mauerteile abschirmte.

Susan Kemp, die den Auffangtrupp befehligte, sagte mir, sie lägen mit den Kajaks im Wrack eines Lastkahns versteckt, der nur 300 Meter von der Weidendammbrücke entfernt in der Spree gestrandet sei. Der Kahn war halb ausgebrannt, aber in seiner verkohlten Karkasse hatten unsere Leute Hängematten aufgehängt und es sich bequem gemacht. Ich sagte Susan, sie solle, sobald es dunkel werde, einsatzbereit sein, aber auf keinen Fall die Deckung verlassen, bevor ich es befehle.

War diese Order noch relativ einfach zu erteilen, so fiel es mir schon viel schwerer, Christa Shulberg den Befehl zu geben, sie solle mit der gesamten Restmannschaft die geschützte Basis am Müggelsee verlassen und stromabwärts der Auffangflottille folgen. Für die Unterbringung der rund fünfzig Mann hatte sie nur noch acht einsatzfähige Kajaks und zwei mittelgroße Motorboote zur Verfügung. Aber wenn sie in jedem sechzehn oder siebzehn Leute unterbrachte, sollte es gehen. Im Gegensatz zu den Kanus konnten die Motorboote nicht lautlos fahren, aber mittlerweile hatte der allgemeine Lärm einen solchen Geräuschpegel erreicht, daß dies kaum ein Problem darstellte. Wenigstens hatten sie massenweise Treibstoff, den sie heimlich aus den Tanks abgesaugt hatten, die die Wasserläufe in Brand setzen sollten.

Um 21 Uhr ging ich wieder ins Freie hinauf, diesmal mit Brabenov. Als wir endlich zu Christa durchkamen, wartete sie mit beunruhigenden Nachrichten auf. Vier ihrer Leute seien etwa eineinhalb Kilometer nördlich der Vorstadt-Ender-Insel gefallen. Bei dem Versuch, eine Gruppe Berliner vor den Russen zu retten, die plündernd und vergewaltigend durch die Straßen zogen und mit dem Bajonett wahllos Frauen und Kinder niederstachen, seien zwei Männer und zwei Frauen – Theo und Leon, Lisabeth und Sarah – erschossen worden.

Unter dem unablässigen Krachen der Explosionen empfanden wir beide in dem zerbombten Garten die Nachricht als schweren Schlag, vor allem Brabenov. Wieder war sie damit konfrontiert, daß die Landsleute ihres Vaters die ihrer Mutter abschlachteten. Auch mir zerriß es das Herz. Meine einzige Zuflucht war die starre Disziplin, die mir die Royal Navy eingeimpft hatte, eine Disziplin, die allem Schmerz und aller Angst, jedem Zögern und Zweifeln und allen Emotionen trotzt. Wer die wüsten Strafen von Dartmouth und der Sektion M ausgehalten, wer die Brutalität von SS und Gestapo im Cherbourger Schloß überlebt hatte, für den war der Geschoßhagel ins Herz von Hitlers todesröchelndem Reich nichts Weltbewegendes.

Mein Gesichtsausdruck war bar jeder Empfindung. Noch nie hatte mich Brabenov mit so unmenschlichem Gesicht gesehen; jetzt zuckte sie bei meinem bloßen Anblick zurück. Ich nahm das Mikrofon und wandte mich an Christa. Meine Stimme war absolut sachlich, amtlich und bar jeder Regung.

»JB7. Hier spricht JBC. Meldung verstanden. Unter Mißachtung aller Verluste führen Sie augenblicklich Unternehmen Kanga und Christa aus. JBC Ende.«

Brabenov starrte mich erneut an und hielt Abstand von mir.

Wieder im Bunker, verging die Zeit wie im Schneckentempo. Ich konnte den Gedanken nicht abschütteln, daß ich binnen kurzem den unseligen Günther würde ermorden müssen. Zu meiner Schande muß ich gestehen, daß ich immer noch nicht wußte, welches Seemannsgarn man ihm erzählt hatte oder welchen Reim er sich auf den ganzen, langwierigen Spuk machte. Mein einziger Trost war, daß er unbesorgt wirkte: Er ging seiner Auslöschung mit der Sturheit eines Ochsen entgegen.

Fleming, Brabenov und ich hatten beschlossen, für den Ausbruch unsere wasserdichte Ursula-Jacke und -Hose mit den Abzeichen der sowjetischen Spezialeinheit nach außen gewendet zu tragen, darüber die SS-Mäntel zu ziehen und die SS-Mützen aufzusetzen. In dieser Aufmachung hatten wir die beste Chance, unbehelligt aus dem Bunker herauszukommen. Sobald wir die Kajaks erreichten oder wenn wir auf sowjetische Truppen trafen, konnten wir die Mäntel einfach abstreifen. In unseren Seesäcken steckten auch (britische beziehungsweise amerikanische) Marineuniformen sowie feldgraue Wehrmachtsmäntel, wie sie die einfachen Landser trugen. Kurz vor 23 Uhr erschien endlich Bormann auf der Bildfläche und teilte uns mit, es gehe gleich los. Günther wurde hergebracht; er trug immer noch seinen Kopfverband, steckte in der Uniform eines Wehrmachtslandsers, und über seine Schultern hing ein schwarzer Ledermantel. Bormann hatte ihn schon vorgewarnt, daß er sich einer gründlichen Leibesvisitation unterziehen müsse; das tat er nun und ließ die unwürdige Prozedur offensichtlich mit Gleichmut über sich ergehen. Auf unseren Befehl hin legte er seine Kleider ab, und während Brabenov sie sorgfältig untersuchte, beschäftigten sich Fleming und ich mit dem Mann selbst. Ich konzentrierte mich so sehr auf diese unerfreuliche Aufgabe, daß mich erst, als ich ihm, sein schmutziges Taschentuch als Schutz benutzend, in den After fuhr, die schreckliche Wirklichkeit dessen überfiel, was ich nun bald wieder tun mußte. Da befühlte, untersuchte, durchdrang ich nun den Körper eines Mannes, den ich binnen einer Stunde würde töten müssen.

Gott sei Dank war die Durchsuchung bald vorüber. Am Mann selbst fanden wir gar nichts, in seinen Kleidern lediglich ein unappetitliches Sandwich, zwischen dessen Schwarzbrotscheiben nichts lag. Kurz darauf war Günther wieder angezogen und wurde aus dem Raum begleitet.

Bald danach unterzogen wir Bormann derselben Prozedur. Diesmal erbrachte die Leibesvisitation drei in den Achselhöhlen befestigte Glaskapseln mit Zyankali, die wir ihm jedoch beließen, da sie nichts hergaben. Ganz anders sah es mit seinem Tascheninhalt aus. Neben ein paar Reichsmark und anderem unwichtigem Kram fanden wir zwei entscheidende Ausweise: seine NSDAP-Mitgliedskarte mit der Nummer 60508 und eine Karte, die ihn als Chef der Parteikanzlei und Sekretär des Führers auswies. Als letztes, aber nicht weniger Interessantes, fanden wir seinen Taschenkalender und ein großes, unverschlossenes Polsterkuvert ohne Anschrift.

Fleming öffnete den Kalender und schlug den heutigen Tag auf, Dienstag, den 1. Mai. Der Eintrag bestand aus einem einzigen Wort: *Ausbruchsversuch*. In dem Briefumschlag steckte ein Stapel maschinengeschriebener Seiten. Fleming blätterte sie kurz durch, reichte sie dann wortlos an Brabenov weiter – und zum ersten Mal, seit wir sie kannten, verlor unser Yankee Doodle Girl ihre Beherrschung.

»Jesus!« schrie sie. »Wißt ihr, was das ist? Es ist Hitlers persönliches Testament. Soweit ich sehen kann, ernennt Hitler darin Martin Bormann zu seinem einzigen Testamentsvollstrecker.« Sie fragte Bormann, ob das stimme, und er nickte. Wir hatten einen ungemein wichtigen Fund gemacht. Selbst wenn dies nur eines von mehreren Exemplaren war, war es doch ein Dokument allerersten Ranges, denn damit ließen sich später Besitzansprüche auf Naziguthaben in der Schweiz und andernorts geltend machen. Wir besprachen kurz, wer die Ausweise, den Kalender und das Testament an sich nehmen solle. Daß Günther am besten gar keine Papiere bei sich tragen sollte, hatten wir schon beschlossen, denn bei einem Fluchtversuch hätte der echte Martin Bormann offenkundig nichts bei sich, das zu seiner Identifizierung führen könnte. Fände man andererseits bei Günther einen Taschenkalender, dann konnte das als Versehen in letzter Minute gedeutet werden und zur Identifizierung der Leiche beitragen. Also gaben wir Günther den Taschenkalender, und Fleming behielt die übrigen Dokumente.

Für Bormann hatten wir eine von der Sektion M gefälschte Kennkarte mitgebracht, die auf einen falschen Namen lautete und ihn als jungen Mitarbeiter der NSDAP auswies. Als Fleming sie ihm zeigte, schien er zufrieden. Dann erklärten wir ihm, wir behielten seine echten Ausweise sowie das Exemplar des Testaments und würden sie in einem unserer wasser-, feuer- und splittersicheren Behältnisse verstauen, bis sie sicher in alliierten Händen lägen.

Die Ratten verließen das sinkende Schiff; die Nazis strömten aus ihrer letzten Bastion heraus. Wahrlich: *Festung Berlin!* Die Festung zerbrach endgültig. Die Bunkerkorridore wimmelten von Leuten, die hin und her rannten; alle redeten gleichzeitig, manche schrien wie wild herum, als seien sie betrunken von Alkohol oder Angst oder auch beidem. In diesem Gewimmel tauchten wir problemlos unter, wobei unser Abgang dennoch sorgfältig nach Plan erfolgte, denn es kam alles darauf an, daß die Mitglieder unserer Truppe die richtige Reihenfolge einhielten.

Selbst jetzt, ganz zum Schluß, durfte Günther keinesfalls Bormanns Gesicht sehen, denn sonst konnte ihm plötzlich dämmern, was hier vorging. Bormann ging voraus; er trug eine schmale Sonnenbrille und hatte die Uniformmütze über die Augen gezogen. Ihm folgten Fleming und die Hünengestalt von Hitlers Leibarzt Dr. Ludwig Stumpfegger, der sich ungebeten zu unserer Gruppe gesellt hatte. Dahinter kam Günther mit seinem Kopfverband. Ich ging neben ihm und führte ihn am Ellbogen. Alles in allem waren es rund zwanzig Leute, die durcheinanderliefen und sich hin und her schubsten. Da viele von ihnen verwundet waren und allerlei Verbände trugen, fiel Günther nicht weiter auf.

Im Garten des Auswärtigen Amts verließen wir den Bunker, begaben uns an die Nordseite der zerschossenen Reichskanzlei, stiegen dort ein paar Stufen hinunter und gingen durch mehrere Tunnelgänge. Zehn Minuten später tauchten wir wieder auf, im Bahnhof Friedrichstraße, wie Bormann meinte. Allerdings stellte sich heraus, daß er sich im Weg geirrt hatte und dies nur eine Haltestelle war. Wir gingen ein Stück zurück, schlugen eine andere Richtung ein und landeten schließlich tatsächlich im Bahnhof.

Der Mond schien – jedenfalls war die Nacht ziemlich hell: Brände, Mündungsfeuer und Leuchtspurschwärme beleuchteten die Szenerie, die dadurch äußerst surreal wirkte. Vom Nordufer der Spree kam schweres Sperrfeuer, und gleich jenseits der Weidendammbrücke, knappe zweihundert Meter westlich unseres Treffpunkts, standen – offensichtlich sowjetische – Panzer, die geradewegs auf uns feuerten. Lärm tobte; überall blitzten Mündungsfeuer, und die Luft war voller Rauch, in dem sich der Flammenschein verfing.

Als wir – Bormann und Stumpfegger weiterhin voraus – in Richtung Norden in die Friedrichstraße einbogen, trieb ich alle zu größerer Eile an und manövrierte sie in die Deckung zweier deutscher Panzer. Quietschend und rasselnd bewegten sie sich langsam auf die Brücke zu, von der uns jetzt nur noch zweihundert Meter trennten. Was immer geschehen mochte: Jetzt war der Augenblick gekommen, da ich dem unseligen Günther den Garaus machen mußte.

Während ich die Luger aus dem Halfter zog, sah ich aus den

Augenwinkeln, wie Fleming die junge Amerikanerin taktvoll ein wenig beiseite zog. Ich entsicherte die Pistole und richtete den Lauf in Brustkorbhöhe auf Günthers Rücken. Die Entfernung betrug kaum drei Meter, schnurgerade. Mein Finger spannte den Hahn. »Lieber Gott«, flüsterte ich in mich hinein, »hol mich hier raus. Nicht noch einmal.«

In diesem Augenblick erhielt einer der deutschen Panzer direkt vor uns einen Volltreffer. Mit gewaltigem Getöse explodierte er in einem Feuermeer. Die ihm am nächsten standen, Günther und Stumpfegger, erwischte die Explosion mit voller Wucht. Einer von ihnen wurde direkt auf mich geschleudert, und alle drei rollten wir in einen tiefen Bombenkrater. Ungewollt hatten mich die beiden Deutschen vor der schlimmsten Detonationswirkung geschützt, und abgesehen von ein paar Kratzern und dem Schock war ich nicht ernsthaft verwundet. Bormann, Fleming und Brabenov wurden ebenfalls zu Boden geschleudert, aber der mächtige zweite Panzer, der zwischen ihnen und der Explosion stand, bewahrte sie vor größeren Verletzungen. Mittlerweile waren wir dem Flußufer schon sehr nahe gekommen, und nachdem Fleming festgestellt hatte, daß Bormann und mir nichts passiert war, ging er mit Brabenov voraus, um mit dem Auffangtrupp Verbindung aufzunehmen.

Bormann rappelte sich hoch und kam zu mir in den Bombenkrater. Im Schein des lichterloh brennenden Panzers schaute er sich zuerst Stumpfegger an; der Hüne von Arzt war tot, obwohl keine äußeren Verletzungen sichtbar waren. Vermutlich war er einem Herzschlag erlegen. Auch dem Doppelgänger war nicht mehr zu helfen. Aus der Tatsache, daß Günthers Arm aus dem Gelenk hing, war zu schließen, daß ihn Granatsplitter in der rechten Schulter – vielleicht auch noch woanders – erwischt hatten. Zu einer weiteren Untersuchung hatten wir weder Zeit noch Lust. Doch als ich ihm den Kopfverband abnahm, kam sein Gesicht unversehrt zum Vorschein: Es sah genau wie das von Martin Bormann aus.

Noch ehe ich mich vergewissern konnte, ob er tot war, schubste mich Bormann beiseite, kniete sich neben ihn und prüfte schnell sein Gesicht. Dann nahm er etwas aus der Tasche und führte sein

Gesicht zu Günthers Mund. Er wandte sich wieder mir zu, schüttelte den Kopf und sagte: »Tot.« Ohne weitere Pause tat er dasselbe bei Stumpfegger. Als Bormann aufstand, band ich ihm den Kopfverband um, und schon waren wir wieder auf dem Weg. »Gott sei Dank«, dachte ich. »Gott sei Dank brauchte ich ihn nicht zu töten.«[1]

Am Südufer der Spree kamen wir der Straßenschlacht bedrohlich nahe. Auf der anderen Flußseite, kaum fünfzig Meter entfernt, zeichneten sich durch den Rauch und die Flammen schemenhaft Panzer und rennende Menschengestalten ab. Jede sich bietende Deckung nutzend, erreichten wir den oberen Rand der Ufermauer, wo ich Brabenov und Fleming vorfand. Sorgenvoll spähten sie durch die Rauchschwaden hinunter. Im unregelmäßigen Aufblitzen der Mündungsfeuer waren keine Kajaks zu erkennen. Nur das Wrack eines riesigen Lastkahns, der am anderen Ufer gesunken war, zeichnete sich im Wasser ab.

»Wo zum Teufel bleibt Susan?« fauchte Fleming.

Brabenov schaltete ihr Funksprechgerät ein. »JB Pick-Up. Julia Bravo Papa Uniform, hier ist Julia Bravo Charlie. Over.«

Die Pause, die eintrat, schien kein Ende nehmen zu wollen. Dann endlich erklang Penny Wirrells Piepsstimme: »JBC, Delta Echo[2], JBPU steht bereit. Over.«

»JBPU«, antwortete Brabenov. »Hier JBC. Pick-Up. Papa Uniform. Los, los, los. Over.«

»JBC«, kam augenblicklich Pennys Antwort. »Delta Echo, JBPU. Papa Uniform verstanden. Gehe aus der Leitung.«

Im Schutz einer Mauerruine suchten wir das dunkle Wasser angestrengt nach herannahenden Kanus ab. Wieder schien die Zeit stillzustehen. Dann sprang Brabenov auf und zeigte auf den Fluß: »Kajaks, Sir. Grün vier-fünf!«

Unsere Augen schwenkten um fünfundvierzig Grad nach Steuerbord. Sechs kleine Boote waren hinter einem gesunkenen Lastkahn am anderen Ufer hervorgeglitten und hielten direkt auf uns

---

1 Was Bormann aus der Tasche zog, weiß ich nicht. Jemand meinte, es sei eine seiner Zyankalikapseln gewesen, die er Günther in den Mund gesteckt habe, um ganz sicherzugehen, daß er tot war, aber ich kann diese Annahme nicht belegen.
2 Standardcode für: »Ich bin's«.

zu. In ihrer Nähe klatschten herabfallende Trümmerstücke ins Wasser, und über die Köpfe der JBPUs sausten Granaten hinweg, aber die Kajaks fuhren ungerührt mit drei Bootslängen Abstand in steifer Kiellinie.

Das Wasser lag fast sechs Meter unter uns. Als die Boote längsseits gingen, ließen wir eine Strickleiter hinunter, und eine schlanke Gestalt kam eilig heraufgeklettert. Es war Susan Kemp, die Fleming einen dringenden, aber völlig unerwarteten Befehl brachte. Er sei sofort nach London zurückberufen. Gründe seien nicht angegeben worden, aber sobald die Fluchtgruppe sicher auf dem Weg sei, solle er sich stromaufwärts zum Müggelsee begeben. Um 2 Uhr lande auf der stillgelegten Straße am Südwestufer des Sees eine Lysander und nehme ihn auf.

Einen Moment lang dachten wir daran, ihm Bormann mitzugeben, verwarfen den Gedanken aber sofort wieder. Fleming und ich – ja sämtliche Mitglieder von Op. JB – waren entbehrlich, aber nicht Bormann, und die Risiken, ihn auf dem Luftwege hinauszubringen, waren unendlich größer als auf dem Fluß.

Für Diskussionen oder Gefühle blieb keine Zeit. Wir befanden uns mitten in einem brisanten Unternehmen, und ein Befehl war erteilt worden. Fleming war zurückbeordert, und das war's. Caroline Saunders war mit einem Motorboot gekommen, und innerhalb weniger Augenblicke war Fleming die Strickleiter hinuntergeklettert und an Bord. Als sie ablegten, rief ich hinunter: »Viel Glück!« Flemings Antwort war typisch: »Mach bloß keinen Mist, nachdem bisher alles geklappt hat, Christopher.«

Damit verschwand er flußaufwärts unter der Brücke im Osten, während das Feuerwerk über uns seinen Fortgang nahm. Um Brust und Achseln mit einer Bootsleine gesichert, kletterte Bormann die Strickleiter hinunter, die zwei unserer Leute hielten. Als er im Bugsitz unseres Kajaks verstaut war, stieg ich ebenfalls zu ihm hinunter, und gemeinsam legten wir ab.

Vorneweg fuhr Susan mit SBS-Sergeant David Jones. Dann kamen Brabenov und ihr Commando-Mann, Sergeant John Rawlins, dahinter Bormann und ich. Uns folgten Penny Wirrell und ihr kleiner Spezialist für drahtlose Telegrafie, Joan Marshall, mit der Kurzwellenausrüstung. Hinter ihnen kamen Oberärztin

Jenny Wright und Oberleutnant zur See Bill Webb von der COPP. Im hintersten Kajak saß John Morgan; der zweite Sitz, den wir für Fleming vorgesehen hatten, war leer.

Kaum hatten wir von der Südmauer abgestoßen, da tauchten, angeführt von Israel Bloem, hinter dem Lastkahn vier weitere Kajaks auf und schlossen sich achtern der Flottille an. Von den Flammen geröteter Rauch hing so tief über dem Wasser, daß ich nur mühsam Susan erkennen konnte, die dreimal den rechten Arm erhob und drei Finger ausstreckte. Dann nahm sie ihn herunter und schnellte ihn nach vorne. Alle drei Boote gingen hinter ihr in Kiellinie mit drei Bootslängen Abstand in Stellung. Ich schob die zwei Hälften unseres zweiten Doppelpaddels ineinander und reichte es Bormann, der sofort fachkundig und kraftvoll zu rudern begann. Und so steuerte der Fluchttrupp von Op. JB flußabwärts in Richtung Weidendammbrücke. Unsere Übermäntel hatten wir inzwischen abgelegt, aber die SS-Mützen behielten wir noch auf, denn wenn wir auf feindliche Truppen stießen, wären es höchstwahrscheinlich deutsche. Unter der Brücke befand sich ein langer Sperrbalken, der genau die Manöver verhindern sollte, die wir ausführten; aber die Nazis hatten nicht mit dem Einfallsreichtum der SBS oder unserer Minenräumfachleute von HMS »Vernon« gerechnet. Nahe des Nordufers hatte die »Vernon«-Mannschaft heimlich einen Teil des Balkens durchgesägt, und jetzt zogen die zwei vorausfahrenden Kajakbesatzungen den lose steckenden Teil heraus, so daß unsere Flottille durchschlüpfen konnte.

Inzwischen standen die sowjetischen Panzer schon fast am Flußufer. Überall explodierten Leuchtsterne und -raketen. Panzersalven zischten über uns hinweg. Von der Brücke fielen Stahlteile. Gebäude stürzten in sich zusammen, während wir zu ihnen hinaufblickten. Im Schein Tausender Brände beobachtete ich andächtig, wie Susan ihren schmächtigen Geleitzug gen Westen und in die Freiheit führte. Später erfuhren wir von Sergeant David Jones, daß ihr der Anblick der riesigen Brücke *das* Understatement der ganzen Operation entlockte. »Mistbrocken!« sagte sie, und einen Moment später war sie durch.

Ich war gehobener Stimmung und zufrieden. Das Kriegskanu, in dem ich saß, und der aktive Einsatz, für den ich bei der COPP gründlich trainiert hatte, weckten in mir geradezu heimatliche Gefühle. Meine rechte Hand tastete sich automatisch zu der Innentasche, in der Schokolade stecken mußte. Ich holte ein Stück heraus und reichte es einem plötzlichen Impuls folgend dem vor mir sitzenden Bormann; ohne einen einzigen Paddelschlag auszulassen, steckte er es in den Mund. Zu meiner Erleichterung stellte ich fest, daß er sehr kräftig zu sein schien; Arme und Schultern waren sehr muskulös. Vom ersten Augenblick an leistete er mehr als seinen Arbeitsanteil. Im Handumdrehen paddelte er wie ein Profi. Unsere Übungen im Bunker schienen gefruchtet zu haben. Nur wenig später stellte ich fest, daß er unser beladenes Kajak fast allein über Land schleppen konnte.

Während der nächsten zwei Stunden schlüpften wir durch Berlin-Mitte; wir hielten uns dicht am Nordufer, so daß uns die über uns wütenden Angreifer nicht sehen konnten. Mit größter Behutsamkeit fuhren wir so schnell es ging am Tiergarten und an Charlottenburg vorbei. Die Russen waren auf beiden Seiten, im Norden und Süden, gefährlich nahe, aber zu unserem Glück waren sie so mit der Landschlacht beschäftigt, daß sie an den Fluß keinen Gedanken verschwendeten. Oft mußten wir das Wasser verlassen und unsere Kajaks über Land tragen, um Minen, Sperren oder die Ruinen gesprengter Brücken zu umgehen; aber an jeder Blockade wartete ein Kajakteam des Vorauskommandos auf uns und brachte uns durch oder über das Hindernis. Zerbrochene Schleusen, zerbombte Wehre, reißende Wildwasser, riesige Teile eingefallener Brücken – wir schafften alles. In allen Phasen bewies unsere R/G-Ausrüstung unschätzbaren Wert. Nicht nur konnten die Kajaks unsichtbar untereinander kommunizieren; nein, unbemerkt von den – deutschen wie russischen – Truppen an Land, konnten wir mit unseren beiden Infrarotgeräten auch im Dunkeln sehen.

Mit uns reisten massenhaft andere flußabwärts, aber sie waren alle tot. Immer wieder stießen unsere Paddel auf etwas Weiches und doch Festes. Beim Hinschauen sahen wir dann eine Leiche neben uns herschwimmen.

Wir wußten, daß wir alles daransetzen mußten, die Stadtmitte noch in derselben Nacht hinter uns zu bringen, denn am Morgen stünden überall die Russen und suchten nach Nazientkömmlingen – auch auf dem Fluß. Doch als hinter uns der Morgen zu grauen begann, waren wir nicht so weit gekommen, wie wir gewünscht hätten.

Um 4.30 Uhr hatten wir die große Flußbiegung in Spandau überwunden, wo die Spree in die Havel übergeht, und uns hinter der Charlotten- und Dischingerbrücke nach Süden gewandt; aber als wir uns auf der folgenden Strecke der Brücke in Pichelsdorf näherten, sahen wir die Kajaks vor uns hart backbord dem Ostufer zustreben. Ich tat es ihnen nach, sprang an Land, machte das Boot fest und kletterte die Böschung hinauf. Oben traf ich auf Susan, die offenkundig unter Schock stand und kein Wort herausbrachte. Unmittelbar vor ihr war ein Teil der Brücke eingebrochen: Berge aus Mauerwerk und heruntergefallenen Fahrzeugen blockierten den größten Teil des Flusses, und die Strömung brandete in wilden Schnellen über ein Hindernis, das den übrigen Flußlauf aufstaute.

»Es sind Leichen, Sir!« rief David Jones. »Ein verdammt großer Berg Leichen.«

»Machen Sie längsseits fest«, befahl ich. »Holen Sie Sicherungsleinen und alle SBS zur Stelle.«

»Jawohl, Sir.«

Gleich darauf erschien John Morgan mit vier seiner Leute. Als er den Leichenberg sah, schlug er vor, das Hindernis über Land zu umgehen.

»Nein«, sagte ich ihm. »Das dauert zu lange. Wir müssen es aufbrechen.«

Ich zurrte eine Sicherungsleine um meine Taille, und zwei Commando Marines taten dasselbe. Dann wateten wir hinaus, bis wir bis zum Hals im schnellrauschenden schwarzen Wasser steckten, bis zum Hals in Leichen von Männern, Frauen, Kindern, Säuglingen. Es war die schlimmste Horrorarbeit, die irgend jemand von uns je zu verrichten gehabt hatte: Alle Kraft mußten wir aufwenden, um die glitschigen, stinkenden, vom langen Liegen im Wasser aufgedunsenen, kunterbunt mit Kartons und Trümmern verflochtenen Leichen zu entwirren. Gott sei Dank war es immer noch so dunkel, daß wir keine Gesichter erkennen konnten. Als wir ein paar Schlüsselstellen frei gemacht hatten, löste sich das grausame Gewirr allmählich unter der Schwemmwirkung der Strömung von selbst auf. Nie werde ich den Anblick vergessen, wie David Jones ein totes Baby in die Luft hob und es dann den reißenden Wassern überließ.

Wieder an Bord, passierten wir die Überreste der Brücke und fuhren weiter über ein dahinterliegendes, breiteres Gewässer. Nach Überwinden einer weiteren Enge mündete der Fluß in eine riesige Wasserfläche von beidseits 1500 Metern. Aufgrund unseres Karten- und Modellstudiums wußten wir, daß diese Veränderung auf uns wartete. Aber noch war es zu dunkel, um genau sehen zu können, wo wir uns befanden. Erst als sich die Mündungsfeuer steuerbord entfernten, erkannten wir, daß wir die Havelseen erreicht hatten.

Als sich der See noch weiter verbreiterte, änderte sich unsere taktische Lage. Auf dem Fluß hatten die Ufer, Gebäude und Brückenreste viele Schatten geworfen; die Glut der Brände und die Mündungsfeuer im Hintergrund hatten die Wasseroberfläche in bizarre Düsternis gehüllt, so daß unsere Kajaks selbst für Leute, die nach uns suchten, kaum zu erkennen waren. Auf der weiten Fläche der Havelseen aber fühlten wir uns viel exponierter und verwundbarer. Die Chancen, erblickt zu werden, schienen viel größer, trotz der größeren Entfernung von den Russen am Westufer. Wir mußten unseren zehn Kilometer weiter südlich gelegenen Schlupfwinkel unbedingt noch vor Tagesanbruch erreichen. Unsere schmächtige Flottille zog mit allen Kräften voran, wobei wir uns eng ans Ostufer hielten. Dort waren am Land keine Lichter zu sehen, und wir wußten, daß wir uns jetzt am Anfang des Grunewalds befanden, dem riesigen, baumbestandenen Park mit den Landhäusern der reichen Berliner. Susan Kemp ging längsseits von Bloem in Position und gab schnelles Tempo vor. Abgesehen von den Landgängen, die wir einlegen mußten, um diverse Hindernisse zu umgehen, hatten wir nun schon fast achtzehn Kilometer – ohne Unterlaß paddelnd – hinter uns gebracht. Allmählich wurde die Nacht verzweifelt lang. Doch Bormann zeigte ungeheures Durchhaltevermögen und schien – soweit ich bei seinem Kopfverband erkennen konnte – freundlich und kooperativ. Von Zeit zu Zeit wandte er sich um und fragte in einsilbigem Englisch, ob ich in Ordnung sei. Manchmal reichte er mir auch etwas Cognac und Schokolade aus seiner eisernen Ration. Überhaupt funktionierte die Verständigung gut. Untereinander hielten wir mit Hilfe der R/G-Leuchten Kontakt. Zwei Kajaks waren jedoch davon ausgenommen, denn sie dienten als Hauptfunkstation. In jedem der beiden saß ein Fernmeldeoffizier mit schwerem Gerät, wobei die Kurzwellengeräte und Akkus sorgfältig vertäut werden mußten, damit sie nicht verrutschten und die Bootshaut durchstießen. Zwischen zwei dünnen, biegsamen und faltbaren Halterungen verliefen etwa zwanzig Meter Antennendraht, so daß wir nicht nur mit JB7 hinter uns, sondern auch mit dem Funkwagen der Sektion M Verbindung halten konnten, der hinter den vorrückenden britischen Truppen mittlerweile bis ans Westufer der Elbe, runde hundert Kilometer vor uns, vorgedrungen war. Auf diesem Wege gelangten die Meldungen über jede Phase unseres Vorankommens schnell nach Bletchley und zur Leitung der Sektion M. Desgleichen erfuhren wir von Caroline Saunders, Fleming sei um 3 Uhr sicher mit der Lysander abgeflogen. Ihre eigene Gruppe befinde sich flußabwärts auf der Spree und wolle nun während des Tages auf einer kleinen Insel im Rummelsburger See – einer Ausbuchtung am Nordufer des Flusses – in Deckung gehen. »Gott schütze unsere kleine Flotte«, morste sie.

Der Himmel über der Havel wurde heller, und wir beschleunigten unsere Schlagrate. An der Spitze des Schildhorns, einer nach Norden weisenden Landzunge mit einer kleinen Einbuchtung, die backbord dahinterlag, meldete sich die an Land befindliche Vorauspatrouille. Ich funkte Susan kurz angebunden zu: »Come on, Cambridge.«

Wir hatten das Schildhorn als Notstopp in Betracht gezogen, und als die Flottille daran vorbeizog, erbat ein Boot Landeerlaubnis: Ein Mitglied der Mannschaft hatte Durchfall. Susan verweigerte entschieden die Erlaubnis. Aufgrund des geltenden Befehls oder früherer Operationen wußten alle unsere Leute, daß sie in ihrem Kajak selbst mit sich fertig werden mußten. So ärgerlich und unangenehm es war – manchmal ließ es sich taktisch einfach nicht vermeiden, daß man in die Kleider urinierte oder gar den Darm entleerte. Um die Auswirkungen unserer körperlichen Funktionen im Zaum zu halten, hatten wir alle – Männer wie Frauen – Tampons bei uns.

Bald nachdem wir das Schildhorn hinter uns gelassen hatten, leuchtete weit vor uns bugsteuerbord eine gewaltige Glut immer heller auf. Der Gatower Flugplatz war ein einziges Flammenmeer, der Kampflärm echote übers Wasser zu uns her, und neue Explosionen schossen Riesenfanale in den Himmel. Wenn wir in diese Richtung blickten, nahm die Wasseroberfläche eine blauorangene Färbung an, und die kleinen Wellenspitzen glitzerten weiß. Backbord hingegen war das Land noch stockfinster. Man hatte den Eindruck, als handele es sich um offenes Gelände; es war jedoch noch immer der Grunewald.

Als wir hinter die nur fünfzig Meter vom Ufer entfernte kleine Insel Lindwerder einschwenkten, wurde der Kampflärm schwächer. (»Werder« bedeute »Flußinselchen«, hatte uns Bloem gesagt.) Jetzt wußten wir, daß es bis zu unserem Tagesasyl nur noch rund drei Kilometer waren. Unser Ziel hieß Schwanenwerder, eine knollenförmige Halbinsel, die etwa sechshundert Meter in den See hineinragte.

Wir paddelten weiter und erreichten sie, als der Morgen graute. Susan befahl der übrigen Flottille, uns zu folgen. Sie hielt mit aller Kraft auf den nur etwa zwanzig Meter breiten Damm zwischen Halbinsel und Festland zu. Dort erwartete uns ein weiterer Voraustrupp und half uns, die Kajaks an Land zu bringen und im Gebüsch zu verstecken. Kaum eine Minute nachdem das erste Boot angelegt hatte, waren alle Kajaks angelandet und, so gut es ging, getarnt.

Als wir an Land gingen, stieg die Sonne gerade über den Horizont in den klaren Himmel und kündete einen herrlichen Frühlingstag an. Von der Erschöpfung halb benommen, sah ich in der Ferne einen Sandstrand, dahinter einen prächtigen Wall von Bäumen, die eben ihre ersten und frischesten Blätter ausstreckten. Kein Zweifel, das war die Spielwiese der Berliner vor dem Krieg; doch heute ging die Sonne über einem Land auf, das vom

Zusammenbruch des Dritten Reiches gezeichnet war – und ganz fern im Osten sahen wir, wie sich hinter dem Grunewald eine riesige Rauchwolke über den Ruinen von Hitlers Hauptstadt in den Himmel türmte.

Die Halbinsel war etwa sechshundert Meter lang und dreihundert Meter breit; ihre niedrigen, bewaldeten Hügel boten ideale Deckung. Zwischen den Bäumen verstreut lagen meist überfüllte Wochenendhäuser und -hütten, denn nicht nur ihre Besitzer, sondern auch ein Strom von Flüchtlingen waren auf der Suche nach einem einigermaßen sicheren Platz. Alle hegten die Hoffnung, hier den unausbleiblichen, brutalen Übergriffen der Sowjetarmee entkommen zu können. Unsere Deutschen Freiheitskämpfer hatten uns den Weg geebnet und sich mit den Ortsansässigen angefreundet, die nun bei unserer Ankunft in Scharen herauskamen. Sie boten uns für den Tag einen Platz zum Schlafen an und teilten ihre mageren Rationen mit uns. Wir ließen uns nicht lumpen, und bald schon stärkten wir uns mit einem königlichen Frühstück aus Sandwiches, Porridge, Tee, Kaffee und Cognac. Wir revanchierten uns und verteilten Büchsen mit Lebensmitteln wie Corned beef, wovon wir Mengen besaßen. Zusammen mit Brabenov, Kemp und John Morgan machte ich einen Rundgang. Wir gaben jedem unserer Leute ein aufmunterndes Wort und vergewisserten uns, daß sie alle fit waren und keiner ins Krankenrevier mußte. Tatsächlich waren sie alle bester Laune; die meisten sahen zwar müde aus von der Anstrengung der langen Reise und der endlosen Warterei, aber die Moral war hervorragend. Wohin ich auch kam, um mich zu erkundigen, überall bot man mir zu essen an – Bloem fragte schließlich schon, ob sie mich mit Überfütterung umbringen wollten.

Bald nach dem Frühstück kamen zwei Funkmeldungen. Die erste enthielt Caroline Saunders gute Nachricht, JB7 liege auf der Insel im Rummelsburger See in Sicherheit und hoffe, in der nächsten Nacht den Wannsee, genauer: Schwanenwerder zu erreichen. Die zweite Meldung war von Sektion M (Elbe). Sie teilte uns mit, daß Fleming sicher aus Deutschland herausgekommen war und sich nun auf dem Weg nach London befand.

Als die Sonne höher stieg und zusehends wärmte, zogen sich die

Leute aus, stiegen ins Wasser und planschten und bespritzten sich gegenseitig, wobei die Mädchen zum Teil die Jungen tunkten und umgekehrt. Wir prüften noch unsere Wachposten und stellten sicher, daß die Wacheinteilung gerecht war; dann legten sich alle, die dienstfrei hatten, zum Schlafen nieder.

Doch das Einschlafen war schwieriger als erwartet. So hundemüde ich auch war – unentwegt schwirrte mir durch den Kopf, wie herrlich es war, wieder im Freien und unterwegs sein zu dürfen. Aber auch die Gedanken an die vor uns liegenden Gefahren ließen mich keinen Schlaf finden. Ohne Fleming hatte sich die Gewichtsverteilung der Befehlsführung verlagert. Susan Kemp hatte entschlossen die Führung der Flottille übernommen und war nun stellvertretende Kommandantin des Gesamtunternehmens. Sie entwickelte sich zu einer erstklassigen Führungskraft, und gerne überließ ich ihr die unmittelbare Leitung und Organisation unseres kleinen Geleitzugs. Ein weiteres Wunderpferd im Stall war Brabenov mit ihrem Wissen, ihrer Hilfsbereitschaft und – vor allem – mit ihrem Mut und Frohsinn. Auch Bloem war äußerst verläßlich; ohne ihn und seine einfallsreiche und eifrige Truppe wären wir nicht weit gekommen.

Aber die Gesamtverantwortung lastete nun voll auf mir. Ausgerechnet jetzt, da ich ihn am meisten brauchte, fehlte Fleming als Führer und Mentor. Von nun an mußte ich alle Entscheidungen mutterseelenallein treffen. Abgesehen von allem anderen war ich unmittelbar für Bormann verantwortlich. Ich hatte Weisung erteilt, ihn streng zu bewachen. Er verbrachte den Tag mit Handschellen an einen Royal Marine Sergeanten gefesselt. Zudem hatte ich dem Bewacher befohlen, ihn sofort zu erschießen, wenn auch nur die geringste Gefahr bestand, daß er in sowjetische Hände fiele.

Im Augenblick schien diese Gefahr jedoch nicht groß; der Morgen verging ohne Zwischenfall. Aber meine Sorgen wuchsen, als um die Mittagszeit ein weiterer Funkspruch eintraf. Er besagte, die Russen hätten die Potsdamer Brücke eingenommen, die als nächste markante Station auf unserem Weg flußabwärts lag. Anhand unserer Karten und Skizzen sahen wir, daß sich Potsdam zu beiden Seiten des Flusses weit ausdehnte. Wir dachten an die

Möglichkeit, die Brücke zu umgehen, indem wir den Fluß verließen und über Land einen weiten Bogen nach Süden schlugen. Aber ein solches Vorgehen barg noch größere Risiken in sich. Langsam verrannen die Minuten des prächtigen Maitages. Im Süden konnten wir die große Fäche der Pfaueninsel erkennen, und mir fiel ein, daß Goebbels dort während der Olympischen Spiele von 1936 ein phänomenales Fest gegeben hatte. Um die anderen Naziführer auszustechen, hatte er zweitausend Gäste zum Abendessen und zu einem Feuerwerk geladen, das so heftig war, daß es manchen Gast ungemütlich an einen drohenden Krieg gemahnte.

Jetzt lag die Pfaueninsel erneut unter heftigem Feuer, diesmal seitens der sowjetischen Panzer, die in die Vorstadt Kladow am Westufer der Havel vorstießen. Nachmittags wasserte nahe der großen Insel auf dem Wannsee eine Junkers. Nach unserer Einschätzung mochte dies ein Versuch sein, in letzter Minute einen hochrangigen Nazi in Sicherheit zu bringen, und kaum gedacht, kamen zwei Kleinboote, ein Segelboot mit Außenbordmotor und eine Gaffeljolle, angefahren, um offenbar mit dem Piloten Kontakt aufzunehmen. Kaum waren sie erschienen, begannen die sowjetischen Kanoniere auch schon mit Schießübungen auf die Boote. Das Motorboot entfleuchte mit voller Kraft voraus und entkam. Auch das Wasserflugzeug startete und entschwand unversehrt. Aber die langsame Jolle hatte weniger Glück: Ein Volltreffer schlug sie in Stücke, und sie sank, soweit wir sehen konnten, mit Mann und Maus. Für uns Berufsmatrosen, die in allen Such- und Rettungstechniken firm waren, war es schlimm, tatenlos mit ansehen zu müssen, wie Menschen vor unseren Augen ertranken. Der Zwischenfall war ein Schock und führte uns vor Augen, was uns bevorstand, wenn eine sowjetische Granate eines unserer Kajaks traf.

Als wir am Abend die Vorbereitungen für die Weiterfahrt trafen, erfuhren wir von einer höchst unerfreulichen Entwicklung. Diesmal erhielt Brabenov eine Funkmeldung, direkt von General Donovan. Sie besagte im wesentlichen, die amerikanischen Geheimdienstbehörden hätten Major Anthony Blunt überprüft und dabei Beunruhigendes festgestellt. Sie hätten entdeckt, daß

Blunt 1936, damals Student am Trinity College in Cambridge, einer Geheimgesellschaft namens »Die Apostel« angehört habe, die nicht nur offen homosexuell, sondern auch ausgesprochen marxistisch gewesen sei. Des weiteren sei er im selben Jahr der kommunistischen Partei beigetreten und habe bis heute seine Mitgliedschaft nicht quittiert. (Bei seinem Eintritt in die Feldsicherheitspolizei hatte Blunt das alles verschwiegen; auch hatten weder MI 5 noch ein anderer britischer Abschirmdienst das Vorleben Blunts entdeckt.) Brabenov zeigte sich bestürzt, ging sofort zu Susan Kemp und fragte, welche Papiere Blunt gelesen habe, als sie ihn im Büro in Birdham erwischt habe. Die Antwort hieß: »Die die Entführung Bormanns über die Wasserläufe betreffenden Pläne, Skizzen und Notizen.« Susan fügte hinzu, sämtliche britischen Überprüfungen von Blunt hätten nichts ergeben, weshalb MI 5 der Meinung gewesen sei, Blunt sei kein Sicherheitsrisiko, egal, was er in Birdham gesehen hatte.

Dem war aber ganz eindeutig nicht so. Nach kurzer Besprechung mußte ich damit rechnen, daß die Russen höchstwahrscheinlich über unser Unternehmen informiert waren und vor uns auf der Lauer lagen. Was sollten wir tun?

Wieder erwogen wir die Möglichkeit, die Potsdamer Brücke in weitem Bogen über Land nach Süden zu umgehen. Physisch wäre ein solcher Treck schwer zu bewältigen, und wenn wir an Land auf sowjetische Truppen trafen, fiele es uns verflixt schwer, eine glaubhafte Tarngeschichte zu erfinden. Die Russen würden uns natürlich gründlich durchsuchen, und unsere Ausrüstung würde bei ihnen den schlimmsten Verdacht erregen. Die Überlandroute schien dieses Risiko nicht wert zu sein.

Alles in allem hatten wir auf dem Fluß die besseren Chancen. Seit Wochen hatten wir unsere Tarnrollen geübt – eine sowjetische Kajakgruppe auf der Suche nach Nazigrößen, die über die Havel zu entkommen versuchten –, und wir besaßen die Uniformen und Pässe, die diese Täuschung untermauerten. Noch mehr: Brabenov und Bloem sprachen fließend Russisch und sollten sich aus jeder Kontrolle herausreden können. Wenn wir es fertigbrachten, die ersten Russen, denen wir begegneten, zu bluffen, dann würden sie – so rechneten wir uns aus – unsere Weiterfahrt per Funk flußabwärts melden und uns in einer Art Kettenreaktion den Weg bis zur Elbe freimachen. Außerdem mußten wir die Route ja auch irgendwie für den JB7-Trupp offenhalten, der sich anschickte, uns zu folgen.

Im Gespräch tauchte ein weiteres Problem auf. Kemp, Brabenov und Bloem waren ausnahmslos dafür abzuwarten, bis die JB7-Flottille zu uns gestoßen war. Sie wollten die kommende Nacht vom 2. zum 3. Mai auf der Halbinsel bleiben in der Hoffnung, daß unsere Nachhut noch vor Morgengrauen zu uns aufgeschlossen hätte. Am folgenden Abend könnten wir dann gemeinsam flußabwärts fahren und müßten die Russen jeweils nur einmal täuschen. Die Hoffnung, daß wir in zwei aufeinanderfolgenden Nächten Kajaks durch die sowjetischen Kontrollposten schleusen könnten, sei doch sicher übertrieben.

Ich verstand diese Einwände sehr wohl und teilte auch die Sorge meiner Offiziere um die Sicherheit von JB7. Trotzdem entschied ich, nicht zu warten. So sehr wir auch alle unsere Leute unversehrt durchbringen wollten – unsere Hauptaufgabe stehe an oberster Stelle. Mein Befehl laute, Bormann an die Elbe zu transportieren, und das habe allen anderen Erwägungen gegenüber Vorrang. Mit jedem Augenblick, den wir warteten – schon gar mit einer ganzen Nacht –, wachse die Gefahr und verminderten sich unsere Erfolgschancen. Nach weiteren vierundzwanzig Stunden hätten sich die Sowjets noch mehr festgesetzt und seien noch selbstsicherer. Daraus folge, daß wir uns beeilen und die JB7-Flotille hinter uns ihrem Glück überlassen müßten.

Bald war alles einmütig beschlossen: Sobald die Dunkelheit einbrach, würden wir den Fluß hinunterfahren und sowjetischen Truppen, denen wir begegneten, die Stirn bieten. Ein Funkspruch dieses Inhalts ging an Sektion M (Elbe), und wir begannen mit den Vorbereitungen für die Abfahrt.

Wieder wünschte ich sehnlich, ich hätte von Flemings Erfahrung und Klugheit profitieren können. In seiner Abwesenheit war ich unschlüssig. Vielleicht sollte ich Bormann doch mit einem einzigen, deutschsprechenden Begleiter über Land losschicken. Würden die beiden abgefangen, akzeptierten die Russen vermutlich, daß es sich um zwangsumgesiedelte deutsche Zivilisten handelte. Ihre Ausweise bestätigten diese Geschichte. Zuletzt würde man sie vermutlich laufenlassen. Mit etwas Glück sollten sie dann auf dem Landweg an die Elbe gelangen, wo die Leute der Sektion M sie übernähmen.

Inzwischen könnten wir übrigen flußabwärts fahren und irgendwelchen Russen, die uns aufhielten, einfach die Wahrheit sagen, nämlich: Wir seien aus der Gefangenschaft geflohene englische Soldaten. Auch für diese Tarngeschichte besaßen wir Papiere. Aber dann müßten wir alle Waffen, die Funkgeräte, Ersatzuniformen und -ausweise wegwerfen und uns jedem Wachtposten unbewaffnet nähern – nachdem wir vorher Sektion M (Elbe) und das amerikanische Oberkommando unterrichtet und gebeten hätten, die Russen vorzuwarnen, sie hätten eine echte Gruppe fliehender Briten zu gewärtigen, die sie durchlassen sollten.

Andererseits hatte ich strikten Befehl, Bormann unter strenger Bewachung in unserer Gruppe zu halten. Ihn mit einem einzigen Offizier loszuschicken wäre nicht nur eine Pflichtverletzung, sondern auch ein Verstoß gegen die Treue zu meinen Begleitern – und das nach allem, was wir zusammen durchgemacht hatten. Während ich noch über die diversen Möglichkeiten nachsann und sich die Dämmerung über das Land senkte, nahm das Geschützfeuer jenseits des Sees plötzlich an Stärke zu. Das neue Sperrfeuer kam genau aus Südwesten; ebendort, sieben Kilometer flußabwärts, lag die Potsdamer Brücke. Mir erschien der Donner am Horizont als der Befehl, auf den ich unbewußt gewartet hatte. Ich habe bereits das ungeschriebene Gesetz der Marine erwähnt, daß sich ein Kapitän kaum irren kann, wenn er auf Kanonendonner zusteuert. Jetzt bekam ich diesen Befehl, den ich herbeigesehnt hatte – und ihm würde ich aus ganzem Herzen folgen. Ich würde auf die Potsdamer Brücke und die sowjetischen Geschütze zusteuern.

Während sich langsam die Nacht hereinsenkte, wanderte ich durch meine Gruppe. Alle waren damit beschäftigt, sich zu waschen, ihre Sachen in Ordnung zu bringen und ein frühes Abendessen zuzubereiten. Ich schritt ruhig durch ihre Reihen, hielt fast bei jedem Mann und jeder Frau des Trupps an und redete mit ihnen. Alle schienen aufgeräumt, zeigten mir ihr Vertrauen und ihre Freundschaft, obwohl ich jünger als die meisten war. Sie wußten nicht, daß ich dabei war, sie geradewegs in einen Schwarm russischer Panzer zu führen, die, wenn die Dinge schiefgingen, unsere dünnhäutige Flottille im Handumdrehen vernichten konnten.

Ich ging langsam zwischen meinen Leuten durch und gelangte schließlich – wie immer in solchen Augenblicken – zu einem einsamen Platz im Ufergebüsch. Als ich niederkniete und aufs Wasser starrte, merkte ich plötzlich, daß mir die meisten Frauen und Männer, soweit sie nicht gerade Wache hatten, gefolgt waren. Nun knieten auch sie nieder, und was ich vorher hatte flüstern wollen, sprach ich jetzt laut aus, nicht nur als Gebet für uns alle, sondern um selbst Mut und Hoffnung zu gewinnen und das Grausen in meinem Herzen zu verbergen:

Lieber Gott, heiliger Laurentius, heiliger Bekenner Eduard und heiliger Benediktus, Schutzpatrone unserer Abtei in Ampleforth; unser Schlachtengott und heiliger Christophorus, Patron der Reisenden ... Beschützt und behütet uns alle, eure demütigen Diener, auf der langen und gefahrvollen Reise. Helft uns zu entkommen, und wenn nötig unsere Feinde zu vernichten. Amen.

Aus den Augenwinkeln sah ich Bormann bei David Jones stehen. Dann trat er einen Schritt vor und kniete nieder.

Lieber Gott der Schlachten (fuhr ich fort). Unser Jesus von Nazareth und Judäa, der du unser Vater bist im Himmel ...

Zu spät kam mir in den Sinn, daß die Russen als unsere Verbündeten und Freunde und nicht als unsere Todfeinde galten.
Aber die Worte waren schon gesprochen. Unser Gebet verwehte über dem schweigenden See, und wir ließen unsere Boote zu Wasser.

16

GENOSSIN OBERST NATASCHA

Um 20 Uhr, es war bereits völlig dunkel, verließen wir nacheinander in kleinen Gruppen die Insel. Wir überquerten den Wannsee in südwestlicher Richtung, nahmen aber den schmalen Wasserstreifen zwischen Pfaueninsel und Festland. Eine andere, weniger exponierte Route hätte über Kohlhasenbrück geführt. Aber dann hätten wir unter zwei besonders engen Brücken durchgemußt, von denen eine vermutlich bewacht war, weil die Hauptstraße nach Potsdam über sie verlief.

Inzwischen trugen wir alle wasserdichte, dunkle, graugrüne Kleidung sowie die Mützen und Abzeichen des sowjetischen Spezialspionagedienstes. Zudem hatten wir täuschend echte sowjetische Papiere und Ausweise bei uns. Im Augenblick schwiegen die Kanonen, wir erfuhren aber von unseren Spähern, daß die Russen in Potsdam sehr aktiv waren und auf der Brücke Suchscheinwerfer aufgestellt hatten.

Da wir als nächstes mit ziemlicher Sicherheit auf sowjetische Truppen stoßen würden, hatte ich die Reihenfolge der Boote geändert und unsere russischsprechenden Leute nach vorne genommen. Allen voran fuhr jetzt Brabenov, die die Abzeichen eines Obersten der sowjetischen Spezial-Spionageeinheiten trug, dahinter kam Bloem, als Oberstleutnant verkleidet. In jedem der beiden Boote saß ein russischsprechender Commando Marine als zweiter Mann. Unser Plan war nicht etwa, unbeobachtet unter der Potsdamer Brücke durchschlüpfen zu wollen. Das wäre äußerst riskant gewesen. Vielmehr beschlossen wir, Brabenov sollte irgendwelche Kontrollposten, auf die wir trafen, direkt ansprechen und uns durchzubluffen versuchen. Außerdem hielten wir es für das beste, auf internationale Manier offen auf unsere Anwesenheit aufmerksam zu machen und nicht erst zu warten, bis uns Suchscheinwerfer erfaßt hatten.

Als sich die Havel wieder verengte und zu einem typischen Fluß wurde, beschleunigte sich die Strömung, von der wir uns tragen ließen. Vom Paddel machten wir nur soviel Gebrauch, wie zum Steuern und Austarieren nötig war. Dann endlich schwangen wir um eine Biegung und sahen die Brücke vor uns liegen.

Es war dunkel. Kein Licht spiegelte sich im Wasser. Als wir noch vier- bis fünfhundert Meter entfernt waren, befahl Susan der ganzen Flottille:»Kampfwimpel setzen!« Jedes zweite Kajak war für diese Aktion speziell mit einem Bambusstock oder Antennenstab versehen worden, und binnen einer Minute wehte über der Hälfte unserer Boote der sowjetische Marinewimpel samt Hammer und Sichel im Miniaturformat. Der Fluß wurde nun ziemlich eng und bot nirgends eine Tarnmöglichkeit. Jeder hatte eine Thompson-Maschinenpistole auf dem Schoß und Handgranaten in Reichweite, aber Gewalt wollten wir nur im äußersten Notfall anwenden. Von meinem Kajak aus, dem dritten in der Reihe, beobachtete ich die Szene. Als ich den richtigen Moment für gekommen hielt, befahl ich mit meiner R/G-Lampe:»Alice raus!«

Brabenov blinkte»Alice verstanden« zurück.

Als sie ihr Kanu dem Ufer an Steuerbord zuwandte, feuerte ihr Mannschaftszweiter, Sergeant John Rawlins, aus seiner Very-Pistole eine Leuchtkugel ab. Ein rotweißer Feuerstreifen stieg in hohem Bogen über der Brücke auf. Die Russen reagierten in Sekundenschnelle. Suchscheinwerfer blitzten auf, überfluteten die Flußoberfläche und erfaßten uns. Brabenov hatte binnen weniger Augenblicke das Ufer erreicht, sprang an Land und rief über Megaphon den Russen zu:

»Rebjata!« brüllte sie.»Kameraden! Schickt euren Anführer zu mir runter.« Ihre Stimme klang barsch, ihr ganzes Gehabe atmete Arroganz und Aggressivität. Wie sie so in ihrer üblichen Haltung – breitbeinig, Hände auf den Hüften – am Ufer wartete, hatte man den unwiderstehlichen Eindruck, daß jeder, der ihr mißfiel, ganz schön in die Klemme kam.

Als ein sowjetischer Hauptmann auftauchte, gab sie sich als Genossin Oberst Natascha Andrejewna Serowa zu erkennen und sagte zu ihm, sie leite eine NKWD-Patrouille, die nach fliehenden Naziverbrechern suche. Außerdem handle sie im persönlichen Auftrag von Marschall Schukow, dem sowjetischen Oberbefehlshaber.

Zum Beweis zog sie ihre Ausweise und einen Passierschein mit Schukows nachgemachter Unterschrift heraus. Noch ehe der Hauptmann etwas sagen konnte, überschüttete sie ihn mit Fragen über die Lage flußabwärts und ob irgendwelche deutschen Streitkräfte noch Widerstand leisteten.

Sie ließ ihm kaum Zeit zu antworten, bombardierte ihn statt dessen nur so mit Befehlen. Er habe den anderen Sowjeteinheiten flußabwärts Bescheid zu geben, daß sie komme, und dafür zu sorgen, daß sie ihr alle benötigten Informationen lieferten. In der folgenden Nacht habe er sich außerdem bereitzuhalten und der zweiten Hälfte ihres Trupps, die aus zwei Motorbooten und zehn weiteren Kajaks bestehe, behilflich zu sein und sie unter der Brücke durchzugeleiten. Schließlich solle er angestrengt nach Naziverbrechern Ausschau halten; fände er welche und verhaftete sie, könne er mit sofortiger Beförderung rechnen.

Damit und nach einem knappen »Weitermachen!« sprang sie wieder in ihr Boot. Sie und ihr Begleiter wendeten ihr Kajak um 180 Grad. Das gleißende Licht der Suchscheinwerfer erfaßte den kleinen Sowjetwimpel, der fröhlich an der Spitze ihrer Funkantenne flatterte. Noch ganz in Fahrt, schwenkte sie den Arm wie ein russischer Kavallerieoffizier, der zur Attacke winkt, und schrie uns an: »Nu, poplyli dalsche!« (Weiterpaddeln!) und »Dawaite! Dawaite sche!« (Bewegt euch!)

Während wir die Brücke unterquerten und ihr flußabwärts folgten, entfuhr uns allen ein gewaltiger, kollektiver Stoßseufzer der Erleichterung.[1] Ich wartete ein Zeitlang und blickte dann zurück.

---

1 Als Kemp und ich später unsere Berichte über das Unternehmen verfaßten und ich Brabenov für eine Auszeichnung vorschlug, reichte Morton die Berichte weiter an den Premierminister. Churchill bemerkte darauf sofort, welche militärische Auszeichnung Brabenov auch verdiene – es wäre noch angemessener, sie für den »Oscar« zu nominieren.

Die Suchscheinwerfer waren herumgedreht worden und erleuchteten weiterhin die gesamte Flottille; auf unsere Rücken waren Gewehre gerichtet. Aber Susan führte die Flottille geschickt und unauffällig ans Südwestufer heran, und sobald wir den Punkt erreicht hatten, an dem der Fluß einen kleinen Knick steuerbord machte, befanden wir uns im Schatten der wenigen Gebäude, die noch standen.

Aber noch waren wir nicht in Sicherheit; zwar wurde der Fluß auf einer Länge von einem Kilometer wieder breiter, aber danach verengte er sich auf bloße siebzig Meter und schoß auf eine zweite Brücke zu, über die nach unseren Karten die Eisenbahn verlief. Je mehr sich die Havel verengte, desto schneller wurde die Strömung, so daß wir – außer zur Steuerung – die Paddel ruhen lassen konnten.

Vor uns ragten riesige Kaianlagen und Gebäudeskelette, Lagerhäuser und Kräne in den Himmel. Gleichzeitig war es gespenstisch dunkel und still. Da wir uns kaum gegenseitig sahen, war es unwahrscheinlich, daß uns eine sowjetische Patrouille ausmachen konnte. Wir flogen fast unter den Brückenresten durch und gelangten bei der Halbinsel Hermannswerder schnell in offeneres Gewässer. Danach ging es durch weitere Engstellen, und wir nahmen erneut Geschwindigkeit auf. Schließlich wurde die Havel wieder breiter, und wir nahmen Kurs auf Kaputh, das südwestlich vor uns lag. Wieder einmal hatte uns mein Schlachtengott durch die Gefahren geleitet.

In dieser Nacht legten wir weitere siebzehn Kilometer zurück und erreichten unseren geplanten Unterschlupf: eine Insel im See an der Südspitze des Havelverlaufs. In weiter Ferne konnte man noch Geschützdonner hören, aber unsere unmittelbare Umgebung war herrlich sicher, ruhig und angenehm. Über Funk erfuhren wir, daß JB7 ohne besondere Vorkommnisse sicher am Wannsee angekommen war und an der Stelle, an der wir selber gewesen waren, festgemacht hatte. Ein kleiner Trupp, den wir eigens für diese Aufgabe zurückgelassen hatten, unterstützte sie dabei. Wir beglückwünschten unsere Nachhut zum bisherigen Verlauf und funkten ihr, sie dürfe keinesfalls in ihrer Wachsamkeit nachlassen, müsse sie vielmehr verdoppeln. Desgleichen unterrichteten wir sie über die sowjetische Sperre auf der Potsdamer Brücke und ließen sie wissen, wie sie damit umgehen solle.

Auf der kurzen Strecke bis Brandenburg wurden wir noch viermal von sowjetischen Einheiten angehalten: in Ketzin, Göttin, Saaringen und schließlich in Brandenburg selbst. Aber jedesmal focht Brabenov ihr kleines Wortgefecht mit den Russen durch und überschüttete sie mit Fragen und Befehlen, bevor sie auch nur ein Wort an sie richten konnten. Nach Durchfahren der brandenburgischen Seen verließen wir diese in nördlicher Richtung und schwenkten wieder in die Havel ein, die im Vergleich zur Seenplatte gefährlich eng wirkte. Hier hielten noch ein paar deutsche Soldaten aus und leisteten Widerstand; wir hörten gelegentliche Kanonengefechte, aber die Verteidiger konzentrierten ihre Aufmerksamkeit auf mögliche Angriffe vom Land her, so daß wir im nächtlichen Dunkel unbehelligt durchschlüpfen konnten.

Wir paddelten nun weiter nach Norden, vorbei an Pritzerbe und Döberitz. Diese Fahrt wurde für uns alle zum glücklichsten und schönsten Erlebnis. Unsere Kreuzfahrt wäre noch idyllischer gewesen, wenn sie bei Tageslicht hätte stattfinden können. Aber was soll's: Die Nächte waren lau, die Temperaturen lagen zwei Grad höher als zu dieser Jahreszeit üblich. Nur zweimal regnete es heftig, allerdings jeweils am Tage, während wir geschützt unter den Segeltüchern lagerten, die wir zwischen zwei umgekehrten Kajaks aufgespannt hatten. Das einzige, was wir verschmerzen mußten, war, daß wir fast nichts von der Frühlingslandschaft sahen, durch die wir fuhren.

Je weiter wir kamen, desto mehr ähnelte unsere Reise einem Schulausflug – jenseits aller Unterschiede von Rang und Geschlecht waren wir eine einzige verschworene Gemeinschaft, und jeder kümmerte sich um jeden. Doch der Star unserer Gesellschaft war zweifelsohne unser Gefangener. Auf dem Wasser arbeitete er so hart wie alle anderen oder noch härter, aber an Land litt er sehr unter den Beschränkungen, die wir für notwendig hielten. Nicht nur trug er immer noch den heißen und schweren Kopfverband, sondern war tagsüber stets mit Handschellen an einen Bewacher gefesselt – selbst beim Essen und Schlafen und wenn er seinen natürlichen Bedürfnissen nachging.

Als wir uns dann etwas sicherer fühlten, beschlossen wir, ihm die Dinge etwas zu erleichtern. Soweit wir wußten, kannte niemand Martin Bormanns Aussehen. Trotzdem war es möglich, daß ein Älterer – wie etwa Israel Bloem – ihn erkennen könnte. Wenn das geschah, konnte es eine Menge Ärger geben. Wir durften nicht das kleinste Risiko eingehen. (Es war nicht ganz ausgeschlossen, daß einer unserer Freiheitskämpfer ihn aus Haß auf die Nazis umgebracht hätte.)

Wir befanden daher, daß er weiterhin verhüllt bleiben mußte. Aber zwei der Mädchen, die sahen, wie unbequem ihm war, zauberten aus einem dunkelblauen Handtuch spontan zwei Gesichtsmasken. Für Augen, Nase und Mund hatten sie großzügige Löcher ausgeschnitten, und der Nacken war weithin frei, so daß der neue Kopfputz erheblich kühler und bequemer war als der alte. Der Handtuchstoff saugte den Schweiß auf, und während die eine Maske gewaschen wurde und trocknete, konnte er die andere tragen. Gleichzeitig beschlossen wir, auf die Handschellen zu verzichten, und obwohl Bormann an Land weiterhin von einem Offizier und einem hochrangigen Unteroffizier bewacht wurde, die in regelmäßigen Abständen abgelöst wurden, erhöhte sich sein Wohlbefinden enorm.

Mittlerweile hatte jeder feststellen können, daß unser Gefangener ein freundlicher und hilfsbereiter Mensch war, und so war er ein volles Mitglied der Gruppe geworden. In Unkenntnis seines Namens tauften ihn die Mädchen Friedrich oder Fred. An diesen Namen gewöhnte er sich bald und reagierte fröhlich darauf. Ich selbst war überrascht von seiner Gutmütigkeit. Aus den Briefings kannte ich Bormann nur als knallharten, grausamen Ränkeschmied, aber hier, allein und in Feindeshand, benahm er sich makellos, beklagte sich nie und wurde nie wütend. Da wir im selben Kajak saßen, hatte ich am meisten mit ihm zu tun. Ich fand ihn nicht nur gehorsam, willig und tapfer, sondern lernte ihn auch als wahres Energiebündel kennen. Er war erstaunlich stark – zweimal so stark wie ich – und hob ein Kajak schneller hoch als irgendein Matrose, den ich gekannt habe. Er organisierte sogar einige der Trageaktionen beim Umgehen von Hindernissen, und zwar mit so viel Verstand, daß niemand etwas dagegen hatte, nicht einmal die Marines-Sergeants. Nach einiger Zeit überließen wir ihm sogar bestimmte Aufgaben, und da er zwanzig Jahre älter war als die meisten von uns, behandelten ihn die Mädchen – insbesondere die Freiheitskämpferinnen – als Vaterfigur. Sein Spitzname wurde liebe- und respektvoll benutzt, und in vielen nichtoperativen Dingen holten sich die Leute oft zuerst bei ihm Rat. Nachdem wir den größten Teil der Havel hinter uns gebracht hatten, saßen die dienstfreien Wachen um ihn herum und lauschten seinen Erzählungen über die verrückten bayerischen Wittelsbacher. Einmal erzählte er die Mär von Sissi (der Kaiserin Elisabeth von Österreich), die mit ihrem Vetter, dem wahnsinnigen König Ludwig II., um Mitternacht auszureiten pflegte. Eines Nachts habe ihr Mann, der hübsche junge Kaiser Franz Joseph, die beiden bis ins Wasser des Sees bei Schloß Neuschwanstein verfolgt, und als man später Ludwig bei Schloß Berg im Starnberger See ertrunken aufgefunden habe, habe Sissy weinend am Seeufer gesessen – genau wie wir jetzt am Havelufer.

Am Dienstag morgen, dem 8. Mai, hatten wir zwei Drittel unserer Strecke hinter uns gebracht. Rund vierzig Kilometer waren es nur noch bis zum Zusammenfluß von Havel und Elbe, vierzig Kilometer bis zu den britischen und amerikanischen Streitkräften. Nachdem wir nördlich gefahren waren, vorbei an Grütz, Schollene und Molkenberg, wandten wir uns nun ostwärts und steuerten in den drei Kilometer breiten Gülpersee. Dort hatten unsere Späher einen guten Schlupfwinkel im Moor ausgemacht.

Kurz vor Morgengrauen trugen wir unsere Kajaks an Land und suchten das von unserem Vorauskommando bereitete Behelfslager auf. Dann, nachdem wir alle notwendigen Dinge überprüft, die Wachen aufgestellt und uns um die Mannschaft gekümmert hatten, kam Penny Wirrell, unsere Fernmeldechefin, zu mir mit einem Gesichtsausdruck, den ich nur als ungewöhnlich bezeichnen kann. Ein Funkspruch war angekommen, der überhaupt keinen Sinn zu ergeben schien. Es war ein Befehl der Admiralität, der nicht an uns, sondern an »Alle Schiffe« gerichtet war. Er hieß einfach: »SPLICE THE MAINBRACE«[2].

Jedermann in der Royal Navy wußte, daß sich die Anweisung schon längst nicht mehr auf das Hanfseil zwischen Groß- und Besanmast bezog, sondern die Ausgabe einer doppelten Rumration an alle meinte. Damit hatten wir ein Problem, denn wir besaßen keinen Rum, sondern nur Pulvermilch und Schokolade und einen winzigen Rest Cognac, der für medizinische Zwecke reserviert war und von dem Dr. Jenny auch nicht einen Tropfen herauszurücken bereit war. Wie dem auch sei, wir konnten uns beim besten Willen nicht erklären, warum die Admiralität so weltumspannende Feiern befahl, die gemeinhin nur großen Siegen vorbehalten waren. Wir hielten den Atem an, bis endlich ein weiterer Funkspruch des Rätsels Lösung brachte, diesmal von unserem eigenen Chef:

DEUTSCHLAND HAT BEDINGUNGSLOS KAPITULIERT. FEINDSELIGKEITEN ENDEN HEUTE 8. MAI UM MITTERNACHT. IHR LASST KEIN IOTA NACH, SONDERN VERDOPPELT WACHSAMKEIT GEGENÜBER SOWJETTRUPPEN. EUCH STEHEN NOCH GROSSE GEFAHREN BEVOR UND EUER UNTERNEHMEN MUSS GELINGEN. GOTTES SEGEN EUCH ALLEN. GOTT SCHÜTZE DIE FLOTTE. GOTT SCHÜTZE DEN KÖNIG. MORTON.

Ich holte die gesamte Besatzung zusammen, soweit sie nicht Wache stand, schärfte ihr ein, keinen Laut oder gar Hochruf von sich zu geben, und verlas die Meldung. Alle hüpften lautlos herum und fielen einander um den Hals, sogar mir. Dann rannten sie zu denen, die Wache hatten, brachten ihnen die Nachricht und umarmten auch sie. Mortons Hinweis auf die Gefahren vermochte ihr Hochgefühl nicht zu dämpfen, und ein wenig gelang es uns sogar, die »Großbrasse zu spleißen«.

JB7, das immer noch einen Tag hinter uns lag, erhielt dieselbe Meldung und hatte mit demselben Problem zu kämpfen – sie hatten nichts an Bord, mit dem sich der Funkspruch begießen ließ. Sie ließen uns wissen, sie hätten das Problem behelfsweise dadurch gelöst, daß die Mädchen die Männer zweimal umarmten

---

2 Wörtlich: »Großbrasse spleißen«.

und küßten anstatt nur einmal. Daraufhin wollte Brabenov sofort wissen, wie sich die Jungs dafür revanchiert hätten. Womit hatten *sie* zweimal zugelangt?

Es waren alles andere als gewöhnliche Tage und Nächte. Überall herrschte Hochgefühl. Generell war das Verhältnis zwischen den Geschlechtern zwar lebhaft, blieb aber an der Oberfläche. Die Mädchen beklagten sich nie über Belästigungen durch ihre Waffenbrüder, im Gegenteil, sie vertrauten ihnen. Und die Männer sahen sich als Beschützer der Mädchen.

Als wir in der Nacht vom 8. auf den 9. Mai den Gülpersee verließen und nördlich die Havel hinunterpaddelten, stellten wir jedoch fest, daß uns genau in dem Augenblick, in dem der Krieg offiziell endete, die Russen wieder zu Leibe rückten. Jetzt befanden sie sich auf unserer Rechten, im Osten: Wir sahen Brände und hörten Rufe und Schreie, zum Teil von Frauen. Hin und wieder hörte man Feuerstöße aus Handwaffen. Offenbar lagerten Sowjettruppen unmittelbar am Flußufer.

Geräuschloses Weiterkommen war damit erste Pflicht. Lautlos glitten wir voran und hielten uns dicht ans westliche Ufer. Manchmal war der Fluß so schmal, daß uns nur Meter von den sowjetischen Soldaten trennten, die zumeist – nach ihren heiseren Stimmen zu schließen – schwer betrunken waren. Mehrfach in der Nacht mußten wir, um einen Zusammenstoß mit ihnen zu vermeiden, den Fluß verlassen und die Kajaks durch Wald und Moor tragen, bis wir den Gefahrenpunkt überwunden hatten. Das war erschöpfende Schwerarbeit und verringerte zugleich die Entfernung, die wir in dieser Nacht zurücklegten, auf bloße acht Kilometer.

Dank harter Arbeit und einer gehörigen Portion Glück kam es zu keinem Kontakt. Nach kurzer Absprache mit dem Vorauskommando beschlossen wir, für den nächsten Tag bei Kuhlhausen auf der Höhe eines der zahlreichen Zuflüsse Unterschlupf zu suchen, die sich von Nordosten zur Havel herunterschlängeln. Dort fanden wir einen, wie es schien, nahezu perfekten Lagerplatz: ein bewaldetes, mit dem Festland durch einen nur wenige Meter breiten Damm verbundenes Inselchen in einem Moorsee. Daß Ortsansässige auf die Insel kämen, war nicht zu erwarten, und nach der anstrengenden Nacht freuten wir uns auf einen erquickenden Schlaf.

Zunächst ging auch alles gut. Wir nahmen mit JB7 und Sektion M (Elbe) Verbindung auf, kochten, aßen, wuschen uns und kontrollierten unsere Waffen; dann legten sich alle schlafen, die nicht Wache hatten. Gegen Mittag ertönten ganz in der Nähe Schüsse und Schreie, so daß der wachhabende Offizier alle Mann auf Gefechtsstation berief. In Sekundenschnelle war jeder Meter im Umkreis bewacht.

Bald hörten wir Frauen um Hilfe schreien und betrunkene Männer brüllen. Da der Lärm schnell näher kam, verharrten wir reglos und blickten über den Damm auf den gegenüberliegenden Wald.

Wenig später stolperten zwei halbwüchsige Mädchen zwischen den Bäumen hervor und schauten sich mit schreckgeweiteten Augen nach ihren Verfolgern um. Die jüngere der beiden war übel zugerichtet: Ihr Gesicht war zerkratzt und blutete, ihr Kleid war zerrissen, und an einem Bein lief Blut herunter. Wir wußten sofort, was passiert war: Eine sowjetische Einheit hatte Quartier gemacht, und wie üblich versuchten die Männer alles zu vergewaltigen, was einen Rock trug.

Die betrunkenen Verfolger stürzten aus den Bäumen hervor und sahen ihre Beute am Wasserrand in der Falle. Die Mädchen wandten sich um, als wollten sie in den See springen, denn einen anderen Ausweg sahen sie nicht. Dann bemerkten sie den Damm, rannten zu ihm hin, auf unsere Insel herüber und verschwanden zwischen den Bäumen.

Auf einen leisen Befehl hin packten unsere Leute sie von hinten, hielten sie fest und drückten ihnen die Hand auf den Mund, um sie am Schreien zu hindern. Sie flüsterten ihnen »Freunde!« ins Ohr, woraufhin sich die Frauen nicht länger wehrten. Wenige Minuten später waren sie geräuschlos ins Unterholz gebracht.

Inzwischen waren die Russen am anderen Ende des Damms angelangt – ein Hauptmann, ein Feldwebel und drei weitere Dienstgrade, die Mützen in den Nacken geschoben. Sie sahen sich mit glasigen Augen um und taumelten auf die Insel zu.

Plötzlich sahen sie völlig verdutzt, daß ihnen zwei Frauen und ein Mann in sowjetischen Offiziersuniformen den Weg versperrten. Brabenov pflanzte sich vor dem Hauptmann auf, schlug ihm dreimal hart ins Gesicht und brüllte auf russisch, sie werde sein widerliches Benehmen den Genossen Marschall Schukow und Stalin melden. Dann kam ihre übliche Geschichte, daß sie Naziverbrecher jage, jetzt aber Sowjetverbrecher angetroffen habe.

Die Soldaten rissen sich mühsam zusammen und standen stramm, aber der Hauptmann war so betrunken, daß er meinte, er könne die Situation ausnutzen. In den Bäumen versteckt, sahen wir ihm geradezu an, wie er seine Lage überdachte und sich seine Möglichkeiten ausrechnete, trotz der drei Gegner an seine Beute zu kommen. »Zwei Weiber und ein kleiner Mann«, stand ihm deutlich ins Gesicht geschrieben.

Schwankend trat er auf Brabenov zu und verlangte ihren Ausweis; aber noch ehe sie die Karte herausholen konnte, zog er plötzlich seinen Revolver, schwang ihn durch die Luft und wollte sie damit schlagen. Durch diese Aggressivität ermutigt, machten auch seine Männer Anstalten, über Kemp und Bloem herzufallen.

Noch ehe sie zwei Schritte getan hatten, lagen vier Mann bewußtlos am Boden. Gerade wollten wir Brabenov zu Hilfe kommen, da winkte sie ab und nahm es mit dem Hauptmann allein auf. Mit chirurgischer Präzision kickte sie mit dem Fuß seinen Revolver weg, sprang hoch in die Luft und verpaßte ihm mit ihrem ganzen Körpergewicht einen häßlichen Schlag in seine edlen Teile. Der Mann bäumte sich auf und stöhnte wild. Aber dabei ließ es Brabenov nicht bewenden. Während er, die Hände an die Hoden pressend, nach vorne fiel, schnellte ihre Rechte vor und faßte ihn unter dem Kinn. Sein Körpergewicht und ihre ganze Kraft nutzend, preßte sie ihre Handflächen auf sein Gesicht und trieb ihm den gestreckten Zeige- und Mittelfinger tief in die Augenhöhlen. Vor Schmerz brüllend, fiel er zu Boden, preßte die Hände auf die Augen und wand sich am ganzen Körper. Brabenov sah leidenschaftslos zu, tat einen Schritt zurück und stand reglos wie eine Statue da. Dann nahm sie ihr Taschentuch und wischte sich das Blut von den Fingern.

Allmählich hörte der Mann am Boden auf zu zappeln.»Jenny soll nach ihm sehen«, sagte ich.

Jenny Wright, in der Sektion gleichzeitig als Ärztin und Commando-Spezialistin tätig, war gerade dabei, die beiden deutschen Mädchen zu untersuchen; als sie ans Ende des Dammes kam, war dem sowjetischen Hauptmann nicht mehr zu helfen. Jenny sah ihn nur kurz an und sagte dann:»Er ist tot.«

Jetzt waren wir mit einem Problem konfrontiert, das wir uns selber eingehandelt hatten. Wir hatten fünf russische Soldaten am Hals; einer war tot, die anderen vier waren gefesselt und geknebelt. Die Überlebenden laufen und zu ihrer Einheit zurückkehren lassen konnten wir eindeutig nicht, denn sie hätten berichtet, was vorgefallen war. Ebensowenig konnten wir sie in der kommenden Nacht einfach zurücklassen, denn früher oder später würden ihre Kameraden nach ihnen suchen und die Verfolgung aufnehmen. Es gab nur einen einzigen sicheren Weg, sie zum Schweigen zu bringen, und ich war Bloem von Herzen dankbar, daß er ihn aussprach.

»Wir müssen sie alle töten«, sagte er.»Dann sieht es so aus, als seien sie einem letzten Nazitrupp in die Fänge geraten.« Als könne er meine Gedanken lesen, setzte er hinzu:»Keine Sorge, Sir. Überlassen Sie das uns. Wir sind solche Dinge gewöhnt.« Wenn er gewußt hätte, daß ich sie auch gewöhnt war...

Was Bloem und seine Freiheitskämpfer dann genau machten, habe ich nie wissen wollen. Ich wies ihn lediglich an, die Russen in einiger Entfernung von der Insel loszuwerden, damit sie ein möglicher Suchtrupp nicht in dieser Gegend finde, wenn Christa Shulberg Ende der nächsten Nacht mit der JB7-Nachhut hier ankomme. Eine kleine Abordnung trieb die Gefangenen über den Damm und verschwand mit ihnen im Wald. Schüsse gaben sie keine ab, denn das hätte Aufmerksamkeit erregen können. Die Tat geschah lautlos, wahrscheinlich mit Messern.

Auf der Insel hatten wir nun auch noch zwei verletzte deutsche Mädchen am Hals – Schwestern, wie sich herausstellte. Ihre Mutter war von sowjetischen Soldaten vergewaltigt und umgebracht worden, der Vater in Rußland gefallen. Sie waren ebenfalls vergewaltigt worden, und während die ältere nur oberflächliche Verletzungen hatte, befand sich ihre Schwester in einem weitaus übleren Zustand. Sie hatte viel Blut verloren und bedurfte dringend der Behandlung im Krankenhaus.

Wenn uns das Glück weiterhin hold war, sollten wir die Elbe binnen sechsunddreißig Stunden erreichen können. Dr. Jenny fragte, ob wir die Mädchen mitnehmen könnten, um sie bei erstbester Gelegenheit in ein Feldlazarett zu bringen. Zwar war, obwohl wir ein Reserveboot dabeihatten, die Umstellung der Kajakmannschaften schwierig, aber meiner Meinung nach gab es nur eine mögliche Entscheidung.

»Lest sie ein«, sagte ich und ging zu John Morgan, um die Reorganisation der Kajakbesatzungen zu besprechen.

Brabenov erkundigte sich sehr unterwürfig bei Susan, was »Lest sie ein« bedeute. Susan sagte ihr, das sei ein alter Marineausdruck, der soviel heiße wie »Sie kommen mit uns«.

»Er hat also doch was für andere übrig«, sagte Brabenov.

»Viel zuviel«, antwortete Susan.

Als der Trupp nach Beseitigung der vier Russen zurückkehrte, führte Brabenov die Wache, so daß Bloem die Einzelheiten seines häßlichen, aber lebensnotwendigen Auftrags ihr berichtete. Ich sah aus einiger Entfernung, wie er wieder im Gebüsch verschwand. Brabenov blieb allein zurück. Plötzlich wandte sie sich ab und verbarg ihr Gesicht in den Händen. Durch ihre Finger rollten die Tränen, und sie zitterte am ganzen Leib. Sie ging in die Knie und wiegte in haltlosem Schluchzen den Körper hin und her, wobei ihr Kopf fast den Boden berührte. Dann richtete sie sich auf und schlug das Kreuz, wie immer »falsch herum«.

Ich ging zu ihr hin, hob sie auf und schloß sie fest in die Arme. Sie reagierte dankbar, und langsam lösten sich ihre Krämpfe.

»Komm schon, Yankee Doodle Girl«, flüsterte ich ihr zu. »Die Elbe winkt.«

Während der folgenden Nacht vom 9. zum 10. Mai kamen wir auf zehn Kilometer an die Elbe heran, mußten dabei oftmals die Kajaks über Land tragen, um tobenden russischen Truppen auszuweichen oder gesprengte Brücken und gesunkene Schiffe zu umgehen, die an vielen Stellen die Havel blockierten. Es war ein hartes Stück Arbeit, nicht zuletzt auch, weil wir das jüngere der beiden Mädchen tragen mußten. Sie schwebte zwar nicht in Lebensgefahr, war aber doch zum Gehen zu schwach.

Um 3 Uhr am Freitag, dem 11. Mai, lagen unsere acht Kajaks wieder im Fluß und fuhren nordwestlich auf die Stadt Havelberg zu, die in völligem Dunkel lag. Da Brabenov bei sämtlichen bisherigen Begegnungen mit sowjetischen Kontrollposten unsere Speerspitze gewesen war, hielt ich es für fair, ihr eine Pause zu gönnen, und ließ Bloem vorausfahren. So fuhren zwei Boote mit ihm, einem seiner Adjutanten und zwei Freiheitskämpferinnen auf die mittelalterliche Festung Havelberg zu, die sich, auf beiden Seiten vom Fluß umspült und über Brücken mit dem Land verbunden, mitten im Fluß erhebt. Trotz aller Anspannung hätten wir uns die historische Zitadelle gerne bei Tageslicht angesehen. Bloem und sein Trupp hielten sich dicht steuerbord am Ufer des nordöstlich der Festung verlaufenden Flußarms, während wir übrigen im Schatten des gegenüberliegenden Südwestufers verharrten.

Jemand sah Bloems Kajaks ankommen. Mächtige Scheinwerfer flammten auf und nahmen die zwei kleinen Boote in ihr gleißendes Licht. Ein Russe auf der Uferstraße rief etwas herunter. Bloem rief zurück und versuchte dabei die eiserne Selbstsicherheit nachzuahmen, die Brabenov so gut zu Gesicht gestanden hatte. Aber aus irgendeinem Grund wirkte er nicht überzeugend. Die Wachen ignorierten seine Antworten und befahlen ihm, an Land zu kommen. Im selben Augenblick, als sein Kajak das Ufer berührte, spürte ich, daß er in Schwierigkeiten war. Brabenov flüsterte mir inständig zu und bat, ihm helfen zu dürfen, aber ich lehnte ab. Die Russen hatten uns, den Hauptteil der Flottille, noch nicht bemerkt, da wir weit außerhalb des Lichtkegels im Dunkeln lagen. Wenn sich jemand von uns über den Strom bewegte, war unsere Anwesenheit sofort offenkundig – und unser alles überragender Auftrag lautete, Bormann unentdeckt durch diese letzten Engpässe zu schmuggeln.

Ich bin sicher, daß Bloem dies erkannte. Ich bin sicher, daß er absichtlich bemüht war, die Aufmerksamkeit von uns übrigen abzulenken. Die zwei Kajaks machten jäh kehrt und fuhren mit aller Kraft flußaufwärts, von den Scheinwerfern weg. Die Russen brüllten eine letzte Aufforderung, und als die Kanuten nicht reagierten, eröffneten sie mit Maschinengewehren und einem Zwölfpfünder das Feuer. Beide Boote samt Besatzung wurden in Stücke gerissen.

Mir brannte es auf den Nägeln, mit unseren Maschinenpistolen das Feuer zu eröffnen und den Tod unserer Kameraden zu rächen, aber ich wußte auch, daß dies praktisch Selbstmord bedeutete. So zwang ich mich dazu, einen Befehl zu flüstern, der uns flußabwärts unter die Südwestbrücke gleiten hieß, wo uns die große Festung vor den Blicken der Sowjets am anderen Flußarm verbarg. Ich war schockiert und außer mir wegen dieser Tragödie kurz vor dem Ziel.

Israel Bloem, der solche Wunder vollbracht hatte; Israel Bloem, der mit nur sechs Fingern die Geige meisterhaft beherrschte – dieser wunderbare Mann war, drei Tage nach dem Waffenstillstand, vor meinen Augen getötet worden, dabei nicht einmal vom Feind, sondern von unseren angeblichen Verbündeten. Ebenfalls tot waren der dreiundzwanzigjährige Leutnant Jacob Cohen und zwei deutsche Mädchen, Magda und Rachel, die mal gerade achtzehn und neunzehn Jahre zählten. Ob dieses Verlusts wurde mir speiübel.

Doch es blieb nichts anderes übrig, als weiterzumachen. Etwa um 4 Uhr hatten wir unser Vorauskommando eingeholt, das uns etwa drei Kilometer nordwestlich von Havelberg an der Stelle erwartete, wo die Havel parallel zur Elbe zu fließen beginnt. Der Zusammenfluß war immer noch acht Kilometer entfernt, aber der große Strom lag kaum drei Kilometer hart steuerbord. Anstatt eine weitere Konfrontation mit den Russen zu riskieren, beschloß ich, die Elbe über Land zu erreichen.

Mein Plan war wie folgt: Alle sollten quer durch das tiefe Gelände zwischen den beiden Wasserläufen trecken, dabei vier Kajaks sowie sämtliche Waffen und ihr persönliches Gepäck mitnehmen. Die übrigen Boote wurden systematisch nach allem durchsucht, was unsere Identität verraten konnte, dann angestochen, mit Steinen vom Ufer beschwert und versenkt. Während wir noch damit beschäftigt waren, nahmen wir Funkverbindung mit

JB7 auf und ließen die Nachhut wissen, sie solle auf gar keinen Fall durch Havelberg fahren. Vielmehr befahl ich ihnen, mindestens fünf Kilometer flußaufwärts am Südwestufer haltzumachen und die Motorboote in tiefem Wasser zu versenken. Dann sollten sie versteckt lagern und absolute Funkstille wahren, bis wir sie am Morgen mit einem Plan für ihre Rettung kontaktierten. Von der Katastrophe, die über uns gekommen war, sagte ich ihnen nichts, denn das hätte sie nur zusätzlich beunruhigt.

Der Verlust war schwer zu ertragen, aber er stählte meine Entschlossenheit, unsere Marathonreise ohne weitere Opfer zu Ende zu bringen. Ich wollte alles in meiner Macht Stehende tun, um weitere Tote zu verhindern; bis zum Äußersten wollte ich gehen, um meine verbliebenen Leute zu schützen. Sobald ich Bormann den Behörden ausgeliefert hatte, wollte ich mich wieder flußaufwärts begeben und JB7 in Sicherheit bringen. Die Bolschewiken sollten auch nicht einen von ihnen kriegen.

Auf unserem Weg übers nächtliche Land nahmen wir wieder mit der Sondergruppe der Sektion M Funkverbindung auf, die uns am Südwestufer der Elbe erwartete, und bestätigten, daß wir die Endphase erreicht hätten. Ich wußte, daß Morton selber dort sein würde; dieses Rendezvous würde er um nichts in der Welt verpassen wollen.

Auf der Überlandstrecke begegneten wir niemandem und erreichten in nur fünfundvierzig Minuten das Elbeufer, als gerade der Morgen zu grauen begann. Schnell brachten wir die vier restlichen Kajaks ins Wasser und fuhren in den Strom hinaus; die Kanukette wurde von Schwimmern mit Schwimmwesten begleitet, die stets in unmittelbarer Nähe blieben. Im ersten Kajak saß Susan mit dem älteren der beiden deutschen Mädchen, es folgten Bormann und ich, dann Brabenov und Wirrell, und im letzten Boot saß Dr. Jenny mit der zweiten Deutschen. Neben uns schwammen John Morgan, die Sergeanten David Jones und John Rawlins, Oberleutnant zur See Bill Webb, WT-Maat Wren Joan Marshall, eine Navy Commando, ebenfalls Maat, und vier GFF – zwei Männer und zwei Frauen.

Als wir in die mächtige Hauptströmung gelangten, jagte sie uns buchstäblich stromabwärts. Wir ließen uns gern von ihr treiben. Kemp bat um Erlaubnis, Kampfwimpel setzen zu dürfen, und nach wenigen Minuten waren weiße Wimpel an unseren Antennenstäben befestigt. Brabenov wollte sich nicht lumpen lassen und setzte einen »Old Glory«, den Kampfwimpel der US Navy, den sie eigens für diesen Zweck mitgebracht hatte.

Nun ging es in schneller Fahrt in strenger Kiellinie, zu beiden Seiten unsere Schwimmer, stromabwärts. Bald sahen wir unsere alte Freundin Havel unter dem hellwerdenden Osthimmel von rechts als glänzendes Silberband in die Elbe münden. Einen knappen Kilometer weiter sichteten wir einen provisorischen Landungssteg, den britische und amerikanische Truppen aus Holz und stählernen Lochplatten errichtet hatten.

Ende der Reise! Wir machten die Kajaks genau zu dem in unserer letzten Meldung mitgeteilten Zeitpunkt fest, und ich hatte die Ehre, unseren Trupp an Land zu führen. Dort begrüßten uns zwei hohe Offiziere der Sektion M sowie Morton höchstpersönlich. Im Hintergrund wartete eine kleine Fahrzeugkolonne: zwei Limousinen und drei Fünfzehntonner der British Army. Morton trug seine unvermeidliche Uniform – dunkler Anzug, Melone und eingerollter Schirm, den er, als er Haltung annahm, wie ein Schwert aufrecht hielt.

Ich machte einen Schritt auf ihn zu, um Bericht zu erstatten, dann aber wandte ich mich um und sah, daß fast alle meine Leute ihre Kollegen vom Vorauskommando ekstatisch begrüßten. Einige jedoch übergaben die deutschen Mädchen den Ärzten und Schwestern einer amerikanischen Ambulanz.

»Miss Kemp!« rief ich.

Susan stand stramm und grüßte.

»Ganze Gruppe Achtung! Wenn ich bitten darf.«

»Aye, aye, Sir!« Sie salutierte noch mal und rief dann laut:

»Ganze Gruppe Achtung! JB-Gruppe ... SHUN!«

Wie ein Mann nahmen die Männer und Frauen der Operation James Bond Haltung an, egal, wo sie gerade standen. Damit wandte ich mich Morton zu und grüßte: »Ich habe die Ehre, Sir, Ausführung Ihres Befehls vom 21. Januar zu melden. Ihr Gefangener steht zur Übergabe in Ihre Obhut bereit.«

Morton erwiderte meinen Gruß, indem er den Hut lüftete, wie es die Dienstanweisung einem Heeresoffizier in Zivil vorschreibt. Nun setzte er ihn wieder auf, dankte mir und stellte mich dem Kommandierenden General der 9. US-Armee, Generalleutnant William H. Simpson, vor. Simpson sagte zu mir, er kenne zwar den Zweck des Unternehmens nicht, habe aber gehört, daß es erfolgreich verlaufen sei, und gratulierte mir.

Als ich Bormann dem wartenden Begleitkommando übergab, schüttelte er Brabenov, Morgan und mir die Hand und bedankte sich überschwenglich dafür, daß wir so gut für ihn gesorgt hätten. Dann winkte er der übrigen Einsatzgruppe zu, und Morton blieb fast die Spucke weg, als ihm mehrere auf deutsch herzlich zuriefen:»Auf Wiedersehen, Fred!«

»Fred?« stieß Morton hervor.»Fred? Was im Himmel soll das heißen?«

Als Bormann und ich uns gar noch umarmten, gab das dem Chef der Sektion M vollends den Rest. Das war eindeutig die Spitze. Nicht nur widersprach es allen erdenklichen Befehlen von Heer und Marine zusammen – es erschien ihm auch als das Lächerlichste und Unerträglichste, was man sich denken konnte. Morton reagierte mit einem seiner Lieblingstricks: Er drehte uns einfach den Rücken zu und tat so, als sei er gar nicht da. Tatsächlich aber stand er im Augenblick der Übergabe nur einen Meter von Hitlers Sekretär entfernt.

Als unser VIP-Passagier die Autos erreichte, wandte er sich noch einmal um und bedachte mich mit dem Marinegruß, den ich zu Mortons erneutem Wutanfall erwiderte. So war nun um sechs Glasen der Morgenwache (11 Uhr) des Freitag, 11. Mai 1945, der Hauptzweck der Operation James Bond erfüllt. Als Morton, wie immer der fromme Katholik, ein Dankgebet vorschlug, lehnte ich ab. Meine Kameraden waren gleicher Meinung: Unsere Gedanken weilten bei unseren Leuten, die noch an der Havel in sowjetisch besetztem Gebiet festlagen, und ein Dankgebet wäre verfrüht und anmaßend zugleich gewesen. Ein Gebet für die sichere Heimkehr von JB7 freilich – das war etwas anderes. Also knieten wir uns in den Schlamm des Elbeufers, und Brabenov schlug ein weiteres Mal ihr Kreuzeszeichen.

17

HERAUSGEPAUKT

Kaum hatte ich mich wieder erhoben, kam Penny Wirrell mit einem dringenden Funkspruch angerannt; JB7 hatte die Funkstille gebrochen und berichtete, ein sowjetisches Bataillon habe die Havel überquert und schlage nur sechshundert Meter von JB7 entfernt ihr Lager auf. Unser Nachhuttrupp sei umzingelt und könne nur noch über einen schmalen Fluchtweg zum Fluß entkommen. Ich ließ Penny zurückfunken: »BIN VOR TAGESENDE BEI EUCH. CHRISTOPHER ROBIN.«

Meine Torpedoboote in Ramsgate!, schoß mir durch den Kopf. Ich wandte mich meiner Gruppe zu und rief laut: »Alle mal herhören! Sucht sofort stromabwärts nach Booten, die uns wieder havelaufwärts bringen können!«

Wie im Chor erklang es: »Aye, aye, Sir!« Alle standen stramm und salutierten, und schon waren sie unterwegs. Eine halbe Stunde lang suchten sie wie wild nach irgendwelchen Transportmöglichkeiten, die uns flußaufwärts bringen könnten. Wir brauchten etwas, was dazu geeignet war, unsere JB7 herauszuholen, und zudem nicht auf lauten Protest oder gar aktiven Widerstand der Russen und der Admiralität stieß.

Wie eingefleischte Verschwörer machten Susan Kemp und Brabenov wieder einmal das Unmögliche möglich; im Jeep eines hilfsbereiten amerikanischen Sergeant hatten sie die Gegend erkundet und stromabwärts drei LCP-Landungsboote[1] aufgetrieben, die am vorgefertigten Bauteil einer Bailey-Brücke vertäut

---

1 Abkürzung für »landing-craft, personnel«

waren. Dieser Bootstyp diente nicht dazu, Panzer oder ganze Truppenteile auf die Strände zu spucken, sondern war als Commando-Fahrzeug konzipiert und sah aus wie ein sehr großes, mit Kabine und anderen Raffinessen ausgestattetes Motorboot. Die Boote waren ziemlich schnell, beweglich und als Marine-Kriegsfahrzeug ausgerüstet.

Drei LCP-Boote waren genau das, was wir brauchten, und zu meiner großen Freude hatte Susan den Flottillenchef aus dem Schlaf geholt. Er hieß Peter Wild, Kapitänleutnant der RNVR. Als er im Schlepptau der beiden auftauchte, nahm er Haltung an. Er habe Befehl, den britischen und amerikanischen Truppen mit allen Flußtransportmitteln behilflich zu sein, und unterstehe dem nächstgelegenen Befehlsstand oder ranghöheren Seeoffizier im jeweiligen Einsatzgebiet. Der ranghöhere Seeoffizier war nach Heeressitte zweifelsohne ich; folglich übernahm ich offiziell das Kommando über seine Flottille und sagte ihm und den Bootskommandanten, was wir vorhatten. Ich fügte hinzu, ich selbst, drei meiner Offiziere und zehn Royal Marines der SBS kämen auf den kurzen Flußaufwärtstrip mit.

Morton war als einziger von unserem Vorhaben nicht entzückt. Als er hörte, daß wir mit britischen Kriegsschiffen wieder die Havel hinaufwollten, zeigte er beträchtliche Unruhe. Alles müsse seine Ordnung haben; ich solle deshalb über den britischen General und Bereichsbefehlshaber die Genehmigung seines zuständigen russischen Kollegen zum Betreten sowjetischen Gebiets einholen.

»Ich bin gerade ohne Genehmigung die Havel *heruntergekommen*«, sagte ich und versuchte mühsam, meinen Ärger zu unterdrücken.

»Das war etwas ganz anderes«, entgegnete er. »Offiziell warst du gar nicht da.«

»Ich hole sie raus, Onkel Desmond. Ich lasse meine Leute nicht hilflos in dieser kommunistischen Falle, und wenn noch so viele Kriegsgerichtsgewehre auf mich gerichtet sind.«

Morton merkte, wie ernst es mir war; das letzte Wort hatte dann aber doch er, denn er sagte, wenn wir unerlaubt handeln wollten, wende er uns einfach den Rücken zu und sei nicht da.

Als Brabenov an Bord des Führungsfahrzeugs der Flottille kam, verursachte sie eine Sensation. Mit triefnassen blonden Haaren und in der durchnäßten Uniform eines sowjetischen Obersten salutierte sie auf amerikanische Art und wartete kaum die Erlaubnis ab, an Bord gehen zu dürfen. Die Offiziere und Mannschaften im Boot waren wie vom Donner gerührt. Noch schlimmer wurde es, als Susan Kemp in Uniform auftauchte. Der Flottillenchef gab zu bedenken, der Aufenthalt von Wrens an Bord eines im Einsatz befindlichen Kriegsschiffs sei, mit Verlaub, strikt untersagt. Er beruhigte sich jedoch schnell wieder, als ich ihm sagte, Kemp sei ein Sonderfall und ich übernähme die volle Verantwortung.

Um 11.30 Uhr stachen die drei LCP-Boote in die Elbe und fuhren die Havel stromaufwärts in sowjetisches Gebiet. Am Flaggenstock wehten die weißen Wimpel der Royal Navy, am Steuerbordnock flatterten die Höflichkeitsnationalitätszeichen von UdSSR und USA. Kemp und ich trugen unsere nach zwei Wochen im Seesack leicht zerknitterten Kampfanzüge der Royal Navy, und auch unsere Marines steckten in britischer Kampfuniform. Zu unserer Beruhigung war jedes Boot mit einer halbwegs funktionierenden Oerlikon-Kanone ausgestattet – die ich ohne weiteres einzusetzen gedachte, wenn JB7 Lebensgefahr drohte.

Da wir immer nur bei Nacht gereist waren, war es für uns ein erhebendes Gefühl, den Fluß bei hellem Tageslicht hinauffahren zu können. Es war, als hätte der Sonnenschein auf Wasser und Feldern die Wirren und Schrecken des Krieges endgültig vertrieben. Über einen weiteren Funkspruch teilte JB7 mit, sie lägen etwa zwanzig Kilometer flußaufwärts in einem dichten Wald versteckt.

Nachdem wir die genauen Positionsangaben in unsere Karten eingetragen hatten, ließen wir sie wissen, daß wir uns noch am selben Abend in ihrer Nähe befänden; sobald wir das Gebiet untersucht hätten, würden wir ihnen mitteilen, was wir genau planten.

Kaum hatten wir gut sechs Kilometer auf der Havel zurückgelegt, wurden wir von einer sowjetischen Patrouille angerufen, die mit zwei Panzern und zwei, drei fahrbaren Geschützen am Ufer stand. Die Geschützrohre senkten sich rasant und nahmen uns genau ins Visier, während die Bemannung die Granaten und Kartuschen in die Rohre schob. Die Verschlüsse krachten zu. Jeder Geschützführer hob zum Zeichen der Feuerbereitschaft den Arm. Auf der anderen Havelseite schwärmte eine weitere Formation russischer Truppen aus.

Ein Sowjetmajor der Panzerpatrouille forderte uns auf zu stoppen. Uns blieb keine andere Wahl, als der Aufforderung Folge zu leisten; wir ließen die drei LCP-Boote langsam ans Ufer treiben.

Der Major fragte barsch, was wir in der sowjetischen Zone zu suchen hätten. Ihm sei nicht bekannt, daß irgendwelche britischen Fahrzeuge Erlaubnis zum Befahren der Havel hätten. Einen Augenblick überlegte ich, wieviel Schaden unsere Oerlikon-Kanonen diesem mächtigen Aufgebot der sowjetischen Armee zufügen konnten, bevor sie uns in die Ewigkeit beförderte. Plötzlich ergriff Brabenov die Initiative, indem sie auf den Bug des Führungsbootes sprang und über Megaphon ihr altgewohntes Spiel abzog: Wir suchten nach Nazikriegsverbrechern... (den folgenden Wortwechsel übersetzte sie uns jeweils sotto voce).

»Sie müssen längsseits kommen, Genossin Oberst«, erwiderte der Major. »Ich muß Ihre Papiere prüfen und im Hauptquartier nachfragen.«

Brabenov schlug den schärfsten Befehlston an, dessen sie fähig war. »Halt's Maul, du Sohn eines sibirischen Warzenschweins!« brüllte sie. »Du wagst es, einen Oberst herumzukommandieren? Ich habe direkten Befehl von Marschall Schukow, und der hat oberste Priorität. Eure verdammte Infanterie konnte uns keine Flußtransportmittel liefern – aber glücklicherweise haben uns, wie du siehst, die englische Marine und ihr König drei Boote geborgt. Und anstatt euch zu schämen und uns zu helfen, haltet ihr Steppenidioten uns nur auf!«

Der Major war völlig verunsichert, und mit einer ganzen Salve von Befehlen brachte ihn Brabenov noch mehr ins Schleudern. Als die LCPs wieder losfuhren, nahm er, völlig verstört, Haltung an und salutierte.

Unser Zielgebiet lag kaum noch vierzehn Kilometer flußaufwärts, und ich wollte erst bei Einbruch der Dunkelheit ankommen. Wir fuhren deshalb sehr langsam in Kiellinie, bis wir nach einer Flußbiegung die herrliche Festung Havelberg erblickten, die sich silhouettenhaft vor dem Abendhimmel abzeichnete. Bei der Durchfahrt durch den nordöstlichen Flußarm um die Festung, wo Bloem und seine Kameraden ihr Leben gelassen hatten, gingen die Wimpel auf halbmast, die Offiziere salutierten, und das gesamte James-Bond-Personal sprach ein Gebet.

Mittlerweile wimmelte es bei JB7 am Südwestufer des Flusses von sowjetischen Soldaten. Sie waren unseren umzingelten Leuten so nahe, daß sie die Russen gewaltsam in die Häuser eindringen sahen und die Schreie ihrer Opfer hörten. Wren-Maat Mary Conyers lag mit ihrer GFF-Kollegin Tachin Nielsen im Unterholz flach auf dem Bauch und spähte flußabwärts. Tachin war von den Vorgängen am Ufer offenkundig schockiert und verängstigt, aber Mary war ganz konzentriert und machte gegen 18 Uhr, als die Dunkelheit langsam hereinbrach, Motorengeräusch aus. Sekunden später erkannte sie in ihrem Feldstecher unsere Flottille und flüsterte aufgeregt Caroline Saunders auf der anderen Seite des Gebüschs zu: »Boote stromabwärts, Ma'am. Weiße Wimpel. Entfernung zwei Kabellängen. LCPs.«

»Danke, Mary«, antwortete Caroline ruhig. »Bereithalten zum Empfang und Sichern der Leine. Tachin, Codesignal per R/G abgeben.«

Tachin nahm den Sender vors Auge und blinkte uns ein Infrarotsignal zu – wir hatten unseren Zielpunkt.

Teil meines Plans war, an dem Ufer festzumachen, auf dem die meisten russischen Truppen standen. Damit waren wir zugleich am weitesten vom Lager unserer Leute entfernt und lenkten die Aufmerksamkeit von ihnen ab. Entsprechend der langen Tradition der Royal Navy über das Verhalten bei Herauspaukaktionen taten wir alles langsam, um nicht den Verdacht zu erregen, wir hätten etwas zu verbergen und versuchten, den Kontakt mit den sowjetischen Patrouillen zu vermeiden, die uns bei der Annäherung auf beiden Seiten des Flusses aufmerksam beobachteten. Das Klicken geöffneter und wieder geschlossener Gewehrverschlüsse klang übers Wasser.

Ich hatte Tachins Signal aus Richtung des dritten Baums hinter einer niedrigen Hecke ausgemacht und Peter Wild gebeten, direkt dorthin zu steuern. Als er auf dieser Höhe anlangte, wendete er hart backbord und fuhr quer über den Fluß zum gegenüberliegenden Ufer, während uns die Russen von beiden Flußseiten her im Visier hielten.

Wie ich gehofft hatte, konzentrierte sich ihr Interesse auf das Führungsboot, das ihnen am nächsten war, so daß sie die kleine, schnelle Schwenkbewegung des letzten LCP-Bootes nicht bemerkten, in dem SBS-Sergeant John Rawlins mit einer Leine bereitstand. Als die Rückseite seines Bootes ganz nahe am Südufer war, schleuderte er die Seilschleife an Land, wo eifrige Hände sie faßten, einholten und festmachten. Während das Boot über den Fluß trieb, ließen Rawlins und ein paar Helfer die Leine abrollen. In bestimmten Abständen beschwerten sie die Leine, so daß sie nach unten sank und nicht etwa einem vorbeikommenden sowjetischen Boot in die Quere kommen konnte.

Unser Plan funktionierte. Bald hatten wir längs des Nordostufers festgemacht, das Führungsboot voran, dahinter auf gleicher Höhe die beiden anderen LCPs, alle drei mit der Nase flußabwärts. Nach einer halben Stunde zog eine schwerbewaffnete sowjetische Patrouille am Ufer auf. Aus den Panzerfahrzeugen sprangen ein Generalmajor und sechs weitere Offiziere, die nun – hinter sich eine eindrucksvolle Feuerkraft – voller Mißtrauen und Feindseligkeit an Bord kamen.

Brabenov trat vor und grüßte.»Melde gehorsamst: Oberst Natascha Andrejewna Serowa, Spezialspionageeinheit von Marschall Schukow! Willkommen an Bord, Genosse General. Diese englischen Freunde helfen mir bei der Suche nach Naziverbrechern.«

Brabenovs Erscheinung hatte die übliche Wirkung. Der General hatte offenbar seit Monaten keine hübsche Frau mehr gesehen, schon gar nicht eine mit ihren Rundungen. Er war völlig sprachlos und folgte ihr wie hypnotisiert in die Kabine. Während sie mit ihm nach unten ging, griff sie nach meinem Arm und flüsterte:»Und was jetzt?«

»Betöre ihn! Reize ihn! Verführ ihn! Mach sie alle besoffen – mach irgendwas, aber lenke sie von JB7 ab.«

Wir bedienten unsere Gäste mit reichlich Rum, und es dauerte nicht lange, da versprach uns der General volle Unterstützung bei der Jagd nach entfliehenden Nazis. Er bat einzig darum, daß ihn Brabenov doch ja für alles, was er auftreibe, beim Genossen Stalin empfehle. Brabenov spielte ihrerseits ihre Rolle glänzend, und als der Rum allmählich zu wirken begann, widmete der General seine Aufmerksamkeit mehr und mehr dem Bestreben, ihren unwiderstehlichen Po zu betatschen.

Unsere Impromptu-Fete lief hervorragend. Wie erhofft, blieben die Russen einfach hocken. Das Saufen, die zotigen Witze und das falsche Schulterklopfen hielten bis weit nach Einbruch der Dunkelheit an. Etwa um 21 Uhr gingen Susan und ich an Deck, um uns unauffällig ein Bild über die Lage am Ufer zu machen. Gleich über uns an Land standen viele schwerbewaffnete sowjetische Soldaten in Bereitschaft. Ihre Offiziere und Unteroffiziere sahen unangenehm und gefährlich aus und beobachteten aufmerksam jede unserer Bewegungen. Zwei Panzer standen reglos mit ihren Kommandanten im Turm da, die Rohre auf uns gerichtet. Von der anderen Flußseite glotzten weitere sowjetische Truppen zu uns herüber, und ich bemerkte nicht ohne Sorge, daß sie nur wenige Meter vom markierten JB7-Zielpunkt entfernt waren.

Aus der Kabine drang in immer neuen Wellen heiseres Schreien und Gelächter herauf. Der britische Soldatensender brüllte »Alexander's Ragtime Band«. Eine bessere Tarnung konnte es kaum geben! Mit Sicherheit würde kein Sowjetsoldat, und sei er noch so böswillig und mißtrauisch, hinter so mitreißender Musik irgendeinen Hokuspokus vermuten – zumal mit einem Genossen General an Bord.

Es war Zeit, etwas zu unternehmen. Während unzählige Sowjetaugen auf mir ruhten, führte ich die Hand an den Mund, den ich öffnete und schloß, so als gähnte ich: das Zeichen für »Alle Mann auf Gefechtsstation«. Susan, Peter Wild, der Wachhabende, durch die Luke auch Brabenov, Sergeant Rawlins auf dem außenliegenden Boot achtern – alle sahen es und reagierten blitzschnell. Im nächsten Augenblick hatte Rawlins mit Hilfe zweier Commando-Leute die Leine über den Fluß so weit eingeholt, daß die Gewichte knapp unterhalb der Oberfläche blieben. Nachdem er sie am äußeren der beiden achtern liegenden Boote festgemacht hatte, hob er den Arm zum Zeichen für Susan, daß er bereit war. Sie hatte ihren R/G-Sender bereits auf die Position von JB7 bei 55° fixiert und gab jetzt ihr Signal an Caroline Saunders am Ufer drüben.

Als Caroline unser Zeichen empfing, meldete sie es leise Christa Shulberg: »L für Los, Ma'am.«

»Danke«, sagte Christa. Sie drehte sich langsam um und flüsterte mit fester Stimme: »All right, Leute. Absolute Stille. JB7 zieht langsam und diszipliniert ab. *Jetzt!*«

Fünfzig Männer und Frauen schlüpften, einer nach dem andern, ins Wasser und hangelten sich an der jetzt gespannten Leine entlang, die sie vor dem Abgetriebenwerden bewahrte. Von der Brücke des Flottillen-Führungsboots aus konnte ich ihre Köpfe als dunkle Punkte im Wasser erkennen und wußte jetzt, wo sie waren. Ich betete, daß kein Sowjetauge sie bemerken möge. Entdeckte sie einer und ging zum Angriff über, gäbe ich meinen Oerlikon-Leuten sofort Befehl, das Feuer zu eröffnen. Dann begäbe ich mich schnell unter Deck, nähme den Sowjetgeneral als Geisel und führe flußabwärts, wobei er am Mast angebunden und von einem Scheinwerfer angestrahlt wäre; meine Smith & Wesson hielte ich ihm dabei effektvoll an den Kopf. Ich wünschte mir beinahe inbrünstig das ganze Furore und das Kriegsgericht, das folgen würde. Schon sah ich mich in Portsmouth in der Kajüte von Nelsons »Victory« stehen, auf dem großen Tisch lag mein Degen und zeigte mit der Spitze auf mich als Zeichen meiner Schuld. Dabei hörte ich mich sagen: »Meine Leute sind in Sicherheit. Mein Gewissen ist leicht. Meine Seele ist ruhig. Endlich habe ich etwas getan, worauf ich stolz sein kann.«

Ich brauche nicht zu erwähnen, daß nichts von all der Dramatik geschah. Alles verlief schließlich ganz einfach und leicht. Der letzte am andern Ufer kappte dort das Seil und folgte den andern; als er das Boot erreicht hatte, zog er die Leine ein, verstaute sie an Bord und hoffte dabei, auch die letzten Spuren, die auf das Lager hinweisen könnten, verwischt zu haben.

Lautlos wurden die JB7-Leute auf die beiden rückwärtigen LCPs verteilt. Sie lagen flach auf Deck, kauerten in Kojen und Maschinenräumen und unterdrückten gewaltsam ihren Jubel über die gelungene Rettungsaktion. Dann händigte mir Kemp eine Funkmeldung aus, die mich angeblich ins britische Hauptquartier an der Elbe zurückbeorderte. Unter vielen Entschuldigungen brachten wir unseren Gästen bei, wir müßten leider aufbrechen. Widerwillig gingen die Russen von Bord, wobei Brabenov und ich den General stützen mußten. Der Bootsmann pfiff unsere Besucher ordnungsgemäß von Bord, hätte seine Vorstellung aber fast noch verpatzt, weil er sein Lachen kaum zähmen konnte. Die LCPs legten ab und nahmen gemächlich, um keinen Verdacht zu erregen, in Buglinie Kurs auf. Trotzdem machten wir dank der Strömung rund zehn Knoten – aber während der zwei Stunden, die wir bis zur Elbe brauchten, waren wir alle unentwegt mit schußbereiten Waffen auf Gefechtsstation. Mein letzter Funkspruch an die Basis hieß:»JBC AN M CONTROL. JB7 RAUS. ERWARTE WEITERE BEFEHLE.«

Ausnahmsweise zeigte Morton mal Gefühle:»EULE TIEGER UND PU AN CHRISTOPHER ROBIN. WILLKOMMEN DAHEIM IHR SEHR LIEBEN LEUTE. GOTT MIT EUCH.«

Die LCPs kamen längsseits der Bailey-Brücke. Ich gab die Unterdecks frei, und die gesamte JB7-Gruppe kam herauf. Die übrigen Mitglieder des Kommandotrupps, die sie seit zehn Tagen nicht gesehen hatten, standen am Ufer, rannten über den Laufsteg zu den IB7s hin und begrüßten sie in einem wahren Orkan der Umarmungen und Küsse.

Die laue Nachtluft war erfüllt von Ausbrüchen der Freude und des Glücks – doch plötzlich wurden alle still, und Christa Shulberg nannte leise die Namen der Kampfgefährten und -gefährtinnen, die im Verlauf der Operation James Bond ums Leben gekommen waren: Israel Bloem und seine drei Deutschen Freiheitskämpfer – zwei Mädchen und ein Junge; vier weitere Freiheitskämpfer bei dem Versuch, die Russen an der Vergewaltigung von Zivilfrauen am Müggelsee zu hindern; Hannah Fierstein sowie die fünf Minenräumexperten von HMS »Vernon« beim Freimachen der Wasserläufe – alles in allem vierzehn Gefallene. Ein Opfer fehlte noch.

»Patricia Falkiner«, sagte Susan.

Einen Augenblick verharrten wir schweigend. Dann sprach Brabenov auf Susans Bitte ein Gebet. Ihre Wahl war überraschend, aber vollkommen passend: die »Schlachthymne der Amerikanischen Republik«.

»Meine Augen haben die Herrlichkeit des Herrn bei seiner Wiederkunft gesehen...«, fing sie an. Aber kaum hatte sie das Ende dieser ersten Zeile erreicht, da fielen alle – Männer und Frauen, Juden und Heiden, Deutsche und Briten und ein Großteil der amerikanischen 9. Armee – mit lauter Stimme in den Gesang ein, der feierlich über die Elbe klang.

Wir hatten eben geendet, da traf vom Special Operations Department der Admiralität ein streng geheimer Sofortfunkspruch an mich ein: »SIE SIND ZUM VORÜBERGEHENDEN BEFEHLSHABER DER 21. LCP-FLOTTILLE ERNANNT. VERSUCHEN SIE NACH EIGENEM ERMESSEN AN NORDWESTUFER HAVEL GESTRANDETES PERSONAL HERAUSZUPAUKEN. KEINE WIEDERHOLE KEINE GEFECHTSAUFNAHME MIT RUSSISCHEN KRÄFTEN.« Dem konnten wir nur eines hinzufügen: »Amen!«

18

LETZTE VERRENKUNGEN

Als wir nach Birdham zurückkehrten, war Fleming wieder in Deutschland und beendete erfolgreich das Unternehmen, für das man ihn aus Berlin weggeholt hatte. Es ging um die Übernahme der nach Schloß Tambach ausgelagerten deutschen Marinearchive. Mit großer Verspätung erfuhren wir, warum er so unversehens hatte abreisen müssen: Der fürs Archiv verantwortliche Admiral kannte ihn von früher und hatte seine persönliche Anwesenheit verlangt. Als Fleming Anfang Juni wieder zu uns kam, war er ganz aus dem Häuschen, weil bei ihm alles so gut geklappt hatte. Immerhin gestand er zu, verglichen mit der Operation James Bond, sei seine Expedition bedeutungslos gewesen.

Er brachte einige Dokumente der Kriegsmarine mit, darunter Aufzeichnungen über die U-Boot-Versorgungsstützpunkte in Irland. Mich interessierten natürlich brennend die Einzelheiten über den Stützpunkt in Donegal, den wir im Oktober 1940 in die Luft gejagt hatten, und die beiden U-Boote, die wir dort zerstört hatten.

Beim Fälschen und Frisieren der diesbezüglichen Aufzeichnungen sah ich nicht nur zu, sondern beteiligte mich auch daran; damit sollte der Nachweis geführt werden, daß es den Stützpunkt nie gegeben habe und die vermißten U-Boote an einem ganz anderen Tag und an ganz anderer Stelle versenkt worden seien (weshalb heute die deutschen Marinehistoriker die Stationierung irgendwelcher U-Boote in Irland bestreiten).

Nun wurde Fleming von Morton und Donovan beauftragt, die in

der Schweiz und anderswo lagernden Nazischätze dem britischen und amerikanischen Verfügungsrecht zuzuführen. Bormann hielt ohne zu murren sein Versprechen; er wurde unter Bewachung nach Basel geflogen und leistete die nötigen Unterschriften. Morton und Donovan wurden zeichnungsberechtigt; bis auf weiteres verblieben die Werte jedoch in den Banken, in denen sie waren. Noch vor Ende Juni waren die ersten Verfügungsübernahmen vollzogen.

Der Erfolg unserer Entführungsaktion und die Wiedererlangung von so viel gestohlenem Eigentum veranlaßten die britischen und amerikanischen Geheimdienstkreise zu mehreren ähnlichen Operationen. Morton stellte eine neue Untersektion auf, die weitere prominente Nazis entführen sollte, deren Kenntnisse oder Fachwissen dem Westen nützlich sein konnten. Dabei machte es keinen Unterschied, ob sie als Kriegsverbrecher gesucht wurden: Wenn sie bereit waren mitzumachen, würden ihre Akten gesäubert und Verfehlungen nicht mehr verfolgt. Sie sollten gut bezahlt werden und sich in einem Patenland als legitime Einwanderer niederlassen – mit der Aussicht, später die britische oder amerikanische Staatsbürgerschaft zu erlangen.

Da es darum ging, frühere Nazis zum Dienst zu pressen, benannten wir die Operation nach Andrew Preston. Von ihm ging die Sage, er habe einstmals so viele Leute zur Royal Navy gepreßt, daß sie ihm praktisch gehört habe (Matrosen sagen, sie seien »bei der Andrew«). Wir nannten sie also »Operation Andrew«. Susan Kemp erhielt die Leitung, zu ihrem Personal gehörten unter anderem auch OSS-Agenten. Der Erfolg war gewaltig. Ein erstklassiger Fang war Wernher von Braun. Mochte er in anderer Beziehung auch ein Kriegsverbrecher gewesen sein – für die Amerikaner war sein Genie, dem die Deutschen die V1- und V2-Raketen verdankten, viel wichtiger.

In Birdham kam ich wieder unmittelbar mit unserem Stargefangenen in Berührung, als mir Fleming den wichtigen Auftrag gab, Bormann bei der Eingewöhnung ins hiesige Leben behilflich zu sein.

Zunächst wurde er recht luxuriös in einem abgesicherten Gebäudeteil in Birdham untergebracht, wo er in den folgenden Monaten eingehend befragt wurde. Die Befragung ergab achthundert Protokollseiten, die einzeln vom Protagonisten selbst und seinen Befragungsoffizieren paraphiert wurden. Dieses äußerst wertvolle Dokument enthält Bormanns Lebensgeschichte sowie die Geschichte der NSDAP von den zwanziger Jahren bis zu ihrem Zusammenbruch 1945.

Die Befragung ergab einen faszinierenden Einblick in sein Verhältnis zu Hitler. Anfänglich äußerte sich Bormann über seinen früheren Chef respektvoll. Er sprach immer von »der Führer« und schien ihn als Oberbefehlshaber ernst zu nehmen. Später nannte er ihn immer häufiger »den blöden alten Narren« oder benutzte noch unschmeichelhaftere Bezeichnungen.

Während Bormann seine Geschichte den Offizieren der Sektion M erzählte, wurde in ganz Europa nach ihm gefahndet. Im Herbst 1945 verbreitete der Internationale Militärgerichtshof in Nürnberg vier Monate über Presse- und Rundfunkmeldungen folgende Bekanntmachung an Martin Bormann:

Martin Bormann ist angeklagt, Verbrechen gegen den Frieden, Kriegsverbrechen und Verbrechen gegen die Menschlichkeit begangen zu haben, [...]. Falls Martin Bormann erscheint, hat er das Recht, sich persönlich oder durch einen Anwalt zu verteidigen. Falls er sich nicht stellt, kann gegen ihn in seiner Abwesenheit verhandelt werden. [...] Wird er für schuldig befunden, wird das gegen ihn gefällte Urteil ohne weitere Verhandlung und gemäß den Verfügungen des Kontrollrates für Deutschland vollstreckt, sobald er aufgefunden worden ist.

Damit er *nicht* aufgefunden werden konnte, mußten sein Aussehen, sein Gehabe und sogar seine Stimme möglichst stark verändert werden. Nach mehrfachen Diskussionen beschloß Morton, erneut Archie McIndoe rufen zu lassen; aber diesmal war die absolute Geheimhaltung so überragend wichtig, daß der Gesichtschirurg in Birdham arbeiten mußte. Ein Gebäudeflügel wurde in ein Behelfslazarett verwandelt, und die Krankenpfleger rekrutierten wir unter den Männern und Frauen der Sektion M und den Deutschen Freiheitskämpfern.

Die kumulative Wirkung mehrerer chirurgischer Eingriffe war subtil, aber eindrucksvoll: Bormanns Ohren hatten eine andere Form bekommen, seine Lippen waren dicker, die Rückseite der Hände durch Hauttransplantationen weniger behaart. Zudem wurden seine Fingerabdrücke geändert, ein Teil des Höckers auf der Nase beseitigt und die Narbe auf der Stirn verlängert. Als sich der Patient von den Eingriffen erholt hatte, unterzog er sich einer Ausbildung und Rehabilitierung, an deren Ende er ganz anders ging und redete. Er gewöhnte sich ein Stammeln an, das als traumatische Nachwirkung von Kriegserlebnissen gedacht war. Im Laufe der Zeit wurde es so natürlich, daß es jederzeit zur Abwehr unangenehmer Fragen benutzt werden konnte. Notfalls konnte er vollständige Sprechunfähigkeit simulieren.

Mitte des Sommers 1945 hatten die meisten meiner früheren Kollegen Birdham verlassen, das jetzt im Vergleich zu früher fast wie ein Geisterhaus wirkte. Bormann zog ins Haupthaus, innerhalb dessen er sich unbeaufsichtigt bewegen konnte. Eines Abends erschien er im großen Erholungsraum, während ich wie üblich am Bechsteinflügel saß und spielte. Als ich ihn erblickte, hörte ich auf, worauf er sich an meinen Platz setzte und laut und heftig, aber recht gut zu spielen anfing, dann jäh den Tastendeckel zuschlug und aufstand. Es war, als wolle er mir zeigen, daß auch er spielen konnte, dann aber abrupt die Lust verloren habe.

Das letzte Mal sah ich ihn während seiner Genesung vor meiner Abreise zu einer Sonderausbildung im Juli. Ich ging in seine Zimmersuite hinauf und traf ihn allein an. Inzwischen sprach er recht gut Englisch, und ich sagte zu ihm, ich wolle mich verabschieden. Wir sahen uns lange an. Dann schüttelten wir einander die Hände, und plötzlich umarmte er mich ein weiteres Mal. Ein seltsamer Augenblick für mich Einundzwanzigjährigen. Der Mann, der mich da an den Schultern hielt, war ein Feind und ein in jeder Beziehung gemeiner Kriegsverbrecher gewesen. Gerade jetzt standen seine früheren Kumpane in Nürnberg vor Gericht, und nach ihm selbst wurde in der halben Welt gefahndet. Und doch schien all das jetzt ohne Belang. Mein einziger Gedanke war, daß dieser Mann mit uns schwerste Gefahren durchgemacht, dabei nicht gerade wenig Mut bewiesen und bei unserer Flucht aus Berlin eine selbstlose Rolle gespielt hatte. Also erwiderte ich seine Umarmung, zog ihm die Gesichtsmaske zum letzten Mal vom Kopf und ... es gab keinen Martin Bormann mehr.

Fast am selben Tag, bald nach der Kapitulation Japans, stellte Morton auf Geheimbefehl von Premierminister Clement Attlee und mit Billigung von König Georg VI. eine weitere Sondersubsektion auf. Sie hatte den Auftrag, die restliche Nazibeute ausfindig zu machen. Obwohl mit Bormanns Hilfe schon rund 90 Prozent der Guthaben sichergestellt waren, blieb immer noch ein Rest im Wert von Milliarden Dollar. Für diese Summe lohnte sich eine weltweite Suchaktion.

Die Sowjetunion wurde natürlich nicht zur Teilnahme an der Operation »Midas Touch«, wie sie hieß, aufgefordert. Unterstützt wurde die neue Untersektion, die im übrigen fast völlig freie Hand hatte, von Frankreich, Belgien, Dänemark, Holland und natürlich den Vereinigten Staaten. Der amerikanische OSS war aktiv beteiligt, die Leitung lag in der Hand der zum Korvettenkapitän beförderten Barbara Brabenov. Ihr britisches Pendant war der Zweite Offizier Caroline Saunders, die sich an der Seite von Christa Shulberg bei der Entsendung von JB7 an den Müggelsee und auf der Fahrt über die Berliner Wasserwege so hervorragend bewährt hatte. Was Brabenov und Saunders für die Operation »Midas Touch« leisteten, kann ich hier nicht mehr beschreiben. Ich begnüge mich deshalb mit der Feststellung, daß sie gewaltigen Erfolg hatten und die Hälfte des noch offenen Guthabens aufspürten.

Nachdem Bormann von den chirurgischen Eingriffen genesen war, bestand das nächste Problem darin, ihm eine dauerhafte Bleibe zu besorgen. Zwei Mädchen der Deutschen Freiheitskämpfer wurden auserkoren, als seine Ersatztöchter zu fungieren. Da Deutsche nur schwer eine Beschäftigung finden konnten, übernahmen die beiden gerne die Aufgabe, sich um ihn zu kümmern und ihn vor ungemütlichen Fragen abzuschirmen – natürlich kannten sie die Identität ihres Pseudovaters nicht. Als Wohngegend wurde Highgate in Nordlondon ausgewählt, wo ohnehin schon viele deutsche Immigranten wohnten. Dort wurde nunmehr die »dreiköpfige Familie« in einem der Häuser der Sektion M einquartiert.

Ein paar Monate lang ging alles gut, aber dann setzten uns die Ereignisse unter Druck und erzwangen einen weiteren Schritt. Da Bormann keinerlei Bekannte hatte und sich nur mit den beiden Mädchen unterhalten konnte, wurde er immer neurotischer. Zwei Psychiater, die ihn im Februar 1946 untersuchten, befürchteten, er stehe am Rande eines Nervenzusammenbruchs. Sie empfahlen, ihn in ein kleines Dorf auf dem Land zu bringen, wo er mit den Leuten in der kleinen Gemeinde Bekanntschaft schließen könne.

Gleichzeitig mußten die ausländischen Geheimdienste – vor allem der französische –, die nach Bormann suchten, Lunte gerochen haben, und obwohl sie keine Ahnung hatten, wo er steckte, schien für sie doch die Spur nach London zu weisen.

Morton beschloß, daß Bormann umziehen müsse, und beauftragte die vorübergehend aus Deutschland hergerufene Susan Kemp damit, für ihn eine sichere neue Umgebung zu schaffen. Aus früherer Erfahrung wußte sie sehr wohl, daß ein Fremder, der neu in eine Landgemeinde kam, sofort Aufmerksamkeit erregte, und wenn er gar noch Ausländer war, gäbe es für die Neugier kein Halten mehr. Der beste Trick wäre, ein beliebte Familie im Dorf zu finden, die den Fremden mit möglichst viel Tamtam als »Freund« oder »Verwandten« aufnähme.

Glücklicherweise kannte Susan genau eine solche Familie: Kapitän Peter Grant von der Royal Navy und seine Frau, Marlene Schuler Grant. Die Österreicherin Marlene war in den dreißiger Jahren als Studentin nach England gekommen und mit Susan eng befreundet. Sie hatte bei den Wrens gedient, und der gemeinsame Marinehintergrund der Familie ließ sie für die Aufgabe geradezu perfekt geeignet erscheinen. Susan wußte, daß man den beiden uneingeschränkt vertrauen konnte.

Sie besprach die Idee mit Morton, erkundigte sich dann diskret und konnte schließlich berichten, ihre Freunde seien bereit zu helfen. Das Ganze nahm sich ideal aus. Während des Krieges waren Marlenes Eltern in Österreich geblieben und hatten sich dort dem Widerstand angeschlossen. Beide waren getötet worden; nun ließ sich nach Susans Meinung der Vater vorteilhaft wieder zum Leben erwecken. Dank eines seltsamen, aber glücklichen Zufalls hatte auch er mit Vornamen Martin geheißen. Morton gefiel die Idee. Er ließ Peter Grant kommen und war von ihm beeindruckt; des weiteren beruhigte ihn, daß dessen alte Marineakte ein hervorragendes Zeugnis ablegte. Die Grants wurden deshalb unter strengster Verschwiegenheit gebeten, einen einigermaßen wichtigen Immigranten bei sich aufzunehmen, ihn zu verpflegen, nach ihm zu schauen und auf ihn aufzupassen – die Identität des Mannes wurde ihnen natürlich nie offenbart. Alles selbstredend gegen gute Bezahlung.

Als die Vorabsprachen getroffen waren, machte sich Susan an die Ausführung dessen, was nun unvermeidlich »Operation Ferkel« hieß. In Highgate erkrankte Bormann angeblich. Ein Krankenwagen der Sektion M fuhr vor und brachte ihn scheinbar ins örtliche Krankenhaus. In Wirklichkeit aber hieß das Ziel Birdham. Die angeblichen Töchter blieben lange genug im Haus wohnen, bis sie den Nachbarn die traurige Mitteilung machen konnten, ihr Vater sei gestorben. Drei Wochen darauf zogen auch sie aus und kehrten nach Birdham zurück.

Als nächstes sorgte Susan dafür, daß Marlene Schuler Grant die frohe Botschaft erhielt, ihr Vater sei doch nicht umgekommen, sondern soeben in einem Krankenhaus für Verschleppte gefunden worden. Bei Kriegsende sei er dort kurz nach seiner Flucht vor den Deutschen eingeliefert worden. Sein Gesundheitszustand sei schlecht, und er könne kaum sprechen. Die Grants luden ihn dennoch ein. Sobald er könne – vermutlich in fünf oder sechs Monaten –, solle er herüberkommen und bei ihnen bleiben. Die Nachricht machte im Dorf die Runde und wurde gebührend gefeiert. Eine Woche darauf fuhr Marlene weg, um ihren Vater in einem Salzburger Krankenhaus zu besuchen. Sie wurde von allen Freunden mit den besten Genesungswünschen verabschiedet. In Wirklichkeit fuhr sie geradewegs nach Birdham, wo zwei Stunden später die Marines fein säuberlich strammstanden, als sie in der Uniform eines Zweiten WRNS-Offiziers durchs Haupttor fuhr. Susan hatte Bormann den ganzen Plan schon erläutert.

Nicht ohne unterschwellige Ironie stellte sie ihm jetzt seine längst verloren geglaubte Tochter vor und übergab ihn dann der Obhut von Marlene und OP.-JB-Veteranin Penny Wirrell.

Ein neuer Name für Bormann war problemlos gefunden; er war jetzt natürlich Herr Martin Schuler. Während der nächsten vier Monate kam Marlene zweimal wöchentlich nach Birdham und machte ihn mit allen Einzelheiten des Lebens und Verhaltens ihres Vaters, mit seinen Vorlieben und Abneigungen und so weiter bekannt. Endlos besprach sie mit ihm alle erdenklichen Familienereignisse. Vor allem redeten sie über Religion. Da Martin Schuler Katholik gewesen war, mußte sich Bormann selbstverständlich ebenfalls als solcher ausgeben; er fand sich jedoch zu den Ideen und Glaubenssätzen dieser Religion so stark hingezogen, daß er nach vier Monaten in die katholische Kirche aufgenommen und getauft wurde. (Als der stockkatholische Morton von dieser Konversion erfuhr, war er, überraschend für alle, die ihn kannten, zum ersten Mal buchstäblich sprachlos.)

Während diese Vorbereitungen liefen, wurde den Sicherheitsbehörden allmählich klar, daß die Agenten, die Bormann jagten, ihre Suche auf das Vereinigte Königreich konzentrierten. MI 6 fabrizierte deshalb diverse Täuschungsmanöver und legte irreführende Fährten aus. Im Herbst 1946 wurden beispielsweise Gerüchte ausgestreut, eine kleine Gruppe ehemaliger SS-Männer habe sich in einem unzugänglichen Felsennest hoch in den Berchtesgadener Alpen eingeigelt und bewache irgendeinen hochrangigen Nazi. Nach und nach verdichteten sich die Gerüchte zu der Vermutung, bei der fraglichen Nazigröße handle es sich um Bormann, und schließlich bombardierte ein amerikanisches Flugzeug das Felsennest. Die Gruppe mußte ihr Versteck verlassen, wobei einer von ihnen den alliierten Truppen in die Hände fiel. Der Gefangene behauptete später, sie hätten tatsächlich Hitlers früheren Sekretär bewacht. Die Entkommenen flüchteten derweil in einer kleinen Fahrzeugkolonne, vorne und hinten je ein Militärfahrzeug, in der Mitte eine Limousine. Drei Tage fuhren sie Richtung Süden durch Österreich nach Italien. Auf der Fluchtroute war ihnen stets ein britischer Untersuchungsbeamter auf den Fersen, der sich auf das Aufspüren von Kriegsverbrechern spezialisiert hatte. Im Laufe der Observation wurde er immer aufgeregter, weil er meinte, er könne den Coup seines Lebens landen. Zu seinem großen Kummer und Unverständnis verweigerte ihm sein Führungsoffizier aber jedesmal die Verhaftung seiner Beute. Mehrfach hätte er sie problemlos vornehmen können, vor allem, als die Deutschen einmal auf einem Dorfplatz haltmachten und die öffentliche Toilette aufsuchten. Dabei sah er in geringer Entfernung ganz deutlich den Mann vor sich, den er für Bormann hielt. Doch jedesmal, wenn er neue Befehle verlangte, wurde ihm eingeschärft, er solle die Leute verfolgen, aber keinen Kontakt aufnehmen.

Nach einer Verfolgungsjagd über mehr als tausend Kilometer erreichte die Kolonne die italienische Hafenstadt Bari. An den Docktoren winkten die Carabinieri die deutschen Fahrzeuge durch, ließen aber vor den britischen den Schlagbaum herunter; der Untersuchungsbeamte und seine Mannen mußten tatenlos zusehen, wie die drei Autos – kaum hatten sie den Quai erreicht – in Verladenetzen an Bord eines Schiffes gehievt wurden. Das Schiff trug keine Erkennungszeichen und fuhr wenige Minuten später los, ohne irgendwelche Lichter gesetzt zu haben. Weitere Nachforschungen deuteten darauf hin, daß es Kurs auf Südamerika genommen hatte – und so entstand das hartnäckige Gerücht, Bormann sei aus Europa entschlüpft.

Unterdessen gingen in England fünf Monate ins Land, ehe Susan beschloß, nun sei alle Welt für die wundersame Auferstehung von Herrn Schuler bereit. Daraufhin reisten die Grants im August angeblich nach Österreich und kehrten wenige Tage später an einem Freitag mit Marlenes verschollenem Vater zurück. Der Empfang war herzlich, ging aber still vonstatten. Die Dorfbewohner wußten, daß sie mit dem alten Herrn sanft umgehen mußten. Dennoch kamen bald die ersten Besucher, und es dauerte nicht lange, da kannte Herr Schuler alle wichtigen Leute im Ort, die ihn allesamt gern mochten.

In jenen Monaten war Marlene auch noch an einer anderen Front tätig: Vor dem Krieg hatten ihre Schwiegereltern in dem Dorf eine Reitschule betrieben, die sie schon seit einiger Zeit wiedereröffnen wollte. Jetzt kaufte sie neue Pferde und rekrutierte neues Personal – drei junge Männer und drei junge Frauen –, die das Ganze wieder wunderbar in Schwung brachten. Das Interesse war riesig, vor allem bei den Schulkindern. Bald darauf erhielt die Reitschule die Lizenz des Instituts der Pferde- und Ponyclubs. Als es dem alten Herrn Schuler besserging, sagte er, er würde auch gerne reiten. Gesagt, getan – im Nu erwies er sich als ausgesprochener Könner. Außerdem mochte er die jungen Ausbilder und fühlte sich bei ihnen in sicheren Händen – nicht verwunderlich, wenn man bedenkt, daß es sich durchweg um Commandos und Leute aus der Sektion M handelte, deren Chef Penny Wirrell war. Nur Minuten vom Reitstall entfernt saß eine Abteilung Royal Marine Commandos und hielt engen Funkkontakt. Daß die Reitlehrer im Lauf der Monate immer wieder wechselten, störte niemanden.

So paßte sich Martin Schuler nahtlos in das Dorfleben ein. Die Leute hatten ihn gern, und fast zehn Jahre lang war er ein geachtetes Mitglied der Gemeinde. Dann, 1956, ließ man verlauten, er sei krank geworden und gestorben. Auf dem Gemeindefriedhof fand ein feierliches Begräbnis statt. Selbst mich, der ich mit Bormanns Entführung wahrhaftig viel zu tun gehabt hatte, ließ man glauben, sein Leben sei noch vor seinem sechzigsten Geburtstag zu Ende gegangen.

Als mich im Juli 1945 Morton kommen ließ und mir sagte, ich müsse jetzt eine Sonderausbildung als Schauspieler machen, fiel ich fast vom Stuhl. Erst dachte ich, ich hätte mich verhört, aber als er es dann wiederholte, sagte ich: »Das können Sie unmöglich ernst meinen!«

»Warum nicht«, erwiderte Morton kurz angebunden. »Das tun die meisten Geheimagenten doch ohnehin – schauspielern. Seit dem Tag, an dem du in meine Sektion kamst, spielst du Theater – wenn nicht schon länger.«

»Du besitzt eine natürliche Begabung«, fügte Fleming hinzu. »Aber du mußt das Metier richtig erlernen und dir den letzten Schliff geben lassen.«

»Genau«, echote Morton. »Vielleicht taugst du dann wirklich für uns.«

»Du besuchst die RADA, die Royal Academy of Dramatic Art«, meinte Fleming, »und das Old Vic.«
Zu meiner ewigen Schande muß ich gestehen, daß ich nicht die leiseste Ahnung hatte, was das »Old Vic« war. (Die RADA kannte ich allerdings. Drei Monate zuvor hatte mich Morton ohne mein Wissen dort einschreiben lassen, vermutlich zu Tarnzwekken. Nach meiner Rückkehr im Mai hatte ich einige Kurse besucht. Dabei traf ich auch auf Roger Moore, der später dafür sorgte, daß ich bei Warner Brothers in Hollywood als Regisseur unterkam. Aufgrund eines seltsamen Zufalls spielte er Jahre später sogar noch im Film die Rolle des James Bond.)
Daß das Old Vic die führende Theatertruppe der Welt war, mußte ich Fleming hingegen einfach glauben. Immerhin, am Donnerstag morgen, dem 16. August 1945, standen Brabenov und ich in der St. Martin's Lane inmitten des Londoner Theaterviertels und blickten zum New Theatre hinüber, auf dem überall Plakate prangten:

REPERTOIRE DER OLD VIC THEATRE COMPANY

HEINRICH IV., TEIL 1 & 2; OEDIPUS,

THE CRITIC ONKEL VANYA; ARMS & THE MAN

LAURENCE OLIVIER, RALPH RICHARDSON, SYBIL THORNDIKE

Brabenov konnte sich nicht einkriegen. »Mit *der* feinen Gesellschaft darfst du proben?«
Ich nickte in erzwungener Demut.
»Wie zum Teufel hast du das fertiggebracht?«
»Fleming hat es mit zwei seiner alten Marinefliegerkameraden ausgeheckt, den ehemaligen Geschwaderkapitänen Laurence Olivier und Ralph Richardson.«
Brabenov platzte der Kragen: »Du alter Hundesohn. Ich will auch mit!«
»Hör mal«, versuchte ich sie zu beruhigen, »auf unserem Flußtrip hast du zur Genüge bewiesen, daß *du* keine Theaterlektionen mehr brauchst.«
»Verschissene Scheiße!« erwiderte sie.

Wir gingen zur Bühnentür gegenüber der Rückseite von Wyndham's Theatre, und nachdem ich ihr noch mal bestätigt hatte, daß wir uns dann zum Abendessen träfen, ging ich hinein. Hinter mir hörte ich sie noch sagen: »Da ist der mal wieder in der verflixten Bresche... – nehme ich an.«

Mittlerweile hatte die »Reißwolf-, Frisier- und Fälschungsabteilung« der Sektion M ihre Aufgabe, jede Spur der Operation James Bond vom Erdboden zu vertilgen (außer in den eigenen Archiven natürlich), nahezu beendet. Churchills erster Befehl an Morton hatte keinerlei Spielraum gelassen: Nicht die kleinste Andeutung über die Operation darf je durchsickern. Die Akten mußten so manipuliert werden, daß die Durchführung einer solchen Operation völlig ausgeschlossen erschien. Op. JB durfte nichts anderes sein als »Die Operation, die es nie gab«.
Ein Hauptziel der Tarnung war, Ian Fleming selbst zu schützen. Wer in der Navy blieb, den schützte in gewissem Maße die bloße Tatsache, daß er oder sie weiterhin im Dienst war, aber Fleming war nur während des Krieges Matrose und plante nun die Rückkehr ins Zivilleben. Dort war er möglichen Repressalien viel stärker ausgesetzt. Wenn auch nur im geringsten bekannt wurde, daß er an einer Operation beteiligt war, die Nazischätze im Wert von Milliarden Dollar sichergestellt hatte, konnten seine Tage durchaus gezählt sein.
So wurde in einer umfänglichen Tarnoperation nachgewiesen, daß er während der Dauer der Op. JB von Anfang Januar bis Anfang Mai 1945 entweder in Fernost zu den Marine-Feindnachrichtenabteilungen des Commonwealth Verbindung gehalten oder aber Ende Februar auf Jamaika Sir William Stephenson (Chef des britischen Geheimdienstes in Nord- und Südamerika, auch als »Intrepid« oder »the Quiet Canadian« bekannt) besucht hatte. Die Täuschung wurde so gründlich geplant, daß er nach dem kurzen Englandaufenthalt Anfang Januar, bei dem er mit der Leitung der Operation beauftragt wurde, noch einmal für ein paar Tage nach Fernost flog.
Wieder in Birdham, war er in Trainingspausen gelegentlich in Zimmer 39 zu sehen, seinem alten Fuchsbau in der Admiralität,

sowie natürlich in Guildford, der neuen Heimat seiner »Indianer«, der 30. Angriffseinheit. Was mit mir im weiteren geschah, bleibt einer anderen Geschichte zu anderer Zeit vorbehalten. Hier genüge der Hinweis, daß ich im Showbusineß als Schauspieler und Regisseur auf der Bühne, in Film und Fernsehen eine glückliche Heimstatt fand. Immer noch aber arbeitete ich bei der Sektion M, und aus den Jahren des kalten Krieges haben sich mir zwei Unternehmen unauslöschlich eingeprägt. Das eine betraf den Staatsbesuch von Bulganin und Chruschtschow 1956 in England, das andere fand zwischen 1966 und 1969 in der Tschechoslowakei statt. Bis zu meinem endgültigen Ausscheiden aus der Welt der Geheimdienste Anfang der achtziger Jahre hatte die Sektion weiterhin erste Priorität für mich. Das setzte meiner schauspielerischen Betätigung enge Grenzen.

1995 war mein Hausarzt der Meinung, ich hätte eine Kriegsrente verdient. Nach Prüfung aller Unterlagen und Bewertung der ungewöhnlichen Situationen, die ich durchgemacht hatte, schätzte er sogar deren Höhe. Alte und einflußreiche Freunde überredeten mich, den Antrag zu stellen; daraufhin wurde ich zu 40 Prozent kriegsbeschädigt erklärt und die Zuteilung auf März 1945 zurückdatiert. Ich erhielt eine großzügige fünfstellige Summe sowie eine Wochenpension etwa in Höhe der Schätzung meines Arztes. Der Betrag wurde aufgrund der erlittenen Körperverletzungen und des Traumas festgesetzt, das ich davongetragen hatte, weil ich wehrlose und manchmal völlig unschuldige Menschen hatte töten müssen.

Natürlich verlor ich nie mein Interesse an Ferkel, und im Frühjahr 1947 amüsierte ich mich königlich, als das Buch »Hitlers letzte Tage« von Howard Trevor-Roper erschien. Der frühere Geheimdienstmann war von den britischen Behörden mit der Rekonstruktion von Hitlers letzten Augenblicken beauftragt worden. Ein Ziel des Unterfangens bestand darin, Stalin zu besänftigen, der geradezu krankhaft wähnte, Hitler sei entkommen und noch am Leben. Ein sowjetischer Bericht ließ sogar anklingen, Bormann und Hitler hätten den Bunker gemeinsam verlassen. Nach Gesprächen mit mehreren Leuten, die bis zuletzt im Bunker gewesen waren, gelangte Trevor-Roper zu der Überzeugung, daß Hitler zusammen mit seiner langjährigen Geliebten und Zweitageehefrau Eva Braun Selbstmord begangen hatte. Bormann – so der Bericht sei erst nach dem tatsächlichen Ausbruch vom 1. auf den 2. Mai 1945 auf einem nicht näher bekannten Weg entkommen. Ein Detail in Trevor-Ropers Text faszinierte mich besonders, nämlich die Tatsache, Bormann sei mit einem Exemplar von Hitlers Privattestament verschwunden, das nie wieder aufgetaucht sei. Ich kann den Autor indes beruhigen: Das Testament liegt sicher verwahrt bei Security Control von Sektion M. Es war typisch für Mortons Geheimniskrämerei, daß er, der bestimmt Trevor-Ropers Auftrag kannte und viele seiner Fragen aus dem Handgelenk hätte beantworten können, nie auch nur das Geringste unternahm, um der Wahrheit zur Ehre zu verhelfen.

Die internationale Suche nach Bormann ging während der gesamten fünfziger und sechziger Jahre ungehemmt weiter, und jede Meldung, er sei irgendwo gesichtet worden, stieß sofort auf lebhaftes Interesse. In seinem 1967 veröffentlichten Buch »Doch die Mörder leben« schrieb der Nazijäger Simon Wiesenthal:[1]

> Der Mann, der Hitlers rechte Hand war, hat mehr Gerüchte und Legenden verursacht und einen weitaus größeren Verbrauch an Druckerschwärze als alle anderen Nazibonzen. [...] Kein anderer Nazi ist so häufig für tot erklärt und wieder zum Leben erweckt worden.

1964 nahm der »Stern«-Redakteur Jochen von Lang zum früheren Reichsjugendführer Arthur Axmann Kontakt auf und ging mit ihm zu einer Brücke in der Nähe des Lehrter Bahnhofs, Berlin-Mitte; dort, so Axmann, habe er in der Nacht vom 1. zum 2. Mai 1945 Bormann und Stumpfegger tot liegen sehen. Neuere Forschungen ließen anklingen, die beiden Leichen seien mehrere hundert Meter weiter in den ULAP-Ausstellungspark geschleppt und dort verscharrt worden. Im Juli 1965 ergab eine Großgrabung in dem Bereich keine Anzeichen menschlicher Überreste.

---

1 Simon Wiesenthal, »Doch die Mörder leben«, Übers. Frank und Sonja Weiß, Droemer Knaur, München/Zürich 1967, S. 399.

Im Dezember 1972 jedoch, ganz in der Nähe dieser ersten Grabung, förderte eine weitere Ausschachtung im Rahmen eines Bauprojekts zwei Skelette zutage. Zu gegebener Zeit bestätigte das Frankfurter Oberlandesgericht, das die amtliche Suche nach Bormann übernommen hatte, die Untersuchung der Skelette habe den »sicheren Nachweis« erbracht, daß es sich um die Überreste von Bormann und Stumpfegger handle, und damit war die Suche nach Bormann von Amts wegen beendet.

Diese neuere Untersuchung überzeugte auch Simon Wiesenthal, daß Bormann tatsächlich in der letzten Kriegsnacht gestorben sei. Dennoch blieben viele Beobachter skeptisch, nicht zuletzt der Waliser Chirurg Hugh Thomas, der in seinem 1995 veröffentlichten Buch »Doppelgangers – The Truth About the Bodies in the Berlin Bunker« die Ereignisse im Führerbunker in den letzten Kriegstagen einer erneuten Prüfung unterzog. In Detailvergleichen der Berichte von Überlebenden wies er nach, daß sich ihre Erzählungen widersprächen und man daher keinem trauen könne; aus diesem oder jenem Grund sage keiner der Zeugen die ganze Wahrheit. Desgleichen gelangte Mr. Thomas nach sorgfältiger ärztlicher, zahnärztlicher und gerichtsmedizinischer Untersuchung zu dem Schluß, der angekohlte Leichnam einer Frau, den die Russen außerhalb des Bunkers gefunden hatten, könne nicht Eva Braun gewesen sein; das Gebiß sei völlig anders als das der Lebensgefährtin Hitlers, die Blutgruppe sei falsch, und die Tote habe nicht Zyanid genommen, sondern sei an einer Granatsplitterverletzung in den Rippen gestorben. Hinsichtlich des von den Russen als Hitler identifizierten Leichnams war Mr. Thomas weniger eindeutig: Das Gebiß entspräche mehr oder weniger dem des Führers. Eigenartig sei indes, daß der Leichnam nur leicht verkohlt, der linke Fuß und Unterschenkel hingegen vollständig verbrannt seien – wie um einen Defekt zu verbergen, den Hitler nicht gehabt habe.

Desgleichen zog Mr. Thomas die Behauptung, in Berlin sei Bormanns Schädel gefunden worden, sehr in Zweifel, nannte sie sogar »gerichtsmedizinischen Betrug«. Unter anderem wies er darauf hin, daß der Schädel mit rotbraunem Lehm verbacken sei, der aber in Berlin gar nicht vorkomme, denn dort sei der Boden sandig. Das Gebiß des Schädels, so fuhr er fort, ähnele zwar sehr dem Zahnbild in Bormanns Unterlagen, aber er wies nach, daß nach den letzten Zahnbildeintragungen noch weitere Plomben angebracht worden seien. Mit anderen Worten: Egal, ob die von Thomas untersuchten Unterlagen die von der Sektion M frisierten oder andere waren – eines stand fest: Der Mann, von dem die deutschen Behörden behaupteten, es handle sich um Bormann, hat nach 1945 weitergelebt; er konnte nicht beim Exodus aus dem Führerbunker umgekommen sein. Thomas selbst kam aufgrund seiner umfassenden Recherchen zu dem Schluß, Bormann sei nach Paraguay geflüchtet und dort 1959 gestorben. Seine Überreste seien dann heimlich nach Berlin gebracht und im ULAP-Ausstellungspark vergraben worden. Ein anonymer Tip hätte 1972 schließlich zu ihrer Entdeckung geführt. Kurzum: Aus seinen sorgfältigen Untersuchungen ergebe sich, daß das Bormann-Mysterium immer noch nicht zufriedenstellend gelöst sei.

Obwohl ich wußte, daß ein Großteil dessen, was ich getan hatte, auf absehbare Zeit geheim bleiben mußte, hoffte ich doch, vielleicht wenigstens einen Teil meiner Geschichte erzählen zu dürfen. Meine diskreten Anfragen stießen auf zurückhaltende Ermutigung von höchster Stelle. Am 4. März 1952 schrieb mir Lord Ismay, während des Krieges Churchills Stabschef, einen herzlichen Brief, in dem stand: »Ich hoffe aufrichtig, daß es bald möglich sein wird, Ihre Geschichte zu erzählen, und daß Sie die öffentliche Anerkennung finden, die Sie zu Recht verdienen.« Im Oktober 1954 schrieb mir Churchill – inzwischen erneut Premierminister – selbst einen Brief, der mich noch heute tief bewegt:

10 Downing Street,
Whitehall.
Höchst geheim

Lieber John,
Lord Ismay hat mir Ihren Wunsch vorgetragen, aber ich fürchte, es ist immer noch unmöglich, etwas zu unternehmen. Sie dürfen über diese Dinge jetzt noch nicht sprechen. Wenn ich tot bin,

dann erzählen Sie Ihre Geschichte – wenn es Ihnen Ihr Gewissen erlaubt –, denn Sie haben für England viel gegeben und gelitten. Wenn Sie dann reden, erzählen Sie den Menschen die reine Wahrheit, wobei Sie selbstverständlich die Dinge auslassen, von denen Sie wissen, daß sie nie enthüllt werden dürfen. Auf mich brauchen Sie keine Rücksicht zu nehmen, denn mir genügt das Urteil der Geschichte. Schützen Sie aber, ich bitte Sie sehr, jene, die ehrlich ihre Pflicht erfüllt haben in der Hoffnung auf eine künftige Welt in Freiheit und Gerechtigkeit für alle.

Ihr sehr ergebener
Winston S. Churchill

Fleming und ich blieben in losem Kontakt. Er schied aus der Navy mit der erklärten Absicht aus, Romane zu schreiben, aber es dauerte dann noch acht Jahre, bis 1953 sein erster erschien – »Casino Royale«. Natürlich war ich hoch erfreut, daß er seinem Helden den Namen James Bond gegeben hatte. Und daß er Bonds Geheimdienstchef »M« nannte, überraschte mich nicht. Gelegentlich erwähnte ich Fleming gegenüber, vielleicht könne ich eines Tages die wahre Geschichte unseres gemeinsamen Unternehmens erzählen.

Im Herbst 1963, als das Geld aus den Bond-Romanen und -Filmen nur so sprudelte, schrieb er mir einen für ihn typischen, großzügigen Brief, den er als dickes, eingeschriebenes Paket schickte:

16 Victoria Square
London SW 1

14. Oktober 1963

An: Befehlshaber »James Bond«, R.N.

Er war mir stets ein sehr lieber Freund und Kriegskamerad: John Ainsworth-Davis.

Der beiliegende Beitrag kommt mit großem Dank und der lebhaften Erinnerung an unsere Operation »James Bond«, bei der

»Ferkel«, Martin Bormann, im April/Mai 1945 über die deutschen Wasserwege heimlich aus Kriegsberlin nach England geschafft wurde. Dies führte letztlich zur Wiederinbesitznahme von rund 95 Prozent der Werte, die die Nazis im besetzten Europa zusammengeraubt und in neutralen Ländern, vor allem in der Schweiz, deponiert hatten.

Ohne jeden Zweifel warst Du und Dein Unternehmen meine heimliche Inspiration für alles weitere; dieses Geheimnis habe ich nie jemandem anvertraut. Mit großem Vergnügen verrate ich es Dir jetzt.

Ich habe Dich vermißt, Dich und Dein verd... Klavier.

Wie immer Dein höchst geheimer Freund

Ian Fleming.

PS.: Falls Du wirklich ein Buch über das Thema schreibst, kannst Du diese Notiz auf jede Dir richtig erscheinende Weise verwenden. Veröffentliche sie, wenn's hilft.

Der »beiliegende Beitrag« belief sich auf 20 000 Pfund in großen weißen Fünfpfundnoten. Obwohl Fleming es nicht gesagt hatte, wußte ich, daß er das Geld für die Überlebenden der Operation bestimmt hatte. Ich habe es mit Freuden verteilt.

Kaum ein Jahr nachdem er diesen Brief geschrieben hatte, war er tot. Als ich später im Vertrauen hin und wieder erwähnte, er sei an Op. JB beteiligt gewesen, wurde ich gefragt, warum er nie jemandem auch nur ein Wort davon gesagt oder geschrieben habe. Schon die Frage stellen heißt nicht verstehen. Seine Frau Ann pflegte zu sagen, in Geheimdienstdingen sei Ian während des Krieges wie eine »Auster« gewesen. Er habe einfach nie mit irgend jemand über seine Arbeit gesprochen – abgesehen natürlich von seinen Geheimdienstkollegen. In seiner im Herbst 1995 veröffentlichten Fleming-Biographie schreibt Andrew Lycett geradezu lächerlich naiv, Flemings Äußerung im Brief vom 30. Mai 1945 an eine Freundin, er habe »schon allzulange keine Teufelei mehr erlebt«, beweise, daß er nicht an »der Jagd« auf Martin Bormann beteiligt sein konnte. Das Gegenteil ist wahr: Mit so schnippischen Antworten pflegte Fleming ermüdende

Fragen abzuwehren. Er wußte sehr wohl, daß eine Verletzung der Amtlichen Geheimhaltungsvorschrift während des Krieges mit der Todesstrafe geahndet werden konnte. Sogar im Frieden drohten ihm die Verhaftung, das Kriegsgericht, die schimpfliche Ausstoßung aus der Navy und mindestens fünf Jahre Gefängnis, wenn er zur Unzeit den Mund auftat. Seine Karriere und sein Leben wären ruiniert gewesen. Was Wunder, daß ein so disziplinierter Profi nie geplaudert hat.

Was mir selbst besonders weh tut ist, daß mein Vater nie die Wahrheit über meinen Kriegsdienst erfahren hat. Als er Anfang Januar 1976 starb, glaubte er immer noch, ich sei ein Abtrünniger und Verräter mit kriminellem Hintergrund – er war so redselig, daß keiner der Verantwortlichen je wagte, ihn über meine Geheimoperationen aufzuklären. Auch nach dem Krieg unternahm die Sektion M rein gar nichts, um mein Charakterbild etwas aufzuhellen, im Gegenteil: Sie tat alles, um die Liste meiner Verfehlungen noch mit angeblicher Schurkerei, psychopathischen Zügen, Spielsucht, haushohen Schulden und einem Bankrott anzureichern. Das zahlte sich bei mehreren Gelegenheiten aus, nicht zuletzt 1967 in den Barrendov-Studios in Prag, wo ich unter der Tarnung einer internationalen Filmproduktion einen Geheimdienstauftrag zu erledigen hatte. Als der KGB und die tschechische SSS (die Geheimpolizei der berüchtigten Achten Abteilung) wie üblich meine Post öffneten und darin Drohbriefe von Gläubigern fanden, ließen sie ihren wohlbegründeten Verdacht gegen mich fallen, so daß ich meine Untergrundarbeit fortsetzen konnte.

Daß mein Vater und meine Stiefmutter in Unkenntnis gehalten wurden, verursachte meiner Mutter und meiner Schwester Jennie großen Kummer. Doch nach dem Kriege stellte sich heraus, daß es so besser war. Briten, die für den KGB, die SSS und Odessa (die Geheimorganisation früherer SS-Mitglieder) arbeiteten, kamen nicht weniger als dreimal und wollten Näheres über mich herausfinden. Aber die vernichtenden Äußerungen meiner Stiefmutter – die praktisch jedes Wort über mein Vorleben zu bestätigen schienen – überzeugten die Fragesteller, daß ich unmöglich Geheimagent sein konnte: Die britischen Geheimdienste be-

schäftigten keine bankrotten, psychopathischen und verbrecheri-
schen Verräter. Hilfreich war auch, daß mein Vater mittlerweile
heftig abstritt, Ribbentrop je gekannt zu haben. Wenn im Gespräch der Name des früheren Botschafters fiel, rief er regelmä
ßig aus:»Wäre ich dem Satan je nahe gekommen, hätte ich ihn
umgebracht!«

Auch Mountbatten empfand es immer als peinlich und beküm-
mernd, daß mein Vater die Wahrheit über mich nicht erfahren
durfte. Vor Jahren, als mein Vater ihn wegen meiner Karriere um
Hilfe angegangen war, hatte Lord Louis mit einem Tarnbrief
geantwortet, in dem stand, ich sei unseligerweise ein so übler
Charakter, daß er nichts für mich tun könne. Als dann mein Vater
starb, lastete die lange, bewußte Täuschung offenbar noch schwer
auf Mountbatten, denn er schrieb zwei weitere Briefe, den einen
an mich, den andern über mich.

Im ersten, sehr persönlich gehaltenen, erging er sich in Erinnerungen an meinen Vater. Der zweite war an Susan Kemp gerichtet, die ihr gesamtes Berufsleben bei der Sektion M verbrachte
und dort nach und nach die Karriereleiter emporkletterte; 1951
wurde sie Abteilungsleiterin, 1955 Vize, und von 1965 bis zu
ihrem Ausscheiden 1980 war sie ihr Chef – M persönlich. Der
Brief an sie war nach Mountbattens Meinung so geheim, daß er
am 21. Januar 1976 von Broadlands zu ihr nach Hause fuhr, ihr
den Brief übergab und gleichzeitig erklärte, er wolle die Akten in
Ordnung bringen. Unter Benutzung unserer Originaldecknamen
aus A. A. Milne – Eule für Morton, Tieger für Churchill, Känga
für Susan und Christopher Robin für mich – diktierte er eine als
HÖCHST GEHEIM eingestufte, fünfseitige Aufzeichnung, in der er
meine Geheimdiensttätigkeit skizzierte.

»Ich halte es für an der Zeit und empfehle, den Vorhang über
C.R.s Geheimdienstkarriere zu lüften«, fing er an. »Schon seit
einiger Zeit möchte ich seine in der Royal Navy unter einem
Decknamen geleisteten Dienste und die diversen Operationen,
an denen er bei der Sektion Morton beteiligt war, schriftlich
bestätigen.«

Nach der Feststellung, er habe meinen Vater Jack im Christ's College von Cambridge kennengelernt, ließ er sich darüber aus, wie

er ihn, gemeinsam mit dem Herzog von York und Prinz Henry, bei den Olympischen Spielen in Antwerpen angefeuert habe. Desgleichen sei er mehrfach in unserem Haus in der Harley Street 69 Ribbentrop begegnet; im übrigen sei er bei meinem Eintritt in die Royal Navy unter einem Decknamen »behilflich« gewesen. Sodann diktierte er einen kurzen Abriß meiner früheren Einsätze. Danach kam er zu Op. JB:

Im Januar 1945 wurde C. R. zum amtierenden Korvettenkapitän befördert und unter der Gesamtaufsicht von Fregattenkapitän Ian Fleming, RNVR (Sp) mit dem Kommando über die Operation James Bond betraut. Zusammen mit operativen WRNS, »Wrens«, Royal Marine Commandos und deutschen Patrioten entführte er »Ferkel« aus Berlin und brachte ihn auf deutschen Wasserwegen sicher über Spree und Havel zur Elbe. An deren Nordwestufer übergab er ihn den britischen Streitkräften.

Ferkel besaß den Schlüssel zu den riesigen Nazireichtümern in der Schweiz. Die Operation James Bond ermöglichte die spätere Rückgabe dieser Guthaben an die rechtmäßigen Eigentümer oder ihre Freigabe zum allgemeinen Wohl der besetzten Gebiete, aus denen sie gestohlen worden waren.

Am Ende der Aufzeichnung gab Mountbatten die Erlaubnis, alles, was er geschrieben habe, zu veröffentlichen, aber erst, wenn er, wie er schrieb, »abgetreten« sei. 1979 erlag er einem Mordanschlag der IRA, aber es dauerte zwölf weitere Jahre, bis ich sie wieder zu Gesicht bekam. Das lag daran, daß er sie Susan Kemp gegeben und ihr eingeschärft hatte, sie bei den anderen Geheimakten der Sektion M sicher zu verwahren. Desgleichen bat er sie, mir die Aufzeichnung erst zu geben, wenn sie denke, daß ich sie wirklich brauche. In ihrer Weisheit enthielt Susan sie mir vor.

Für mich waren die Dokumente der Sektion M schon seit langem Anlaß zu Ärger und Streitereien. Irgendwann Ende der sechziger Jahre suchte ich Morton zu Hause auf und sagte, ich wolle ein Buch über meine Erlebnisse schreiben – woraufhin er völlig aus dem Häuschen geriet. Mit dem Finger auf mich zielend, verurteilte er mich als gemeinen Verräter und Satansbuben. Er enteigne mich und sei, wie er sagte, »nicht länger mein Pate«. Wenn ich ein solches Buch schriebe, dröhnte er, reiße er sich die Kugel, die er sich im Ersten Weltkrieg eingefangen habe, aus dem Herzen und schleudere sie mit aller Kraft, mit der Gott die Philister erschlagen habe, auf mich.

Ich sah ihn nie wieder, aber bald darauf verbrannte er alle seine Papiere. Historiker und Politiker beweinten bitterlich den Verlust dieses einmaligen Geheimarchivs, das die ganzen Jahre von 1920 bis 1960 umfaßte und auch Einzelheiten über die Operation James Bond enthielt. Als Morton 1971 starb, ging alle Welt davon aus, daß er seine Geheimnisse mit ins Grab genommen habe.

Das war jedenfalls mein Eindruck – bis zum 18. April 1991. An dem Morgen rief mich Susan Kemp an und wollte mit mir darüber plaudern, wie ich mit meinem Buchmanuskript vorankomme. Kaum hatten wir zu reden begonnen, rückte sie mit der aufregenden, aber willkommenen Nachricht heraus: Sie und die Fotoexperten der Sektion M hatten Mortons Papiere längst kopiert, bevor er sein Feuerwerk veranstaltete, und die Kopien sicher bei Security Control verwahrt. (Bei einer Routineuntersuchung hatte ein Arzt gefährliche Herzrhythmusstörungen diagnostiziert, und während Morton drei Tage zur Untersuchung im Krankenhaus lag, machten seine Leute den Beutezug durch sein Archiv.) Susan sagte, ich könne zwar einige Marineberichte einsehen, dürfe aber nichts mitnehmen oder kopieren, sondern bestenfalls handschriftliche Notizen machen. Desgleichen erinnerte sie mich an Mountbattens Brief und Aufzeichnung.

Eine Woche später holte sie mich ab, und wir fuhren in Surrey aufs Land. Auf einem Spaziergang bestätigte sie, Security Control sei einverstanden, mir weitere Informationen über Bormanns letzte Lebensjahre zukommen zu lassen. Nach dem Lunch in einem Pub fuhr sie mit mir in ein Landstädtchen und stellte den Wagen vor dem Friedhof ab. Über einen Fußweg erreichten wir die römisch-katholische Abteilung und hielten auf einem frisch gemähten Rasenstück an.

»Magst du Zauberkunststücke?« fragte sie.

»Auf dem Friedhof?«

»Warum nicht? Du stehst auf Ferkels Grab.«

Sie erzählte mir, Bormann sei keineswegs 1956 gestorben. Er habe bis 1989 in England weitergelebt und sei dann hier begraben worden. Einen Augenblick lang war ich so verstört, daß ich ihr einfach nicht glaubte. Dann aber sah ich sie an und wußte, daß sie nicht spaßte. Nach einiger Zeit gingen wir zum Wagen zurück und fuhren zu ihr nach Hause. Dort zeigte sie mir Mountbattens Brief, der mir bewies, wie sehr es ihm darum gegangen war, daß die wahre Geschichte meines Dienstes in der Marine verborgen blieb.

Was ich nicht wußte war, daß mich die Sektion M nach all meinen Dienstjahren zu Desinformationszwecken benutzt hatte. Erst im Frühjahr 1996 offenbarte mir Susan endlich die Wahrheit über Bormanns letzte Jahre – und zu meiner großen Bestürzung stellte ich fest, daß ich, der ich so viele Jahre meines Lebens an Desinformationskampagnen beteiligt war, nun selber einer auf den Leim gegangen war und man alles getan hatte, mich auf eine falsche Fährte zu lenken.

So lautete die Geschichte:

Im Juli 1960 sprang ein Mann, der sich Peter Broderick-Hartley nannte, auf einen fahrenden Bus, der gerade um die Ecke bog. So begegnete er zufällig Johanne Nelson (gemeinhin Hanne genannt), einer Dänin, deren britischer Ehemann vor einem Jahr gestorben war. Er nahm neben ihr Platz, und die beiden kamen ins Gespräch. Er gab sich als Ingenieur aus, war aber in Wirklichkeit ein vorbestrafter Heiratsschwindler, der sich vor allem an einsame Frauen heranmachte. Seine neue Bekanntschaft hatte natürlich keine Ahnung, daß er seit acht Jahren von der Sektion M nach allen Regeln der Kunst zum weiteren Bormann-Doppelgänger aufgebaut worden war.

Die beiden begannen eine Liebschaft. Eines Abends fing Broderick-Hartley, der getrunken hatte, plötzlich an, deutsch zu sprechen. Er redete eine halbe Stunde lang weiter und »enthüllte« dabei, er sei Martin Bormann. Er ließ sich leidenschaftlich über Hitler, über Eva Braun und Goebbels und über sein Leben in Deutschland aus. Als er endlich aufhörte, fragte ihn Hanne auf

englisch:»Und warum erzählst du mir das alles?« Er schien überrascht, sagte dann:»Oh, ich dachte, du seist Deutsche.«
Da sie selbst keine Nationalsozialistin war – ihre Familie hatte jüdische Vorfahren –, war Hanne über diese Offenbarung zunächst bestürzt, denn sie glaubte, ihr Liebhaber sei *wirklich* Bormann; jedenfalls sah er Hitlers einstigem Sekretär ungemein ähnlich und war ebenso kräftig und gedrungen gebaut. Doch inzwischen war sie so sehr in ihn verliebt, daß sie ihre Angst- und Schuldgefühle unterdrückte.

Die beiden zogen nie zusammen, denn Broderick-Hartley lebte bei einer Haushälterin namens Hilda (die er auch Amy Grant nannte). Trotzdem waren er und Hanne viele Stunden beisammen, und am 1. August 1961 gebar sie ihm eine Tochter, Vanessa.

Bald danach sagte er wieder zu ihr, er sei Martin Bormann; als sie ihm nicht glauben wollte, nahm er ein altes Kuvert, kritzelte schnell eine Unterschrift darauf und sagte:»Schließlich gehörst du jetzt zur Bormann-Familie.«

Hanne trug jahrelang einen Verlobungsring und hätte natürlich zu gern den Vater ihres Kindes geheiratet, aber das erwies sich als unmöglich, weil Hilda solche Gewalt über ihn hatte – was Hanne nie recht verstehen konnte. Bald entdeckte sie, daß ihr Liebhaber extreme politische Ideen vertrat. Er behauptete, alle Deutschen, nicht nur er, seien in ihrem Herzen Nazis, wie immer sie sich nach außen gäben.

Sein Ziel sei die Wiedererrichtung der alten Nazibewegung in Form einer Nationalsozialistischen Union in Europa. Das gehe nur, wenn die anderen Länder ihre Identität aufgäben und sich von den Deutschen beherrschen ließen. Eine Naziregierung in Berlin, bestehend aus einem Oberhaus aus deutschen Politikern und einem Unterhaus mit Vertretern anderer Nationalitäten, werde erst Europa, dann die ganze Welt regieren. In diesem neuen Weltreich, auch in Amerika, würde nur noch deutsch gesprochen,»aber daran werden sich die Leute schnell gewöhnen«.

Trotz aller charakterlicher Schwächen erblickte Hanne in ihm »einen höchst brillanten Mann«, der Deutschland wieder auf die Beine bringen könne.

Seine Großspurigkeit äußerte sich oft höchst ungeniert. Wenn die beiden in London waren, zeigte er mit Fingern auf Juden und höhnte laut, sie hätten schon vor Jahren beseitigt gehört, aber das nächste Mal entgingen sie ihrem Schicksal nicht, denn alle ihre Namen stünden im Computer:»Sie werden allesamt liquidiert, einer wie der andere.« Wenn Hanne mit ihm durch die Londoner Straßen ging, stieß er oft Menschen, die semitisch aussahen, vom Bürgersteig mit den Worten:»Verdammte Juden! Hitler hätte euch alle vom Erdboden vertilgen sollen.«

Dieser unbelehrbare Nazi war ein guter Reiter und ging oft zum Pferderennen. Er frönte auch anderen typisch englischen Vergnügungen und trug gerne Tweedkleidung wie ein Landedelmann. Insgesamt jedoch verachtete er die Engländer. Er konnte gut maschineschreiben und besaß ein starkes Funkgerät – nach Hanne»so groß wie eine Tischplatte« –, das er häufig benutzte und mit dem er Funksprüche abschickte oder empfing.

Er liebte Kaviar und Champagner und frönte seinen Schlemmergewohnheiten, so oft er nur konnte, obwohl er ansonsten nur ein gutbürgerliches Dasein führte. Seine langfristige Enttäuschung gipfelte in dem Satz, er»besitze ein erstklassiges Ticket, könne es aber nicht nutzen«. Er bezeichnete sich als»Dritten Mann« und beklagte sich, er stehe unter ständiger Bewachung – und damit hatte er sogar recht, denn die Leute von der Sektion M ließen ihn nicht aus den Augen.

Über die Jahre traf er sich immer wieder mit Hanne, und 1984, fünf Jahre vor seinem Tod, speisten sie»in einem feinen chinesischen Restaurant in der Nähe vom Hyde Park« und tranken Champagner. Diesmal bat er um Hannes Hand, und da sie ihn immer noch bewunderte, hätte sie beinahe ja gesagt. Aber dann dachte sie an ihre jüdischen Vorfahren und lehnte sein Angebot ab. Als er am 20. Juni 1989 gestorben sei, beendete Susan ihren Bericht, sei er in dem unidentifizierten Grab beigesetzt worden, das ich gesehen hätte; sie sei bei der Beerdigung nicht dabeigewesen.

Bei der Arbeit an diesem Buch kam ich mit Hanne in Kontakt. Ich traf sie im Mai 1995, und wir verabredeten uns zum Lunch in einem kleinen Hotel in Sussex. Da es mir unter anderem darum ging festzustellen, ob sie auch die echte Hanne war, hatte ich

Security Control darum gebeten, das Treffen zu überwachen und die gesamte Sicherheitsmannschaft aufzufahren. Ich griff nach dem Aperitifglas, aus dem mein Gast getrunken hatte, faßte es mit spitzen Fingern ganz unten an der Stellfläche und gab es einer Kellnerin (in Wirklichkeit einem unserer Mädchen), damit die Fingerabdrücke geprüft werden konnten. Das wiederholte ich noch zweimal während des Essens, so daß die Fingerabdrücke rund dreißigmal abfotografiert wurden, zum Teil in Großaufnahme. Binnen vierundzwanzig Stunden kam die Bestätigung von Security Control, es handle sich zweifelsohne um die Frau, mit der Broderick-Hartley ein Verhältnis gehabt habe.

Doch immer noch führte mich meine eigene Sektion ohne mein Wissen an der Nase herum. Mehrere Monate lang glaubte ich ganz aufgeregt, endlich über die Wahrheit der späteren Jahre Bormanns gestolpert zu sein.

Ich wußte, daß in den frühen fünfziger Jahren Verdachtsmomente und Gerüchte über Bormann durch ganz Europa geschwirrt waren und vieles auf England hindeutete. Ebenso wußte ich, daß nach Kriegsende in Italien, Deutschland und anderen Ländern mehrere Doppelgänger ihr munteres Spiel getrieben hatten. Was ich *nicht* wußte war, daß 1952 die Sektion M gleich vor der Haustür in Peter Broderick-Hartley eine auffallend gute Replik von Bormann gefunden und beschlossen hatte, ihn ebenfalls einzusetzen. Dem lag folgende Idee zugrunde: Falls jemand je der Wahrheit gefährlich nahe kommen sollte, könnten die britischen Behörden diesen Doppelgänger aus der Tasche zaubern und sagen:»Bitte schön – natürlich sieht er wie Bormann aus, aber in Wirklichkeit hat er nichts mit ihm zu tun.«

Wie gesagt, ich hatte keine Ahnung von all dem, als mir Hanne die Briefe zeigte, die ihr der Liebhaber auf englisch geschrieben hatte, und die Fotos präsentierte, die sie in England gemacht hatten. Seine Ähnlichkeit mit Bormann war frappierend: dieselben breiten Backenknochen, dieselben Haare. Doch weder Hanne noch ich wußten (damals), daß an ihm, um diese Ähnlichkeit zu erzielen, umfangreiche plastische Eingriffe vorgenommen worden waren. Ebensowenig war uns bekannt, daß er seine Rolle als Bormanns Doppelgänger lange einstudiert hatte und die meisten der scheinbar von ihm geschriebenen Briefe von Experten der Sektion M stammten.

Störend waren seine unausgegorenen politischen Ansichten, aber je mehr ich über Hannes Geschichte nachdachte, desto eher glaubte ich, ihr Liebhaber sei tatsächlich Bormann gewesen. Sie glaubte es ohnehin, und das kann ich verstehen. Völlig überzeugt war ich allerdings nie. Irgend etwas an den Fotos stimmte nicht; trotz der Gesichtsoperationen entsprach Broderick-Hartleys Aussehen nie ganz dem Bild, das sich auf unserer gemeinsamen Flußreise vor fünfzig Jahren meinem Gedächtnis eingeprägt hatte.

Erst im Frühjahr 1996 fühlte sich Susan Kemp, wie gesagt, endlich in der Lage, mir die Wahrheit offenbaren zu können. Auch nach ihrem Ausscheiden aus der Sektion M hatte sie zu deren Akten noch Zugang und konnte mir somit helfen. Mit einiger Verspätung erfuhr ich, daß mich 1989, als ich mein Buch zu schreiben begann, die Sektion absichtlich glauben ließ, Bormann sei im April 1956 in Hampshire gestorben; wenn ich, wie sie hoffte, das Datum veröffentlichte, würde es allgemein akzeptiert. Womit sie jedoch nicht gerechnet hatte war, daß mir Hanne Nelson ihre Geschichte in der Hoffnung auf Veröffentlichung erzählen würde. Erst sagte mir die Sektion, Hannes Version der Ereignisse stimme. Sie bestätigte mir auch, daß Hanne tatsächlich die Person sei, als die sie sich bei unserem Treffen ausgegeben hatte. Erst als ich zu dem Schluß kam, daß Hanne nicht mit dem echten Bormann liiert war, beschloß die Sektion, endlich mit der vollen Wahrheit herauszurücken.

Also: Bormann war zwischen 1945 und 1956 (wie oben geschildert) in England beheimatet. Allerdings reiste er in der Zeit mehrmals nach Brasilien, Argentinien und in andere Länder Südamerikas, stets unter Kontrolle und Überwachung der Sektion M und der CIA (der OSS-Nachfolgeorganisation). Chef der Überwachungs- und Schutzmannschaft in Südamerika war niemand anderer als Barbara Brabenov. Als Bormann sie zum ersten Mal wiedergesehen hätte, so ihre Schilderung, habe sie beide die Rührung übermannt. Die hartgesottenen CIA-Leute hätten große Augen gemacht, als sie sahen, wie ihre Staragentin dem meistgesuchten Kriegsverbrecher der Welt um den Hals fiel. Nach Susans Worten war das Ergebnis der Partnerschaft ein absoluter »Superlativ«: Gesuchte Nazis wurden aufgespürt, ein wahrer Hort Bargeld, Juwelen und Gold gelangte wieder in die rechtmäßigen Hände. Aber das war noch nicht alles. So wurden zum Beispiel Versuche zunichte gemacht, durch eine finanzielle und wirtschaftliche Beherrschung der freien Welt das Dritte Reich im Exil wiederaufzubauen.

Dennoch war der Regierung weiterhin mulmig bei dem Gedanken, daß sich der verurteilte Kriegsverbrecher in England aufhielt. Im April 1956 – unmittelbar vor Bulganins und Chruschtschows Staatsbesuch in England – ließ Premierminister Anthony Eden Susan zu sich rufen und erging sich in einer Schimpfkanonade über die endlosen Probleme wegen des Verdachts, daß sich Bormann bei uns aufhalte. Noch ehe sie etwas sagen konnte, verlor Eden die Beherrschung (wie ich es selber mehrfach bei ihm erlebt habe), schlug auf den Tisch und brüllte obszön: »Wir verhätscheln ihn wie einen besch... VIP!« brüllte er. »Er muß aus dem Land verschwinden, bevor die verd... Russen ankommen. Stellen Sie sich doch einmal vor, was passiert, wenn der Sch... Bormann bei Claridge's zum Dessert aufkreuzt! Warum schneiden Sie dem Kerl nicht einfach die Gurgel durch und schmeißen ihn ins Meer?«

Wie üblich faßte sich Eden nach diesem Wutausbruch schlagartig und war wieder ganz der normale, samtpfötige Mann. Er schenkte Susan ein breites Lächeln und sagte in überströmender Höflichkeit zu ihr: »Seien Sie so gut, meine liebe Miss Kemp, und bringen Sie ihn bis spätestens 25. April aus dem Land.«

Susan befolgte das fast aufs Wort. In Hampshire wurde, wie berichtet, die Nachricht verbreitet, Herr Schuler sei gestorben, und auf dem Dorffriedhof nahe der Reitschule wurde ein Sarg unter seinem Namen in die Erde gesenkt. Am 29. April wurde Bormann unter Bewachung nach Argentinien geflogen. Dort traf er wieder auf Brabenov. Doch mittlerweile stand es schlecht um seine Gesundheit, obwohl er erst fünfundfünfzig Jahre alt war. Er wollte sich irgendwo im Verborgenen niederlassen. Er fand in Paraguay Zuflucht und führte ein zurückgezogenes Leben, bis er nach langer Krankheit im Februar 1959 verstarb. Er wurde auf dem Ortsfriedhof begraben. Einige Zeit später wurden seine Überreste jedoch aufgrund einer Geheimabsprache zwischen der CIA, der paraguayischen Regierung und dem deutschen Geheimdienst exhumiert und nach Berlin gebracht. Sie wurden im Sandboden unter dem ULAP-Ausstellungspark wieder eingegraben, wo sie 1972 passenderweise entdeckt wurden. Ich sage »einige Zeit später«, weil mir Susan über dieses Unternehmen, von dem auch sie nur aus zweiter Hand wußte, keine Einzelheiten nennen konnte. Dennoch entspricht ihr Bericht über Bormanns letzte Lebensjahre auffallend den Feststellungen von Hugh Thomas, der aufgrund minutiöser Detektivarbeit weitgehend zum selben Schluß gekommen war.

Anfang 1996 reiste ich nach Bayern und traf dort mit Gerhardt Bormann, einem von Bormanns Söhnen, zusammen, der vom Anwalt der Familie, Dr. Florian Besold, und einem erstklassigen Dolmetscher, Dr. G. K. Kindermann, begleitet war. Das Ganze fand in Bormanns Haus am Rande von Freising bei München statt. Ebenso zugegen waren Gerhardts Frau und Sohn. Die Atmosphäre war durch und durch herzlich. Da die Familie seit vielen Jahren fest geglaubt hatte, Martin Bormann sei 1945 gestorben, nahm sie meine Erzählung von der Operation James Bond sehr skeptisch auf. Dennoch hatte ich den Eindruck, daß meine Gesprächspartner erschüttert waren, als ich ihnen Kopien des Briefs von Ian Fleming und der Aufzeichnung Mountbattens zeigte, die bestätigten, daß Ferkels Rettung tatsächlich stattgefunden hatte. Hinzu kam ein winziger, aber aufschlußreicher Punkt, an dem die Wahrheit aufblitzte. Über den Dolmetscher fragte ich Gerhardt (der praktisch kein Englisch sprach), ob er als Junge ein Pony besessen habe. Die Antwort hieß: »Nein, das war mein Bruder Martin.«

»Und als die Familie umziehen mußte«, fuhr ich fort, »war er ganz traurig, weil er das Pony nicht behalten konnte.«

Bis zu diesem Augenblick hatte sich Gerhardt, dessen breites Gesicht und mißtrauische Augen mich sehr an seinen Vater gemahnten, völlig teilnahmslos verhalten. Doch jetzt wurde er plötzlich lebhaft. Verblüfft sagte er zum Dolmetscher: »Wie im Himmel kann er das wissen?«

Die Antwort war ganz einfach: In der Reitschule in Hampshire hatte Martin Bormann senior diese traurige kleine Geschichte den Mädchen erzählt.

Unser Gespräch in Freising endete freundschaftlich, aber unschlüssig. Ich betonte, in meinem Buch würde ich nicht auf Bormanns Verhalten im Krieg herumhacken; ich wolle vielmehr beschreiben, daß er mir 1945, als mir seine jüngere Vergangenheit noch unbekannt war, auf der Flucht nicht unsympathisch gewesen sei und ihn die gesamte Mannschaft gemocht habe.

Die Familie erbat Bedenkzeit, um über das, was ich ihr erzählt hätte, nachdenken zu können. Gerhardt wiederholte, er sei überzeugt, daß es sich bei den in Berlin ausgegrabenen und nun in Wiesbaden verwahrten Überresten tatsächlich um die seines Vaters handle. Bevor ich ging, bemerkte Dr. Besold, ein für allemal lasse sich die Sache am besten mit einem Gentest bereinigen; dabei würden dem Skelett entnommene Knochenproben mit den Haaren oder dem Blut eines überlebenden Familienmitglieds verglichen. Ich hoffe sehr, daß der Test durchgeführt wird, und bin zuversichtlich, daß er die Authentizität der Gebeine und des Schädels bestätigen wird.

Oben schon sagte ich, 1945 sei die ethische Seite der Operation James Bond nicht unsere Sache gewesen. Als Marineoffiziere führten wir lediglich in den letzten Phasen eines globalen Krieges Befehle aus. Nach Kriegsende haben mir indes die moralischen Fragen unserer Aktionen nicht selten Kopfschmerzen bereitet. In einer Zeit des nationalen Notstands lastete auf der Führung des Landes eine gewaltige Verantwortung, und ihre Entscheidungen waren von dem ungeheuren Druck beeinflußt, unter dem sie arbeitete.

Aber war es recht, daß Churchill (und später Attlee) weitgehend aus finanziellen Gründen einen Nazikriegsverbrecher abschirmten? Warum übergaben sie ihn nicht dem Nürnberger Gericht, als die erste, beträchtliche Tranche der gestohlenen Werte – rund 95 Prozent – wiedererlangt war? Sicher: Sie hätten damit die

Garantie des sicheren Geleits gebrochen, die Fleming und ich im Führerbunker abgegeben hatten – aber galten denn die üblichen Verhaltensregeln auch für einen nachweislichen Verbrecher? Mir liegt an der Feststellung, daß letztendlich nicht Churchill den elfjährigen Aufenthalt Bormanns in Großbritannien sanktioniert hat. Im Juli 1945 kam die neue Labour-Regierung an die Macht, noch ehe Bormanns Befragung abgeschlossen war. Auch hatte der Nürnberger Gerichtshof seinen Verhaftungsbefehl noch nicht ausgestellt. Die Entscheidung, ihm den Verbleib im Versteck zu erlauben, muß daher von Attlee mit Zustimmung Präsident Trumans gefällt worden sein (als Churchills Stellvertreter während der Kriegsjahre war Attlee natürlich über die Geheimnisse von Op. JB im Bilde).

Erst später wurde mir bewußt, daß der Mann, den wir vor dem Galgen retteten, ein Ungeheuer war. Wie ich oben zu zeigen versucht habe, benahm er sich auf unserer Reise flußabwärts völlig vernünftig: Er war kooperativ, freundlich und konstruktiv und ließ keinerlei Anzeichen gewalttätiger Neigungen oder bösartiger Vorstellungen erkennen.

Um die letzte und ungewöhnlichste Verflechtung dieser Geschichte begreifen zu können, muß man die Mentalität Desmond Mortons kennen. Daß er bis zum Irrsinn verschlossen und geheimnissüchtig war, habe ich schon dargelegt; nicht deutlich genug habe ich aber vielleicht gemacht, daß er geradezu schwärmte für Coups jeglicher Art – Geheimdienstcoups, politische Coups, militärische Coups, sogar Theatercoups. Die allerbesten Coups waren seiner Meinung nach die, über die nur er Bescheid wußte – bestenfalls duldete er noch einen oder zwei Mitwisser. Die Entführung Bormanns und Wiedererlangung der Naziguthaben war für ihn zweifellos *der* Coup seines Lebens. Es war für ihn, als handelte es sich bei allen Aktionen darin um die Akte einer Wagner-Oper, deren Libretto und sogar Musik er geschrieben hatte – wenngleich er widerstrebend einräumte, daß auch das Glück und die Royal Navy beim Erfolg des Dramas mitgewirkt hatten.

Doch nach seiner Auffassung war der dritte Akt der Oper noch

unvollendet. Ihm fehlte noch ein »Dénouement«, ein abschlie-
ßender »coup de théatre«, mit dem der Vorhang fiel und der seine
großartige Oper beendete. Mehr noch: Irgendwie hatte er sich
eingeredet, der außergewöhnliche weitere Verlauf, den er sich
ausgedacht hatte, sei durchaus der richtige und operativ absolut
vernünftig. Bei meiner Schilderung der Folgeereignisse greife ich
weitgehend auf Susan Kemp zurück, die inmitten dieses Wagner-
schen Höhepunkts stand.

Im September 1946 war sie in Düsseldorf stationiert und leitete
die oben erwähnte Operation Andrew Preston, die die Übernahme des deutschen Marinearchivs bezweckte. Zur gleichen Zeit
befand sich auch Barbara Brabenov in Deutschland und leitete
die ebenfalls schon erwähnte Operation »Midas Touch«. Eines
Tages erhielten beide Befehl, sich am Dienstag, dem 1. Oktober,
um 11 Uhr vor dem Nürnberger Justizpalast einzufinden.
Obwohl sie wußten, daß der Prozeß gegen die Nazikriegsverbrecher schon seit Monaten lief, war beiden unbekannt, daß der
1. Oktober ein besonderer Tag war. An diesem Tag sollten nämlich die Urteile verlesen und die Strafen ausgesprochen werden.

Die beiden Frauen kamen einzeln mit ihren Jeeps angefahren
und trafen sich, wie verabredet, in einem sicheren, von amerikanischer Militärpolizei bewachten Kontrollposten. Wie üblich
brachte Brabenovs Erscheinung den Verkehr ins Stocken: Mit
ihrem kurzen Blondhaar und den großzügigen Kurven konnte
man sie ohne weiteres mit der Filmschauspielerin Doris Day ver-
wechseln, die damals Furore machte. Jedenfalls waren die Amerikaner höchst erstaunt, und bald schon ertönte ein Hupkonzert
der im Stau steckenden Fahrer.

Trotz des Staus erreichten beide Mädchen den Treffpunkt noch
rechtzeitig. Und punkt 11 Uhr erschien kein anderer als Morton
auf der Bildfläche, im schwarzen Mantel und dunklen Nadel-
streifenanzug, mit Melone und eingerolltem Schirm. Begleitet
war er von zwei Hauptleuten des Royal Marine Commando, die
einen untersetzten, kräftigen Mann in schlechtsitzendem briti-
schem Kampfanzug mit den Abzeichen eines Majors des Intelligence Corps eskortierten. Er trug eine dicke Hornbrille, und da

er sich seit ihrer letzten Begegnung sehr verändert hatte, dauerte es einen Augenblick, bis ihn Brabenov erkannte. Dann wurde ihr plötzlich klar, daß es Bormann war. Als sie und Susan fast unisono riefen:»Fred! Hallo!« und ihm zulächelten, wurde Morton wütend; sein Schlußakt sollte sich nicht so unwürdig abspielen.

Der sechsköpfige Trupp wurde von einem amerikanischen Oberst und einem Major der Spezial-Militärpolizei ins Gebäude geführt. Sie gingen an der Haupttür des Gerichtssaals vorbei, in dem der Internationale Militärgerichtshof tagte, marschierten über einige Flure, stiegen eine Treppe hinauf und kamen in einen ziemlich kleinen Raum. Er war offenbar für offizielle Besucher oder Beobachter bestimmt, die von den Leuten im Gerichtssaal nicht gesehen werden wollten. Über Kopfhörer konnten sie der Verhandlung samt Simultanübersetzung folgen.

Als man sie zu ihren Plätzen dirigierte, sagte Morton unvermittelt:»Ihr seid als schweigende Zeugen hier.« Susan und Barbara setzten sich, Bormann in die Mitte nehmend, in die erste Stuhlreihe. Morton und die beiden Offiziere der Royal Marines nahmen in der Reihe dahinter Platz. Um sie herum saßen weitere VIPs. Durch die vordere Glasscheibe sahen sie in den Gerichtssaal hinunter. Susan fiel sofort auf, daß der Saal viel kleiner war, als sie anhand der Pressefotos vermutet hatte. Aber das war unerheblich, denn unter ihr saßen die früheren Nazigrößen, die sie nun in voller Lebensgröße erblickte.

Die alliierten Richter hatten sich darauf verständigt, sich beim Verlesen der Urteile abzuwechseln, und in diesem Augenblick verlas der sowjetische Richter, General I.T. Nikitschenko, den Text über Hans Fritzsche, der für nicht schuldig befunden wurde. Nun wandte sich Nikitschenko dem letzten Angeklagten zu: Martin Bormann. Verglichen mit den meisten vorherigen, war das Urteil in seinem Fall relativ kurz. In Punkt eins der Anklage, Verbrechen gegen den Frieden, könne Bormann nach Auffassung des Gerichts aus Mangel an Beweisen nicht schuldig gesprochen werden:»Es liegen keine Beweise dafür vor, daß Bormann [Ende der dreißiger Jahre] von Hitlers Plänen, Angriffskriege vorzubereiten, einzuleiten und zu führen, wußte.« Doch in den Punkten drei und vier – Kriegsverbrechen und Verbrechen gegen die Menschlichkeit – sah es ganz anders aus. Im Urteil wurde betont, Bormann habe »die rücksichtslose Ausbeutung der unterworfenen Bevölkerung« der eroberten Gebiete »beherrscht«; »besonders tätig« sei er »bei der Judenverfolgung« gewesen; er habe hervorragenden Anteil am Zwangsarbeitsprogramm genommen, würdige Begräbnisse russischer Kriegsgefangener untersagt und trage die Verantwortung für das Lynchen alliierter Flieger. Bormanns Verteidiger, Dr. Friedrich Bergold, hätte seine Tätigkeit zwar »unter schwierigen Bedingungen« ausüben müssen, sei aber nicht imstande gewesen, das vorliegende Beweismaterial zu widerlegen:

Angesichts dieser Dokumente, welche Bormanns Unterschrift tragen, ist schwer einzusehen, ob ihm dies gelungen wäre, selbst wenn der Angeklagte zugegen gewesen wäre. Sein Verteidiger brachte vor, daß Bormann tot sei und daß der Gerichtshof nicht von Artikel 12 des Statuts, welcher ihm das Recht zu einem Strafverfahren in absentia gibt, Gebrauch machen möge. Aber es liegen keine überzeugenden Beweise für Bormanns Tod vor, und daher beschloß der Gerichtshof, wie schon früher bemerkt, ihn in Abwesenheit abzuurteilen.

Abschließend verkündete Nikitschenko, der Gerichtshof finde Bormann nicht schuldig nach Anklagepunkt eins, aber schuldig nach Anklagepunkten drei und vier.[2]

Während diese donnernden Ironien über ihn hinwegzogen, starrte Bormann wie gelähmt auf seine ehemaligen Kollegen, wandte sich dann mit glasigen Augen zu Susan um. Als sie ihm die Hand auf den Arm legte, spürte sie, daß er am ganzen Körper heftig zitterte. Um 13.45 Uhr verkündete der Gerichtspräsident, Lord Justice Lawrence, das Gericht unterbreche die Verhandlung bis 14.50 Uhr. In der Pause gingen Morton und seine Begleiter vor dem Justizpalast auf und ab. Jemand versorgte sie mit Sand-

---

2 Alle Zitate sind dem »Prozeß gegen die Hauptkriegsverbrecher vor dem Internationalen Militärgerichtshof in Nürnberg«, Amtlicher Text, Deutsche Ausgabe, Bd. I, Nürnberg 1947, entnommen.

wiches und Kaffee, aber Bormann nahm nichts zu sich. Zehn Minuten vor drei waren sie wieder auf ihren Plätzen, um die Strafaussprüche zu hören.

Nun saßen die Angeklagten nicht mehr zusammen im Gerichtssaal, sondern wurden einzeln hereingeführt, um ihren Schicksalsspruch anzuhören. Der erste war Göring. Der Präsident verlas den Strafausspruch gegen ihn mit ruhiger, aber feierlicher und gebieterischer Stimme:

Angeklagter Hermann Wilhelm Göring! Gemäß den Punkten der Anklageschrift, unter welchen Sie schuldig befunden wurden, verurteilt Sie der Internationale Militärgerichtshof zum Tode durch den Strang.

Als nächster kam Heß herein, der zu lebenslanger Haft verurteilt wurde; danach Ribbentrop (Tod durch den Strang), Keitel, Kaltenbrunner und die andern. Zum letzten Strafausspruch erschien kein Gefangener:

Der Gerichtshof verurteilt den Angeklagten Martin Bormann wegen der Punkte der Anklageschrift, unter denen er für schuldig befunden wurde, zum Tode durch den Strang.

Als diese schicksalsschweren Worte ertönten, saß Bormann regungslos wie eine Statue in eisiger Ruhe da. Lord Justice Lawrence erhob sich für eine kurze Ankündigung, das sowjetische Mitglied des Gerichtshofes gebe seine abweichende Meinung von einigen Entscheidungen zu Protokoll; sie werde schriftlich eingereicht und später veröffentlicht.
Plötzlich kam Bewegung in die VIP-Galerie. Morton und seine Begleiter wurden die Treppe hinuntergeführt, aber unten von einer Meute Journalisten, die zu den Telefonen sprinteten, aufgehalten und fast umgerannt. Einen Augenblick lang fürchtete Susan bei diesem Gewühl, jemand habe ihren Begleiter entdeckt. Schließlich konnte er jedoch mit seinen Begleitern das Gebäude unauffällig verlassen und kehrte in die Sicherheit und Obhut des Vereinigten Königreichs zurück. Susan aber konnte es nicht lassen, sich die Erschütterung, ja das Erdbeben auszumalen, das eingetreten wäre, wenn ihn jemand erkannt hätte.

So also sah Mortons »Dénouement« aus – eine in der ganzen Geschichte beispiellose Machenschaft. Susan hatte er bereits angewiesen, über die Ereignisse dieses Tages keinerlei Bericht zu schreiben – doch sie wußte, daß er im selben Augenblick, in dem er sie herbefahl, einen Vermerk von ihr sichergestellt hatte. Und so geschah es auch. An diesem Abend machte sie sich in Düsseldorf privat ein paar Notizen, deren Richtigkeit Brabenov später bestätigte. Als Susan dreißig Jahre später Mortons Papiere nach dessen Drohung, sie zu verbrennen, heimlich kopierte, fand sie ein Einzelblatt mit der Überschrift: »NÜRNBERG – 1. 10. 45.«
Auf dem Blatt stand geschrieben:

GERECHTIGKEIT MUSS NICHT NUR GEÜBT WERDEN
MAN MUSS SIE AUCH GEÜBT WERDEN *SEHEN*
D.J.F.M.

ANHANG
DER K-XVII-ZWISCHENFALL

Die Entscheidung, das niederländische Unterseeboot K-XVII zu zerstören, beruhte auf folgenden Erwägungen:

Als Fregattenkapitän Besançon am 28. November die japanische Flotte sichtete, die offenbar Pearl Harbor ansteuerte, meldete er es sofort verschlüsselt dem Oberbefehlshaber Fernost der Royal Navy, dessen Einsatzbefehl die Niederländer unterstanden. Sein Funkspruch wurde vom Ver- und Entschlüsselungsdienst der Sektion M in Singapur abgefangen. Binnen weniger Stunden hatten ausschließlich General Donovan in Washington beziehungsweise Major Desmond Morton in London den Funkspruch auf dem Tisch. Beide informierten ihre jeweiligen Chefs Roosevelt und Churchill. Alle vier wußten bereits, daß ein Angriff auf Pearl Harbor geplant war, und beteten für sein Zustandekommen.

80 Prozent der amerikanischen Bevölkerung waren damals noch strikt isolationistisch gestimmt und lehnten einen Kriegseintritt gegen Japan oder Deutschland ab. Hätte Roosevelt ohne vorherigen Angriff auf amerikanisches Hab und Gut Japan den Krieg erklärt, dann wäre er möglicherweise seines Amtes enthoben worden. Hielt sich umgekehrt Amerika aus dem Krieg heraus, dann konnte Japan – darin waren sich Donovan und Morton insgeheim einig – praktisch ungestört Indien, Australien, Neuseeland und viele andere Länder im Stillen und Indischen Ozean heimsuchen. Eine spätere Befreiung dieser Länder konnte sich durchaus als unmöglich herausstellen. Außerdem brauchten England und seine Verbündeten dringend amerikanische Hilfe

gegen Deutschland – und wenn die Japaner Pearl Harbor angriffen, stand Amerikas Kriegseintritt fest.

Doch warum wurden die amerikanischen Streitkräfte in Pearl Harbor nicht in volle Alarmbereitschaft versetzt, wenn doch die britischen und amerikanischen Höchstverantwortlichen von dem bevorstehenden Angriff wußten? Und warum erhielten die US-Kriegsschiffe nicht den Befehl zum Auslaufen? Auf See wären sie viel sicherer gewesen und hätten zurückschlagen können. Zudem ließ sich nach damaliger Meinung der Fachleute der Stützpunkt durchaus erfolgreich verteidigen. Warum also wurde nichts unternommen?

Die Antwort ist einfach: In Hawaii gab es Tausende japanischer Auswanderer. Die meisten standen zwar treu zu ihrer neuen Heimat, aber für eine beträchtliche Minderheit galt dies nicht; einige spionierten sogar für ihre alte Heimat. Auch das japanische Generalkonsulat war überaus aktiv. Wäre der Stützpunkt in volle Alarmbereitschaft versetzt worden, dann hätte das japanische Oberkommando binnen weniger Stunden davon erfahren. Kaiser Hirohito, der strikte Weisung gegeben hatte, den Angriff absolut überraschend auszuführen, hätte den Angriffsbefehl zurückgezogen. Roosevelt hätte damit den Vorwand für den Kriegseintritt Amerikas verloren, mit katastrophalen Folgen für die Alliierten. Was hatte das alles mit K-XVII zu tun? Der Zusammenhang ergibt sich von selbst: Wäre bekanntgeworden, daß Roosevelt und Churchill die Angriffsabsicht auf Pearl Harbor kannten, aber nichts unternahmen, um ihn zu verhindern, dann hätte das nicht nur das Ende ihrer eigenen Laufbahn, sondern mit ziemlicher Wahrscheinlichkeit auch das Ende des Bündnisses bedeutet. Die Japaner hätten ungestraft erobern und plündern können.

Die Besatzung von K-XVII wußte, daß sie die japanische Flotte gesichtet hatte, und hatte es der höchsten Befehlsstelle gemeldet. Mochten diese Zeugen auch besten Willens sein – sie konnten gefährlich werden. Darum beschlossen die alliierten Geheimdienstchefs, keinerlei Risiko einzugehen, und deshalb wurden die niederländischen U-Boot-Leute zum Schweigen gebracht.

PERSONENREGISTER

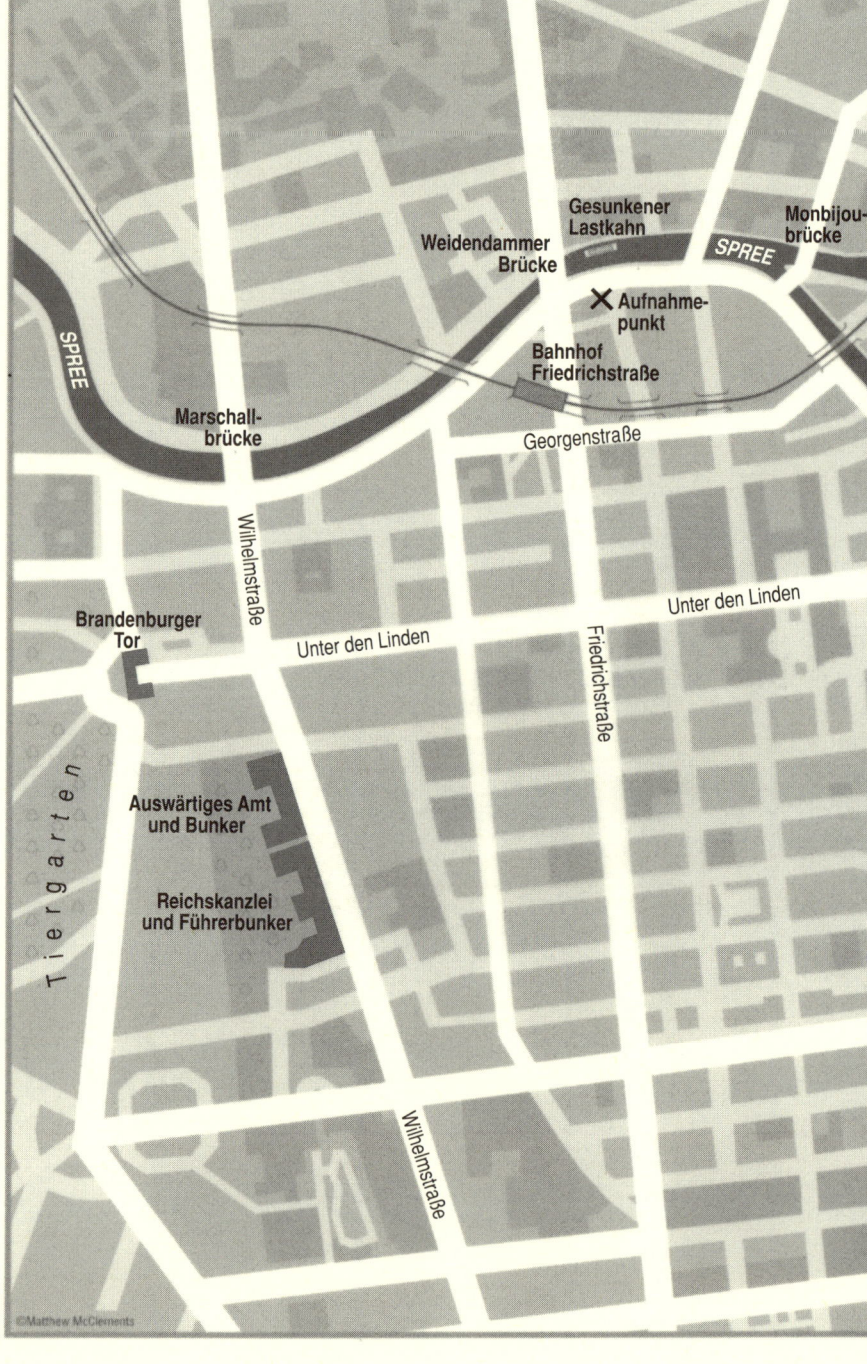